UTB 2593

**Eine Arbeitsgemeinschaft der Verlage**

Beltz Verlag Weinheim · Basel
Böhlau Verlag Köln · Weimar · Wien
Wilhelm Fink Verlag München
A. Francke Verlag Tübingen und Basel
Haupt Verlag Bern · Stuttgart · Wien
Lucius & Lucius Verlagsgesellschaft Stuttgart
Mohr Siebeck Tübingen
C. F. Müller Verlag Heidelberg
Ernst Reinhardt Verlag München und Basel
Ferdinand Schöningh Verlag Paderborn · München · Wien · Zürich
Eugen Ulmer Verlag Stuttgart
UVK Verlagsgesellschaft Konstanz
Vandenhoeck & Ruprecht Göttingen
Verlag Recht und Wirtschaft Heidelberg
VS Verlag für Sozialwissenschaften Wiesbaden
WUV Facultas Wien

# KulturKompakt

herausgegeben von Rolf Selbmann

Rolf Selbmann

# Deutsche Klassik

Ferdinand Schöningh

Paderborn | München | Wien | Zürich

Der Autor des Bandes und Herausgeber der Reihe, Rolf Selbmann, ist 1951 geboren. Er hat in München Germanistik/Geschichte/Kunstgeschichte u.a. studiert und ist apl. Professor für Neuere deutsche Literaturwissenschaft an der Otto-Friedrich-Universität Bamberg und zugleich Gymnasiallehrer in München.

Er hat zahlreiche Bücher und Aufsätze zur Literatur vom 18. Jahrhundert bis zur Gegenwart, sowie zur Bildungs-, Kultur- und Kunstgeschichte verfasst.

Titelbild:
Goethe-Schiller-Denkmal in Weimar

**Bibliographische Information Der Deutschen Bibliothek**

Die Deutsche Bibliothek verzeichnet diese Publikation in der Deutschen Nationalbibliographie; detaillierte bibliographische Daten sind im Internet über http://dnb.ddb.de abrufbar.

Gedruckt auf umweltfreundlichem, chlorfrei gebleichtem und alterungsbeständigem Papier ∞ ISO 9706

© 2005 Ferdinand Schöningh, Paderborn
(Verlag Ferdinand Schöningh GmbH, Jühenplatz 1, D-33098 Paderborn)
Internet: www.schoeningh.de

ISBN 3-506-71718-9

Das Werk, einschließlich aller seiner Teile, ist urheberrechtlich geschützt. Jede Verwertung außerhalb der engen Grenzen des Urheberrechtsgesetzes ist ohne Zustimmung des Verlages unzulässig und strafbar. Dies gilt insbesondere für Vervielfältigungen, Mikroverfilmungen und die Einspeicherung und Verarbeitung in elektronischen Systemen.

Printed in Germany
Satz und Lithographie: Rhema – Tim Doherty, Münster
Herstellung: Ferdinand Schöningh, Paderborn
Einbandgestaltung: Atelier Reichert, Stuttgart

**UTB-Bestellnummer: ISBN 3-8252-2593-3**

# Inhalt

Zur Einführung .................................... 9

## 1. Deutsche Klassik – was ist das? ............... 11

1.1 Der Begriff und seine Folgen ..................... 11
1.2 Die Epoche „Klassik" ............................. 17
Fragen zum 1. Kapitel ................................ 20
Literaturhinweise zum 1. Kapitel ..................... 21

## 2. Auf dem Weg zur Klassik ....................... 23

2.1 Die Voraussetzungen .............................. 23
    2.1.1 Aufklärung .................................. 23
    2.1.2 Aufbegehren des Ich: Sturm und Drang ........ 32
    2.1.3 Die Sprache des Herzens: Pietismus, Empfindsamkeit und Autobiographie .......... 38
    2.1.4 Die Wiederentdeckung der Antike ............. 42
    2.1.5 Die Stellung des Schriftstellers in der bürgerlichen Gesellschaft .................... 45

2.2 Vorbereiter der Klassik .......................... 48
    2.2.1 Klopstock und die Sprache des Erhabenen ..... 49
    2.2.2 Lessing: Klassik der Aufklärung .............. 53
    2.2.3 Hamann, der „Magus des Nordens" ............. 58
    2.2.4 Lichtenberg, der Geistreiche ................. 60
    2.2.5 Lavater: Umrisse der Epoche .................. 63
    2.2.6 Voß, der Übersetzer .......................... 66
    2.2.7 Forster, der Weltreisende .................... 68

Fragen zum 2. Kapitel ................................ 71
Literaturhinweise zum 2. Kapitel ..................... 71

## 3. Die Klassik .................................... 73

3.1 Die Zeitereignisse in Weimar ..................... 73

## 3.2 Was die Deutschen lasen, als ihre Klassiker schrieben ............................ 79

## 3.3 Das Umfeld ........................................ 83
- 3.3.1 Der Herzog ................................... 83
- 3.3.2 Die Frauen ................................... 84
- 3.3.3 Mitarbeiter und Begleiter ..................... 88

## 3.4 Die Klassiker ..................................... 98
- 3.4.1 Johann Peter Hebel ........................... 98
- 3.4.2 Karl Philipp Moritz .......................... 101
- 3.4.3 Christoph Martin Wieland ..................... 103
- 3.4.4 Johann Gottfried Herder ...................... 111
- 3.4.5 Goethe vor Schiller .......................... 120
- 3.4.6 Schiller vor Goethe .......................... 135
- 3.4.7 Goethe und Schiller .......................... 141
- 3.4.8 Goethe nach Schiller ......................... 163

## 3.5 Was bleibt? Bleibt was? Leistungen der Klassik ......................... 170
- 3.5.1 Die Autonomie der Kunst ...................... 171
- 3.5.2 Wissenschaft und Poesie ...................... 173
- 3.5.3 Die Idee der Bildung ......................... 176
- 3.5.4 Weltliteratur ohne Nation .................... 177

## 3.6 Gesucht und verschmäht: Die Unverstandenen ............................. 180
- 3.6.1 Heinrich von Kleist .......................... 181
- 3.6.2 Friedrich Hölderlin .......................... 187
- 3.6.3 Jean Paul .................................... 193

## 3.7 Mehr als ein Generationswechsel. Die junge Romantik ............................ 198

Fragen zum 3. Kapitel ................................. 203
Literaturhinweise zum 3. Kapitel ...................... 203

## 4. Wirkung und Nachwirkung ........................ 207

## 4.1 Selbst- und andere Stilisierungen ................ 207

4.2 Misstöne im Nachklang .................. 212

4.3 Klassik im Würgegriff der Bourgeoisie ......... 215

4.4 Wiederbelebungsversuche ................ 216

Fragen zum 4. Kapitel ................................ 222
Literaturhinweise zum 4. Kapitel ..................... 222

5. Glossar .......................................... 223

Antworten zu den Fragen ......................... 244

Register ............................................ 255

# Zur Einführung

Der vorliegende Band (wie auch die anderen Bände der Reihe) *KulturKompakt* kommt einem immer dringender werdenden Bedürfnis der Gegenwart nach. Kulturelle Überlieferungen und geschichtliches Wissen sind heute nicht mehr selbstverständlicher Bestandteil unserer Lebenswelt. Was einst die vielfach geschmähte Schulbildung als eisernen Kernbestand traditionellen Wissens vermittelte, ist heute aus dem Bewusstsein weitgehend verschwunden. Ohne dieses Kulturwissen aber ist Geisteswissenschaft, ist wirkliches Verstehen von historischen und kulturellen Zusammenhängen nicht möglich. Wer die Bibel-Anspielungen eines Textes nicht erkennt, wer nicht weiß, wohin die Argonautenfahrt ging, wem die Gretchen-Frage fremd ist, der übersieht wichtige Dimensionen kultureller Erinnerung.

*KulturKompakt* möchte diesem Defizit abhelfen. Die Bände bieten bei überschaubarem Umfang präzise Grundlageninformationen. Sie bemühen sich um Kürze, ohne bloß die zusammenhanglosen Stichworte eines Lexikons zu liefern. Sie sind auf dem aktuellen Stand von Wissenschaft und Forschung, ohne selbst wissenschaftliche Positionen zu verfechten. Sie fassen das vorhandene Wissen eines Sachgebiets ohne Wissenschaftskauderwelsch übersichtlich zusammen. Damit legen sie solide Fundamente für geistes-, geschichts- und kulturwissenschaftliches Arbeiten in Schule, Studium und Beruf.

Die Literaturhinweise sind auf das Nötigste beschränkt, denn an den systematisch ausgewählten Angaben kann sich der Leser schnell orientieren. Knappe Tabellen und Tafeln erleichtern die Einordnung und liefern ein chronologisches Gerüst. Ein Glossar erklärt in aller Kürze die wichtigsten Begriffe, die in der Darstellung nur angeschnitten oder gestreift werden. Und zuletzt findet der Leser am Ende jedes Kapitels kleine Übungen, mit deren Hilfe er sein Verständnis überprüfen kann.

Schließlich muss es kein Nachteil sein, dass den Leser, wenn er seine Kenntnisse erweitert, vertieft oder auffrischt, eine spannende Lektüre erwartet. Daher: Viel Vergnügen!

# Deutsche Klassik – was ist das?   1.

1. Deutsche Klassik – was ist das?
1.1 Der Begriff und die Folgen
1.2 Die Epoche „Deutsche Klassik"

> **Zitat**
>
> und du und Schiller ihr seid hernach Classische Schrieftsteller – wie Horaz Lifius – Ovid u wie sie alle heißen ... was werden alsdann die Professoren Euch zergliedern – auslegen – und der Jugend einpleuen.

*Catharina Elisabeth Goethe am 25. Dezember 1807 an ihren Sohn*

> **Zitat**
>
> Aber *Klassiker* sind nicht *Anpflanzer* von intellektuellen und literarischen Tugenden, sondern *Vollender* und höchste Lichtspitzen derselben, welche über den Völkern stehen bleiben, wenn diese selber zugrunde gehen: denn sie sind leichter, freier, reiner als sie. Es ist ein hoher Zustand der Menschheit möglich, wo das Europa der Völker eine dunkle Vergessenheit ist, wo Europa aber noch in dreißig sehr alten, nie veralteten Büchern *lebt*: in den Klassikern.

*Friedrich Nietzsche, Menschliches, Allzumenschliches, 2. Teil, 125. Stück, 1878*

Kaum ein Gegenstand ist so verstellt, kaum ein Begriff ist so abgenutzt wie der der Klassik. Ohne Entrümpelung und Schutträumung wird es also nicht abgehen, wenn man versucht, hinter all der Klassikideologie den faktischen Kern freilegen zu wollen. „Das is klassisch", ruft der geistig beschränkte und phlegmatische Hausknecht Melchior in Johann Nestroys Posse *Einen Jux will er sich machen* jedesmal dann aus, wenn er ins Staunen gerät. 1842, dem Jahr der Uraufführung des Stücks, ist der Begriff des Klassischen schon auf dem Niveau des Wiener Volkstheaters angelangt und dort zur lächerlichen Floskel verkommen. Was also ist „Klassik", noch dazu „deutsche Klassik" wirklich?

*Klassik – ein verstellter Begriff*

## Der Begriff und seine Folgen   1.1

„Classicus" bezeichnete ursprünglich einen wohlhabenden römischen Bürger der ersten Steuerklasse. Aber schon um 170 n. Chr. nannte der römische Schriftsteller Aulus Gelius einen herausragenden und alle rhetorischen Muster erfüllenden Autor einen „classicus scriptor". „Klassisch" wird zunächst zum Synonym für vorbildlich und musterhaft, dann nach dem Ende der Antike und dem Ende der „klassischen Sprachen" zum Inbegriff eines ästhetischen Leitbilds. In ihm sollte der Höhepunkt einer Kulturepoche zeitlos fixiert und überzeitlich gültig eingeschlossen sein. Im Rückblick gerieten die Zeit des Perikles für die griechische Kultur, das sog. Goldene Zeitalter unter Augustus für die römische zu „klassischen" Zeitaltern. Dahinter verbargen sich Vorstellungen aus der Pflanzenwelt vom Wachsen und vom Verblühen von Kulturen, die in dieser Klassik gleichsam ihre Reife erreicht hatten. In der Neuzeit entwickelten sich, je nach einem solchen Reifegrad ihrer sich ausdifferenzierenden Nationalkulturen, ganz unterschiedliche „klassische" Epochen. Nicht zufällig waren sie an den Entwicklungsstand des jeweiligen Nationalstaats gekoppelt. Italien erhob mit der Renaissance und den Werken zwischen Dante (1265–1321) und Torquato Tasso (1544–1595) die erste dieser „Klassiken" auf den Sockel. Abgesehen davon, dass der Plural ja eigentlich der Einmaligkeit des Ereignisses widerspricht – es folgten Spanien mit seinem „siglo de oro" unter Cervantes (1547–1616) und Calderon (1600–1680), dann England mit seinem Elisabethanischen Zeitalter, das im Werk William Shakespeares (1564–1616) seinen Kulminationspunkt erreichte. Sodann krönte Frankreich das Zeitalter Ludwigs XIV. mit den Dramen von Corneille (1601–1684), Racine (1639–1699) und Molière (1622–1673) zu seiner Epoche des „classicisme". In Russland schließlich gelten die Werke Alexander Puschkins (1799–1837) als „klassisch". „Klassik" definiert also den sich selbst zugeschriebenen Höhepunkt der jeweiligen Nationalliteratur.

Deutschland konnte bis weit ins 18. Jahrhundert an kein solches goldenes Zeitalter denken. Im Fremd- wie im Selbstverständnis galt die deutsche Literatur als abhängig von den Nachbarkulturen, als sprachlich wenig differenziert und als ästhetisch rückständig, so sehr sich auch Sprachreformer und Kritiker wie Martin Opitz (1597–1639) um eine Aufwertung bemühten.

Noch 1780 sah sich der preußische König Friedrich (1712–1786) bemüßigt, eigenhändig diese Rückständigkeit zu benennen. Er schrieb seine Abhandlung *Über die deutsche Literatur, die Fehler, die man ihr vorwerfen kann, die Ursachen dafür und wodurch sie zu beheben seien* tatsächlich auf französisch und zeigte darin, dass er von der zeitgenössischen Literatur keine Ahnung hatte.

Martin Opitz (1597–1639), der als „Vater der deutschen Poesie" in seinem Buch von der deutschen Poeterey das erste Regelwerk für eine deutsche Literatursprache vorlegte.

Diejenigen Schriftsteller, die später dann selbst zu Klassikern werden sollten und die der preußische König außer in einer abfälligen Bemerkung über Goethes *Götz von Berlichingen* gar nicht erwähnte, gingen sehr vorsichtig mit dem Begriff des „Klassischen" um.

Klassiker und Klassik

### Zitat

Und überhaupt ist mirs unausstehlich, daß man mit dem Ehrenwort: *klassisch* so schülermäßig spielet, daß jeder reingewässerte Tropf sich diesen Namen anmaßen könnte. Eben weil ich in diesem Wort mehr finde, als den Kern desselben aus Grammatik und Schuloratorie heraus zu klauben, eben deswegen bin ich damit so eigensinnig und sparsam. Überall höre ich klassisch nennen: was ist denn klassisch? klassisch für wen? klassisch in welcher Materie? Himmel! kann man denn alle diese Fragen übergehen? Und übergeht man sie nicht, wo wird man mit den meisten kanonisierten Schriftstellern bleiben?

Johann Gottfried Herder, Über die neuere deutsche Literatur, II/12, 1768

Bekannt ist auch Goethes Mahnung in seiner Abhandlung *Literarischer Sansculottismus* von 1795, dass, wer sich um begriffliche Schärfe bemühe, „die Ausdrücke: ‚klassischer Autor', ‚klassisches Werk' höchst selten gebrauchen" solle. Für Goethe gab es einen klassischen Nationalautor nur dann, wenn ein solcher Schriftsteller eine voll entwickelte Nationalliteratur vorfände und in ihr, vom Geist dieser Nation gleichsam durchdrungen, ein vollendetes Werk erschüfe. Trotz solcher Widerstände gab es schon kurz nach 1800 im öffentlichen Sprachgebrauch die Rede von den „teutschen Klassikern". Gemeint waren dabei zeitgenössische Autoren, die deshalb als modern galten, weil sie ausdrücklich gegen die starren Regeln des als mustergültig eingeschätzten französischen Klassizismus verstießen. Es war ausgerechnet Madame de Staël (1766–1817), die mit ihrem Deutschlandbuch von 1810 *De L'Allemagne* dem Land ihres Interesses eine „poésie classique" absprach.

Christian Friedrich Tieck: Gipsbüste der Anne Louise Germaine Baronne de Staël-Holstein, Goethe-Nationalmuseum Weimar

In Deutschland habe sich im Unterschied zu Frankreich und England noch überhaupt kein Literatursystem entwickeln können. Es gebe weder eine Nachahmung der Antike noch eine vollendete Literatur; nur dies verdiene den Begriff des Klassischen.

**Zitat**

*Anne Louise Germaine de Staël-Holstein, Über Deutschland, 1810*

Man nimmt das Wort „klassisch" zuweilen für ein Synonym von „vollkommen". Ich bediene mich hier seiner in einem anderen Sinn, indem ich nämlich die klassische Poesie als die der Alten, die romantische aber als die Poesie betrachte, die gewissermaßen aus den Traditionen der Feudalzeit entsprungen ist. [...]
Die französische Nation, die kultivierteste unter den romanischen, neigt zur klassischen Poesie, die den Griechen und Römern abgelauscht ist. Die englische Nation, die berühmteste unter den Nationen germanischen Stammes, liebt dagegen die romantische Poesie.

Auch die deutsche Literatur, die Klassik selbst trug eher zur Verwirrung als zur Begriffsklärung bei. Bekannt ist Goethes Gegenüberstellung im Gespräch mit Eckermann vom 2. April 1829, in der er das Klassische als das „Gesunde" gegen das Romantische als das „Kranke" ausspielte. Noch im selben Jahr, am 16. Dezember 1829, formulierte er allerdings auch, Klassisches und Romantisches sei „alles gut und gleich"; es komme nur darauf an, sich beidem mit Verstand zu bedienen und Vortreffliches zu leisten, so dass „beide Dichtungsformen entschieden hervortreten und eine Art Ausgleichung finden". Das Begriffspaar diente also nur dazu, den Konflikt zwischen Altem und Neuem terminologisch zu fassen, wie Goethe 1820 in dem kleinen Beitrag *Klassiker und Romantiker in Italien, sich heftig bekämpfend* schrieb: „Klassizismus und Romantizismus, Innungszwang und Gewerbsfreiheit, Festhalten und Zersplittern des Grundbodens".

Um so heftiger, weil mit deutlicher Verspätung, arbeiteten die Deutschen an der Konstruktion ihrer eigenen, nun echt „deutschen Klassik". Ohne dass es ihm anzusehen war, umschrieb dieser Begriff die Verdichtungsform eines Kulturverständnisses, in dem ein neues nationales Selbstbewusstsein, der Genuss bürgerlichen Wohlstandes und der Stolz auf die wissenschaftlichen Errungenschaften miteinander verschmolzen. Nach der Reichsgründung von 1871, im Zeichen eines noch weiter gesteigerten patriotischen Selbstgefühls, lag das Schwergewicht solcher „deutschen Klassik" endgültig auf der nationalen Komponente. Der Germanist Wilhelm Scherer (1841–1886) entwickelte dazu ein ebenso einleuchtendes wie verhängnisvoll schlüssi-

„deutsche Klassik"

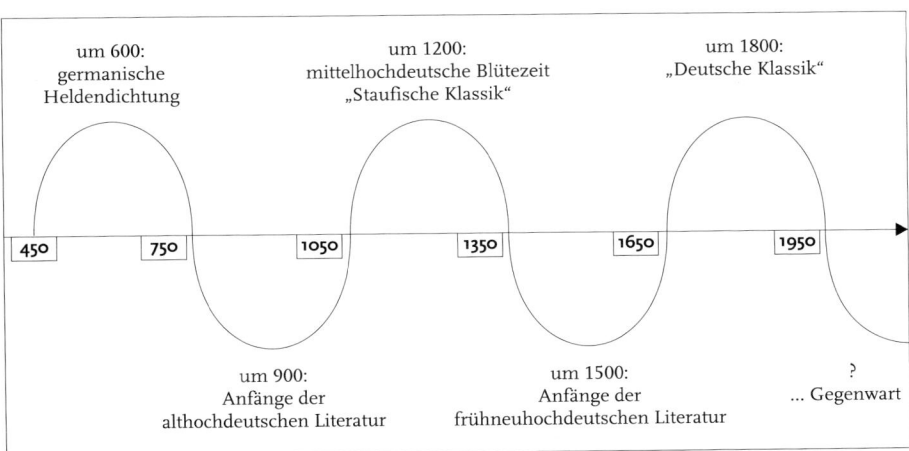

*Vereinfachtes Schema zur Entwicklung der deutschen Literaturgeschichte nach Wilhelm Scherers* Geschichte der Deutschen Literatur *(Berlin 1883).*

ges Modell einer nationalen deutschen Literaturentwicklung in Gestalt einer Sinuskurve.

Über die Jahrhunderte hinweg konnten damit Aufstieg und Niedergang einer deutschen Nationalliteratur sinnig nachgezeichnet und sogar in die Zukunft fortgeschrieben werden.

Ganz nebenbei ergab sich für die Zeit um 1200 noch eine „Staufische Klassik" des Mittelalters, gleichsam das Vorspiel der eigentlichen „Deutschen Klassik". Diese war Rückprojektion und Re-Konstruktion im Wortsinn. Mit den steigenden und fallenden Linien innerhalb eines Koordinatensystems mit den Achsen „Zeit" und Qualität" ergaben sich Tief- und Höhepunkte der Kurve, in der handfeste Wertungen enthalten waren. „Klassik" war keine bloß chronologisch bezeichnete und damit beliebige Kulturepoche mehr, sondern der unüberbietbare Gipfelpunkt der deutschen Literatur. Als überzeitlich gültiges Muster enthielt es zugleich die nationale Überlegenheit der deutschen Klassik, der gegenüber der französische Klassizismus nur als Stilrichtung gelten konnte. Als Höhepunkt der deutschen Literaturgeschichte markierte die „Deutsche Klassik" auch den Endpunkt der Literatur von herausragender Bedeutung. Denn von nun an konnte es nur noch abwärts in Richtung auf Epigonentum, Verfall und Untergang gehen. Die „Klassiker" waren damit stillgestellt wie auf den Sockeln ihrer Denkmäler und der Verehrung anheimgegeben. In dieser materialisierten und monumentalisierten Form sollten sie dem Gedächtnis der Nachwelt für alle Zeiten unauslöschlich eingeprägt sein.

*angebliche Mustergültigkeit der Klassik*

Als lebendige Literatur für Leser außerhalb der verpflichtenden Schullektüre waren die Werke der Klassiker tot. Doch in Büchmanns *Geflügelten Worten* blieben sie als Zitatenschatz verfügbar und konnten als „klassisches" Bildungsgut in den Besitz des Bürgers eingehen, der nun ‚seinen' Schiller oder Goethe hatte. Kritische Zeitgenossen machten sich über diesen verlogenen Bildungsdünkel lustig. Mit seinem Roman *Frau Jenny Treibel* schrieb Theodor

*Das Goethe-Schiller-Denkmal von Ernst Rietschel in Weimar, 1857 enthüllt, lieferte nicht nur für das 19. Jahrhundert das Bildmuster der „deutschen Klassik".*

Fontane, wie er seinem Sohn am 9. Mai 1888 mitteilte, eine bissige Satire auf ein solches Bürgertum, dass das „Höhere" im Munde führte, will sagen „von Schiller spricht", aber „das Hohle, Phrasenhafte, Lügnerische, Hochmütige; Hartherzige des Bourgeoisstandpunkts" meinte.

## Die Epoche „Klassik" 1.2

Alle Epochenbestimmungen, also auch eine genaue Eingrenzung der „Klassik", sind in der Literaturwissenschaft strittig. Legt man dem Zeitraum biographische, textbezogene, politische Eckdaten oder alle zugleich zugrunde? Zudem hat der Begriff des Klassischen drei Gebrauchsformen entwickelt: normativ gebraucht bedeutet er so viel wie mustergültig, historisch verwendet bezeichnet er den Rückgriff auf die Antike, als Epochenbegriff soll er einen Zeitraum eingrenzen. Mit jeder Entscheidung für die eine oder andere Lösung sind daher Wertungen verbunden, die dann dieses Klassikbild bestimmen.

*Problematik von Epochenbegriffen*

Das frühe 19. Jahrhundert hatte deshalb den Begriff der „Goethezeit" erschaffen, da mit Goethes Tod 1832 im Selbstverständnis der Zeit eine Epoche zu Ende ging. Heinrich Heine hatte schon 1828 im Anschluss an Hegel und im Geist des „Jungen Deutschland" in seiner *Romantischen Schule* den Begriff der „Kunstperiode" geprägt und das Urheberrecht daran für sich reklamiert. Nach jener Zeit ästhetischer Bestrebungen beginne, wie einer der ersten Literaturhistoriker, Georg Gottfried Gervinus (1805–1871) in seiner *Geschichte der poetischen Nationalliteratur der Deutschen* schrieb, die Zeit der politischen Taten. Hermann August Korff hat den Begriff mit seinem vierbändigen Werk *Geist der Goethezeit* (1923–53) endgültig durchgesetzt.

*Alternativen zum Begriff „Klassik"*

Doch die neuere Literaturwissenschaft wollte die einseitige Ausrichtung der Klassik auf Goethe vermeiden. Heute spricht man lieber von „Deutscher Literatur zur Zeit der Klassik" (Conrady), vom „Klassischen Zeitalter der deutschen Literatur" (Lange), von der „Geschichtlichkeit der deutschen Klassik" (Müller-Seidel) oder von „Deutscher Literatur im Zeitalter der Französischen Revolution" (Schulz). Der jüngste Versuch, die deutsche Klassik erneut zum (einzigen) Gipfelpunkt der deutschen Literatur zu erheben, verzichtet auf den Klassik-Begriff als „erfolgreiche, aber keine gute Erfindung" und erklärt apodiktisch: „Eine Klassik hat es in der deutschen Literatur nie gegeben." (Schlaffer) Andere Epochenbezeichnungen wie „Spätaufklärung" oder

*Übereinkünfte der Literaturwissenschaft*

→ „Idealismus" konnten sich nicht durchsetzen. Beide enthalten ebenfalls einen falschen Zungenschlag. Die erste Bezeichnung hängt die Klassik als Endphase einem europäischen Zeitalter des Rationalismus an, die zweite reduziert die Literatur auf die Philosophie. Aus europäischer Sicht existiert eine deutsche Klassik überhaupt nicht; die Epoche erscheint vielmehr in ein umfassendes Konzept einer gesamteuropäischen Romantik eingebettet, wenn man z. B. an Thomas Grays *Elegy written on a Country Churchyard* denkt, die 1745 eine wirkungsmächtige Kirchhofromantik eröffnete, noch lange bevor in Deutschland so etwas wie Klassik entstand. Der französische und englische Begriff des „classicism(e)" richtet den Blick zu stark auf formale Kunstvorstellungen nach dem Vorbild der griechischen Klassik und erhält in seiner Übertragung ins Deutsche einen negativen Beiklang. Noch deutlicher schwingt diese Abwertung in Begriffen wie „Neoklassizismus" oder gar „Pseudoklassizismus" mit, die ebenfalls vorgeschlagen wurden.

*Epochenbegriffe als Hilfskonstruktionen*

Obwohl sie den tatsächlichen Fluss der Literaturgeschichte nicht eindämmen können, historische Entwicklungen oftmals verfälschen und Einheitlichkeit vorgaukeln, sind Epochenbegriffe trotzdem als Arbeitsgerüste notwendig. Man kann sich ihrer sinnvoll bedienen, wenn man sich ihrer Hilfskonstruktion zur Epochenüberschau immer bewusst bleibt. Ein solches Modell zur Umschreibung der Epoche „deutsche Klassik" kommt jedoch nur dann den tatsächlichen Verhältnissen nahe, wenn man nicht vergisst, dass literarische Epochen keine gefügten Bausteine sind, sondern Strömungen, die sich überlappen. So lebt z. B. die Aufklärung von ihren Anfängen am Beginn des 18. Jahrhunderts ungebrochen bis ins 19. Jahrhundert fort; die Autoren der Empfindsamkeit schreiben weit über diese Jahrhundertwende hinaus; die Romantik setzt ihre ersten Markierungen längst vor dem letzten Jahrzehnt des 18. Jahrhunderts. Einzelne Gattungen überstehen sogar angebliche Epochengrenzen erstaunlich unbeeinflusst. Kontinuitäten und Neuanfänge sind nicht zu trennen, historische Zäsuren geben sich erst im Rückblick zu erkennen, zeitgenössische Berühmtheiten verschwinden im Lauf der Geschichte, Unverstandene werden neu entdeckt. Eine neue Generation verehrt, bewundert und imitiert die ältere oder sie verspottet und bekämpft sie, bis sie selbst die alte geworden ist und einer jüngeren gegenübersteht.

Eins ist freilich unbestritten. Um 1800 erreichte die deutsche Literatur einen Gipfelpunkt in einem ganz materiellen Sinn. Die

## 1.2 | Die Epoche „Klassik"

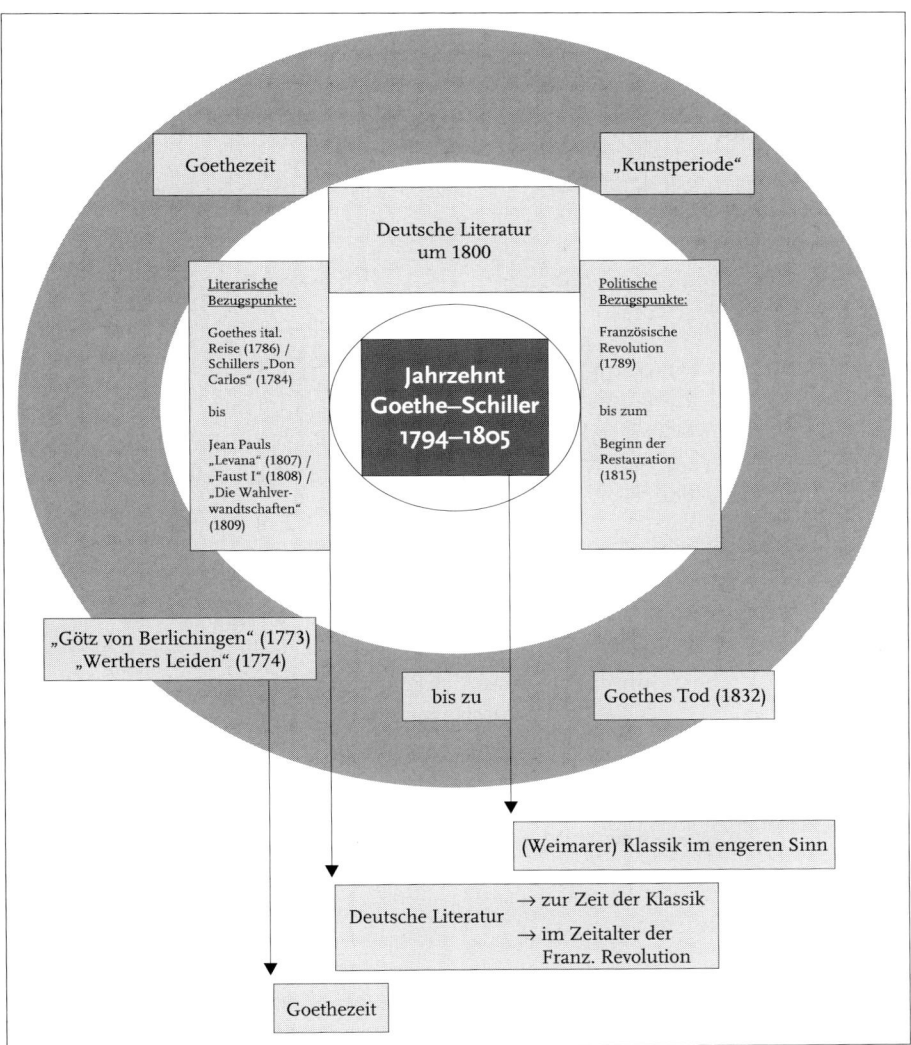

*Grafische Darstellung unterschiedlicher Abstufungen einer Epoche „Klassik"*

Zahl der Leser, die Zahl der gedruckten Bücher, die Zahl der Zeitschriften stieg auf eine bislang nie gekannte Höhe. Und nie zuvor sind aus einer so kurzen Zeitspanne so viele Werke auf Dauer in den Kanon der deutschen Literaturgeschichte eingegangen. Das haben schon die Zeitgenossen gesehen. Sie haben die Einmalig-

*Selbstverständnis der Epoche*

keit ihrer Epoche erkannt, aber auch ihre historische Bedingtheit durchschaut.

> **Zitat**
>
> Reichtum und Schnelligkeit ist was die Welt bewundert und wornach jeder strebt; Eisenbahnen, Schnellposten, Dampfschiffe und alle möglichen Fazilitäten der Kommunikation sind es worauf die gebildete Welt ausgeht, sich zu überbieten, zu überbilden und dadurch in der Mittelmäßigkeit zu verharren. [...] Eigentlich ist es das Jahrhundert für die fähigen Köpfe, für leichtfassende praktische Menschen, die, mit einer gewissen Gewandtheit ausgestattet, ihre Superiorität über die Menge fühlen, wenn sie gleich selbst nicht zum Höchsten begabt sind. Laß uns soviel als möglich an der Gesinnung halten in der wir herankamen, wir werden, mit vielleicht noch wenigen, die Letzten sein einer Epoche die sobald nicht wiederkehrt.

*Goethe am 6. Juni 1825 an seinen Altersfreund Zelter*

> **Zitat**
>
> Ich theile mit Ihnen die unbedingte Verehrung der Sophokleischen Tragödie, aber sie war eine Erscheinung ihrer Zeit, die nicht wieder kommen kann, und das lebendige Produkt einer individuellen bestimmten Gegenwart einer ganz heterogenen Zeit zum Maaßstab und Muster aufdringen, hieße die Kunst, die immer dynamisch und lebendig entstehen und wirken muß, eher tödten als beleben.

*Schiller am 26. Juli 1800 an Johann Wilhelm Süvern*

## Fragen

1. Woher stammt der Begriff „Klassik"? Welche Entwicklung durchläuft er bis ins 18. Jahrhundert?
2. Wodurch unterscheidet sich die „deutsche Klassik" von den Klassik-Vorstellungen anderer Nationalkulturen?
3. Welche begrifflichen Alternativen zur „Klassik" gibt es? Welches sind ihre Vorzüge, welches ihre Nachteile?
4. Wie stehen die Klassiker selbst zum Begriff der Klassik?
5. Welche Übereinkünfte hat die Literaturwissenschaft zum Klassik-Begriff getroffen?
6. Diskutieren Sie am Beispiel der „deutschen Klassik" die grundsätzliche Problematik literaturwissenschaftlicher Epochenbegriffe!

## Literatur

Reinhold Grimm/Jost Hermand (Hrsg.): Die Klassiklegende. Frankfurt a.M. 1971.
Heinz Otto Burger (Hrsg.): Begriffsbestimmungen der Klassik und des Klassischen. Darmstadt 1972.
Dieter Borchmeyer: Die Weimarer Klassik. Eine Einführung. 2 Bände. Königstein 1980.
Walter Müller-Seidel: Die Geschichtlichkeit der deutschen Klassik. Literatur und Denkformen um 1800. Stuttgart 1983.
Michael Titzmann: Probleme des Epochenbegriffs in der Literaturgeschichtsschreibung, in: Karl Richter/Jörg Schönert (Hrsg.): Klassik und Moderne. Die Weimarer Klassik als historisches Ereignis und Herausforderung im kulturgeschichtlichen Prozeß. Stuttgart 1983. S. 98–131.
Rudolf Bockholdt (Hrsg.): Über das Klassische. Frankfurt a.M. 1987.
Reinhart Herzog/Reinhart Koselleck (Hrsg.): Epochenschwelle und Epochenbewußtsein. München 1987 (= Poetik und Hermeneutik 12).
Hans-Joachim Simm (Hrsg.): Literarische Klassik. Frankfurt a.M. 1988.
Victor Lange: „Weimarer Klassik", Epochenbezeichnung oder originäre Denkform? In: Schiller-Jahrbuch 32 (1988). S. 349–357.
Wilhelm Voßkamp (Hrsg.): Klassik im Vergleich. Normativität und Historizität europäischer Klassiken. Stuttgart und Weimar 1993.
Gerhard Schulz/Sabine Doering: Klassik. Geschichte und Begriff. München 2003 (= Beck'sche Reihe Wissen).

# Auf dem Weg zur Klassik 2.

## Voraussetzungen 2.1

2.1.1 Aufklärung
2.1.2 Aufbegehren des Ich: Sturm und Drang
2.1.3 Die Sprache des Herzens: Pietismus, Empfindsamkeit und Autobiographie
2.1.4 Die Wiederentdeckung der Antike
2.1.5 Die Stellung des Schriftstellers in der bürgerlichen Gesellschaft

## Grundlagen der Klassik

Vielschichtige historische Prozesse lieferten die Grundlagen zur Entstehung der Epoche der Klassik. Die Errungenschaften der Aufklärung bis hin zu ihren Auswirkungen in den Ereignissen der Französischen Revolution lassen sich nur im Gefolge des Aufstiegs der bürgerlichen Gesellschaft verstehen. Erst vor diesem Hintergrund können die Stichworte der Zeit eingeordnet werden: der Vorrang der Vernunft, die Befreiung aus des Fesseln von Staat, Kirche und Familie, die Entdeckung des eigenen Ichs als individuelle Persönlichkeit, die Herausbildung einer neuen Sprache für Gefühl und Empfindung, für Aufbegehren und Widerspruch. Erst die entwickelte bürgerliche Gesellschaft mit einer genügenden Lesefähigkeit und seiner Theater- und Romankultur konnte Schriftsteller tragen, die höchste ethische Ansprüche erhoben und von diesen Werken auch leben wollten. Ein neuer Blick auf die Antike stellte Bildvorlagen und Denkmodelle zur Verfügung.

### Aufklärung 2.1.1

Am Ende der Aufklärung brachte Immanuel Kant die Epoche auf den Begriff.

> **Zitat**
>
> Aufklärung ist der Ausgang des Menschen aus seiner selbstverschuldeten Unmündigkeit. Unmündigkeit ist das Unvermögen, sich seines Verstandes ohne Leitung eines anderen zu bedienen. Selbstverschuldet ist diese Unmündigkeit, wenn die Ursache nicht am Mangel des Verstandes, sondern der Entschließung und des Mutes liegt, sich seiner ohne Leitung eines anderen zu bedienen. Sapere aude! Habe Mut, dich deines Verstandes zu bedienen! ist also der Wahlspruch der Aufklärung.

*Kant, Was ist Aufklärung? (1784)*

*Der aus seiner Vaterstadt Königsberg kaum herausgekommene Immanuel Kant (1724–1804) lieferte mit seinen Werken die Grundlagen der kritischen Philosophie und des Idealismus.*

Der Maßstab der Vernunft, an dem sich Leben und Denken der Menschen ausrichten sollte, war seit dem Ende des 17. Jahrhunderts anerkannt. Schon der Wahlspruch des französischen Philosophen und Wissenschaftlers René Descartes (1596–1650) lautete: „Cogito, ergo sum" – „Ich denke, also bin ich". Kant verlangte jedoch mehr als nur die Anerkennung der Vernunft als höchstes Prinzip, er forderte auch die Entschlusskraft und den Willen, dieses Prinzip für den Einzelnen umzusetzen. Die Aufklärung, die ihre Wurzeln im Rationalismus eher in England, den Niederlanden und in Frankreich als in Deutschland hatte, konnte schwer auf dem Gebiet des Heiligen Römischen Reiches Deutscher Nation Fuß fassen. Innerhalb dieser staatsrechtlichen Konstruktion unter dem Namen Deutschland sorgten 300 bis 360 Staaten für einen territorialen Flickenteppich. Darunter waren europäischen Mittelmächte wie Österreich und Preußen, kleinere und mittlere Kurfürstentümer, Herzogtümer und Bistümer, bis hin zu reichsunmittelbaren Klöstern und sogar Reichsdörfern. Über allem stand ein Kaiser, der kaum mehr als eine ordnungspolitische Einigungsfunktion innehatte. Ein undurchlässiges Ständesystem, in dem die einzelnen Landesfürsten nach Gutdünken schalten und walten konnten und

*„Deutschland"*

sich die feudalen Abhängigkeitsverhältnisse seit dem Mittelalter kaum verändert hatten, und eine konfessionell gespaltene Kirche, die aber immer noch die geistigen und intellektuellen Orientierungen setzte, hielten das staatliche und gesellschaftliche Leben fest im Griff. Der aufgeklärte Absolutismus, die fortgeschrittenste Herrschaftsform der zweiten Hälfte des 18. Jahrhunderts, bediente sich darüber hinaus der Vernunftlehre zur Legitimation der Herrschaft von Gottes Gnaden.

Bürgertum bedarf der Stadt. Auch hier hatte Deutschland erhebliche Rückstände zu verzeichnen. Ende des 18. Jahrhunderts lebten in London 800 000 Einwohner, in Paris 670 000 und in Neapel 450 000, während die Kaiserstadt Wien 240 000 Einwohner, Berlin 170 000 verzeichneten, Mittelstädte wie Dresden 61 000, München 48 000, Frankfurt 42 000 und Leipzig 32 000 Menschen zählten; in den kleinen Residenzstädten wohnten nicht mehr als 7 000 Untertanen.

*Bürgertum und Stadt*

*Die Promenade in Leipzig 1777: idealisierte bürgerliche Öffentlichkeit.*

Und von Bürgerrechten konnten die Stadtbewohner nur träumen. Als Staatsdiener waren sie von den Höfen unmittelbar abhängig, als Kaufleute standen sie schnell an den Grenzpfosten der Kleinstaaten und deren merkantilistischen Handelsbeschränkungen. In Deutschland entwickelte sich eine bürgerliche Öffentlichkeit als gegen-staatliche Privatwelt, vermittelt durch die hochangesehene Gelehrsamkeit, deren Grundstock an den zahlreichen Universitäten gelegt wurde. Lesezirkel und Zeitschriften, Freundschaftsbünde und rege Briefwechsel festigten den Zusammenhalt und überbrückten räumliche Distanzen und politische Grenzen. In dieser geistigen Welt entstand allenthalben das Bewusstsein, trotz oder gerade wegen der politischen Zersplitterung einer Kulturnation anzugehören.

*Die bürgerliche Gesellschaft*

*Friedrich Schlegel, Fragment einer Karakteristik der deutschen Klassiker, 1797*

> Alle echte, eigne und gemeinschaftliche *Bildung*, welche noch irgend in Deutschland gefunden wird, ist, wenn ich so sagen darf, von heute und gestern, und war fast allein durch *Schriften* entwickelt, genährt, und unter den Mittelstand, den gesundesten Teil der Nazion, verbreitet. Das allein ist Deutschheit; das ist die heilige Flamme, welche jeder Patriot, hell und stark zu erhalten und zu vermehren, an seinem Theil streben sollte!

*Grundgedanken der Aufklärung*

Denken statt glauben, die Sinne gebrauchen und die Umwelt beobachten statt der Weltinterpretation der Bibel zu folgen – die Vernunft machte vor nichts halt. Die Aufklärung stellte Gott und Natur, Geschichte und Gesellschaft in Frage. Rationalismus und Empirie wurden die Leitsterne der Epoche. Dem Glanz des absolutistischen Hofes trat die Welt der bürgerlichen Intelligenz mit ihren neuen, anti-höfischen Werten gegenüber.

*Christian Wolff (1679–1754) war auch deshalb bei der Verbreitung der Aufklärungsphilosophie so erfolgreich, weil er seine Schriften auf deutsch verfasste.*

*aufgeklärtes Denken*

Weniger Philosophen und Denker wie Gottfried Wilhelm Leibniz (1646–1716) oder Christian Thomasius (1655–1728), sondern Popularisierer wie Christian Wolff sorgten für die Breitenwirkung der Gedanken der Aufklärung. Nach englischem Vorbild streuten Moralische Wochenschriften die Ideen vernünftigen Handelns in weite Kreise der Bevölkerung. Nicht mehr Verschwendung und Luxus, adlige Selbstdarstellung und höfisches Intrigenspiel waren jetzt erstrebenswerte Ziele, sondern bürgerliche Werte: individuelle Leistung, Ehre und Herz, Familie und Anstand. Aufgeklärte Lektüre nährte und verbreitete diese Vorstellungen. In ihnen verdünnten sich die Überlegungen so unterschiedlicher Geister wie die des frühen Materialisten Spinoza (1632–1677), des Earl of Shaftesbury (1671–1713) oder der Moralphilosophen Moses Mendelssohn (1729–1786) und Christian Garve (1742–1798).

Während sich in Frankreich die Gedanken der Aufklärung ins Politische wendeten und sich beim Ausbruch der Französischen Revolution 1789 zu erfüllen schienen, blieben sie in Deutschland Literatur. Diese Literatur zeigte auch erbauliche Seiten. Im Bereich der Lyrik erwies sie sich am vielfältigsten. Der Hamburger Ratsherr Barthold Hinrich Brockes (1680–1747) lauschte in seiner mehrbändigen Gedichtsammlung *Irdisches Vergnügen in Gott* (1721–1748), wie der Titel schon sagte, allen Erscheinungsformen seiner Umwelt den Nachweis ab, dass diese Welt das Werk eines vernünftigen Schöpfers sein musste.

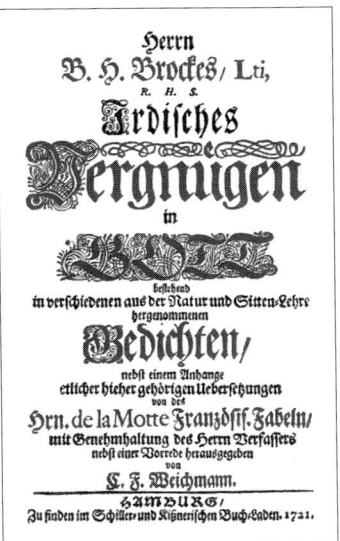

*Titelblatt des 1. Teils der 1. Ausgabe von Brockes'* Irdisches Vergnügen in Gott *von 1721.*

Der Schweizer Naturforscher und Arzt Albrecht von Haller (1708–1777) wurde durch sein episches Gedicht *Die Alpen* (1729) berühmt.

Darin versuchte er sich als poetischer Landschaftsmaler. Dort pries er, weit bevor Jean Jaques Rousseau (1712–1778) den Rückweg zur Natürlichkeit forderte, einen Naturzustand, der verloren zu gehen drohte: „Hier herrschet die Vernunft, von der Natur geleitet." Naturdichtung, freilich eine solche im Sinn der →Anakreontik, war die Grundlage des Erfolges von Friedrich von Hagedorn (1708–1754). Hier berührte er sich mit Dichtern wie Johann Wilhelm Ludwig Gleim (1719–1803), der mit seinem wiederholten *Versuch in scherzhaften Liedern* (seit 1744) und lehr-

Natur: Erhabenheit und Idylle

*Die Titelvignette zu Hallers* Die Alpen *von 1729 bildete die Vorstellungen von Größe und Erhabenheit der Natur ab.*

*Der Odendichter Ramler erhält Besuch von seiner Muse. Kupferstich von E. Henne nach einer Zeichnung von B. Rode (1800). (li.)*

*Anna Luise Karsch, geborene Dürbach (1722–1791), war eine gefeierte Schülerin der Dichter Ramler und Gleim. Stich von 1763. (re.)*

haften Fabeln an die Öffentlichkeit trat. Zu ihm und Johann Peter Uz (1720–1796) und Johann Nikolaus Götz (1721–1781) gesellte sich auch der patriotische Odendichter Karl Wilhelm Ramler (1725–1798) und die bedeutendste Lyrikerin der Epoche, Anna Luise Karsch (1722–1791), genannt Karschin.

Den Endpunkt dieser Linie markierte schließlich Christian Ewald von Kleist (1715–1759), der nicht nur patriotische Preußenlieder dichtete, sondern auch publikumswirksam im Siebenjährigen Krieg Friedrichs des Großen sein Leben ließ und deshalb ein frühes Dichterdenkmal erhielt.

*Das Denkmal für Ewald von Kleist, 1778 in Frankfurt a.d. Oder aufgestellt, war eines der ersten öffentlich aufgestellten Dichterdenkmäler. Es bildete nicht nur die Sinnzeichen der Poesie und des Patriotismus ab, sondern auch die der Freimaurerei. (li.)*

*Schon das Titelblatt der Idyllen Salomon Geßners (1756) verriet die zeitgenössischen Naturvorstellungen. (re.)*

Als Dichter, Maler und Verleger widmete sich der Züricher Salomon Geßner (1730–1788) der Gattung der Idylle. Seine *Idyllen* (1756), neben Goethes *Werther* das meistgelesene Buch des Jahrhunderts, feierten ein idealisiertes Hirtenleben und damit ein Naturverständnis, das dem bildnerischen Rokoko nahestand.

Der Gunst der aufgeklärten und die Aufklärung vorantreibenden Schriftsteller erfreute sich die lehrhafte Fabel. Geistreich zugespitzt und moralisch lehrhaft bildete sie ein beliebtes Transportmittel für Satire und Gesellschaftskritik, ohne die traditionelle Herrschaftsordnung grundlegend in Frage zu stellen. Abraham Gotthelf Kästner (1719–1800), Magnus Gottfried Lichtwer (1719–1783) oder Gottfried Konrad Pfeffel (1736–1809) brachten es als Fabeldichter zu einiger Bekanntheit. Berühmt in dieser Gattung und zum ersten deutschen Nationaldichter, geradezu zum „Vater der deutschen Poesie" aber wurde Christian Fürchtegott Gellert (1715–1769).

*lehrhafte Dichtung*

*Christian Fürchtegott Gellert (1715–1769) galt den Zeitgenossen als der Begründer einer deutschen Literatursprache.*

Mit geistlichen und weltlichen Gedichten, Lustspielen, Fabeln und Erzählungen, vor allem aber mit seinem 1746/48 anonym erschienenen empfindsamen Roman *Leben der schwedischen Gräfin G...* nach dem Vorbild der erfolgreichen Sittenromane des Engländers Samuel Richardson (1689–1761) machte Gellert Sensation. Wirklich populär wurde er aber als Theoretiker der aufkommenden und ständig wachsenden Briefkultur, die er in Abhandlungen, Vorlesungen und Regelbüchern förderte.

Das Theater galt hingegen noch lange nicht als Literatur. Stücke, die herumziehende englische Komödianten auf den Kontinent brachten, befriedigten zunächst nicht mehr als das Unterhaltungsbedürfnis.

*Aufstieg des Theaters*

In Deutschland selbst waren es neben Autoren wie Christian Weise (1642–1708), der sich dem protestantischem Schultheater gleichsam als Gegenstück zum lateinischen Schultheater der Jesuiten verschrieb, oder Johann Elias Schlegel (1719–

1749) mit seinen Theaterstücken und dramaturgischen Abhandlungen vor allem die umherziehenden Schauspielertruppen wie die des Johann Friedrich Schönemann (1704–1782), des Konrad Ernst Ackermann (1712–1771), des Conrad Ekhof (1720–1778), des Friedrich Ulrich Ludwig Schröder (1744–1816) oder der noch bekannteren Neuberin, die für ein lebhaftes Theaterleben in den deutschen Staaten sorgten.

*Titelkupfer zu einer 1670 in Frankfurt erschienenen Sammlung englischer und französischer Komödien. (li.)*

*Friederike Caroline Neuber (1697–1760) betrieb die bekannteste Schauspielertruppe in Deutschland, schrieb selbst zahlreiche Theaterstücke und arbeitete mit dem Theaterreformer Gottsched zusammen. (re.)*

Die Wirkung der Schauspielerei auf alle poetisch aufgeschlossenen Zeitgenossen wuchs in dem Maße, wie ihre Professionalität zunahm. Für die Jugend schien ein Leben auf und für das Theater oftmals die einzige und spektakuläre Möglichkeit, ihrer beengten bürgerlichen Welt zu entfliehen. Nicht nur die Theaterromane *Anton Reiser* von Karl Philipp Moritz und Goethes *Wilhelm Meisters theatralische Sendung* bzw. *Wilhelm Meisters Lehrjahre* zeugen davon. Doch alle Bemühungen, diese Form der „Schaubühne" zur Geburtszelle eines deutschen Nationaltheaters zu machen, blieben in Ansätzen stecken. 1767 entstand in Hamburg unter der Mithilfe des Dramaturgen Lessing zwar das erste Nationaltheater, das sich jedoch keine zwei Jahre halten konnte. Erst dem berühmten Schauspieler und Theaterautor August Wilhelm Iffland (1759–1814), dem späteren Direktor des Nationaltheaters in Berlin, gelang nationale Bühnenwirkung in Mannheim, nachdem dort 1777 ein Nationaltheater gegründet worden war.

„Theatromanie"

*Der Starschauspieler Iffland als Franz Moor in Schillers Räuber. Ifflands bewunderte Schauspielkunst trug nicht zum wenigsten zum Erfolg der Dramen der Klassik bei. (li.)*

*In seiner* Critischen Dichtkunst *stellte Gottsched vernünftige Regeln auf, wie ein Dichter bei seiner Arbeit vorzugehen habe. (re.)*

Zum literarischen Repräsentanten der Aufklärung schlechthin erhob sich Johann Christoph Gottsched (1700–1766), weil er vieles in einer Person war: Professor der Rhetorik und selbst (in Zusammenarbeit mit der Truppe der Neuberin) Theaterreformer, Lyriker und erfolgreicher Theaterautor, Literaturtheoretiker und -kritiker, Übersetzer und Herausgeber moralischer Wochenschriften. Sein *Versuch einer Critischen Dichtkunst vor die Deutschen*, seit 1730 in mehreren Auflagen verbreitet, wurde zur Regelpoetik der Epoche.

„Literaturpapst" Gottsched

| Textbeispiel |
| --- |

Der Poet wählet sich einen moralischen Lehrsatz, den er seinen Zuschauern auf eine sinnliche Art einprägen will. Dazu ersinnt er sich eine allgemeine Fabel, daraus die Wahrheit eines Satzes erhellet. Hiernächst sucht er in der Historie solche berühmte Leute, denen etwas ähnliches begegnet ist: und von diesen entlehnet er die Namen, für die Personen seiner Fabel; um derselben also ein Ansehen zu geben. Er erdenket sodann alle Umstände dazu, um die Hauptfabel recht wahrscheinlich zu machen: und das werden die Zwischenfabeln, oder Episodia nach neuer Art, genannt. Dieses theilt er dann in fünf Stücke ein, die ohngefähr gleich groß sind, und ordnet sie so, daß natürlicher Weise das letztere aus dem vorhergehenden fließt; bekümmert sich aber weiter nicht, ob alles in der Historie wirklich so vorgegangen, oder ob alle Nebenpersonen wirklich so, und nicht anders geheißen haben.

*Gottsched,* Versuch einer Critischen Dichtkunst, *I/10: „Von Tragödien, oder Schauspielen"*

Sich am Literaturpapst Gottsched zu reiben, wie es die Schweizer Johann Jakob Bodmer (1698–1783) und Johann Jakob Breitinger (1701–1776) in ihrem Literaturstreit taten, verschaffte Aufmerksamkeit im literarischen Leben der Zeit. Als Lessing in seinem *17. Brief, die neueste Literatur betreffend* 1759 zum letzten Angriff gegen Gottsched ansetzte, war dessen Dominanz allerdings längst vorüber.

### 2.1.2 Aufbegehren des Ich: Sturm und Drang

*Leitgedanken des Sturm und Drang*

In älteren Literaturgeschichten gilt der → Sturm und Drang als Gegenbewegung zur Aufklärung, während die neuere Forschung bei dieser „Genie"-Bewegung eher die Gemeinsamkeiten mit der Aufklärung betont. Der Sturm und Drang wäre demnach die Radikalisierung der Aufklärung im Sinne von Subjektivität, Individualismus und Emotionalität, die Wendung von der rationalen Analyse zur explosiven (und oft scheiternden) Tat. Als mythische Leitfigur der Aufbruchsepoche löste der im Widerstand gegen die Götterautorität handelnde Prometheus den Denker Sokrates ab, den noch die Aufklärung bewunderte. Genie und Tat galten mehr als der bislang geforderte „Witz"; die Regungen des Herzens wurden wichtiger genommen als die des Kopfes. Seit den 70er Jahren des 18. Jahrhunderts veränderten sich auch die literarischen Vorlieben und Zielsetzungen. Shakespeare galt, gleichsam als

*In Lichtenbergs* Göttinger Taschen-Calender *stellte der berühmte Kupferstecher und Porträtist Daniel Chodowiecki 1780 das richtige und das falsche Verhalten im Umgang mit Gefühlen gegenüber.*

Gegenfigur zu den Autoren des regelhaften französischen Rationalismus, als Vorbild der jungen Generation.

Zunächst war der Sturm und Drang eine Jugendbewegung, die sich als Moderne gab, indem sie alles radikal in Frage stellte, auch die aufklärerische Selbstsicherheit, alle Weltphänomene rational erklären zu können. Der offene Widerspruch gegen bestehende Herrschaftsverhältnisse in Staat und Familie traf sich mit der Missachtung rhetorischer Regeln, die vernünftelnde Naturbetrachtung machte einem neuen Naturgefühl Platz, das keine Grenzen zu kennen glaubte. Der Kupferstecker Chodowiecki setzte es in Szene.

Jakob Michael Reinhold Lenz, einer der Hauptvertreter der Epoche, formulierte das Zeitempfinden.

| Textbeispiel |
| --- |
| Wir werden geboren – unsere Eltern geben ins Brot und Kleid – unsere Lehrer drücken in unser Hirn Worte, Sprachen, Wissenschaften – irgendein artiges Mädchen drückt in unser Herz den Wunsch, es eigen zu besitzen, es in unsere Arme zu schließen [...] – es entsteht eine Lücke in der Republik, wo wir hineinpassen – unsere Freunde, Verwandte, Gönner setzen an und stoßen uns glücklich hinein – wir drehen uns eine Zeitlang in diesem Platz herum wie die anderen Räder und stoßen und treiben – bis wir, wenn's noch so ordentlich geht, abgestumpft sind und zuletzt wieder einem neuen Rad Platz machen müssen – das ist meine Herren! Ohne Ruhm zu melden unsere Biographie [...] Aber heißt das gelebt? heißt das seine Existenz gefühlt, seine selbständige Existenz, den Funken von Gott? |
| *Jakob Michael Reinhold Lenz*, Über Götz von Berlichingen, 1774 |

Die eigenen Affekte wurden zum Maßstab jeden Handelns, das eigene Ich stand im Zentrum der Weltbewältigung. Jean-Jacques Rousseau hatte in den Einleitungssätzen seiner Autobiographie diese Haltung als eine Geste der Anmaßung provokativ zugespitzt.

*Entdeckung des Ich*

| Textbeispiel |
| --- |
| Ich beginne ein Unternehmen, das bis heute beispiellos ist und dessen Ausführung keinen Nachahmer finden wird. Ich will meinen Mitgeschöpfen einen Menschen in seiner ganzen Naturwahrheit zeigen; und dieser Mensch werde ich selbst sein. Ich allein. |
| *Jean-Jacques Rousseau*, Confessions, 1782 |

Die schonungslose Ich-Entblößung sollte in ihrer Einmaligkeit und Beispiellosigkeit schockieren, jedoch auch den Kern des Menschlichen freilegen und damit zur Identifikation auffordern. Denn was ein Genie ist, war nicht zu definieren, sondern nur nachzufühlen.

*Freundschaftskult*
Neben seinem Charakter als Jugendbewegung war der Sturm und Drang auch eine Bewegung der Freundschaften, Cliquen und Gruppenbildungen. Bekannt wurden die Lyriker des „Göttinger Hains", die sich im Zeichen schwärmerisch-religiöser Naturbegeisterung und patriotischer Empfindungen, aber auch in der Verehrung Klopstocks 1772 zusammenschlossen. In Straßburg war Goethe Teil eines Freundeskreises von Stürmern und Drängern; der junge Schiller fand sich in der herzoglichen Militärakademie in Stuttgart in einem Freundeskreis um seinen Lehrer Abel. In solchen Kreisen äußerte sich der jugendliche Drang des Aufbegehrens in provokativen Schriften und Reden wie die des jungen Goethe in Straßburg *Zum Shakespaeres-Tag* (1771) oder *Von deutscher Baukunst* (1773). Hier prägten sich die Leitbegriffe des Sturm und Drang aus: Genie, Herz, Tat, aber auch Gefühl, Einbildungskraft und Begeisterungsfähigkeit. Besonders die Lyrik erlaubte die Seelenaussprache in dieser Tonlage wie z. B. im *Göttinger Musenalmanach* des „Hains", dessen bedeutendster Vertreter der früh verstorbene Ludwig Christoph Heinrich Hölty (1748–1776) wurde.

*Die Gedichte des jung gestorbenen Lyrikers Hölty galten als besonders innig und ließen durch ihre unmittelbare und ungekünstelte Gefühlsansprache aufhorchen.*

Für die Zeitgenossen gab Hölty das Musterbild eines lyrischen Dichters ab, weil er einen neuen Ton reiner Naturempfindung fern aller Rhetorik anschlug.

Auch die populären Balladen Gottfried August Bürgers (1747–1794), am bekanntesten war seine *Leonore*, wurden viel gesungen und zitiert. Am Rande des Literaturbetriebs veröffentlichte Matthias Claudius

> **Textbeispiel**
>
> Grüner wird die Au,
> Und der Himmel blau,
> Schwalben kommen wieder,
> Und die Erstlingslieder
> Kleiner Vögelein
> Zwitschern schon im Hain.
>
> Hölty, erste Strophe des Frühlingslieds, 1773

(1740–1815) seine Zeitschrift *Wandsbecker Bote*, dessen Beiträge er fast ganz alleine bestritt. Claudius gelangen empfindsame Verse, deren scheinbare Naivität volksliedhaft wirkte, so z. B. in seinem *Kriegslied* oder im erfolgreich vertonten *Abendlied* („Der Mond ist aufgegangen"). Auch Goethes frühe Gedichte während seiner Straßburger Zeit gehören, nach anakreontischen Anfängen in Leipzig, in diesen Zusammenhang. Besonders seine „Sesenheimer Liedern" galten fortan als „Erlebnislyrik", weil in ihnen das ganz persönliche Erleben seines Liebesabenteuers unmittelbar in die poetische Sprache eingeflossen zu sein schien.

„Erlebnislyrik"

*Im Pfarrhaus von Sesenheim (eigentlich Sessenheim) bei Straßburg im Elsaß lernte Goethe Friederike Brion kennen und lieben. Seine Gedichte aus dieser Zeit spiegeln die Intensität des Erlebnisses.*

Noch mehr als die Lyrik eignete sich das Drama des Sturm und Drang zur Darstellung des Aufbegehrens und der großen Heldentaten von Originalgenies. Heinrich Wilhelm von Gerstenberg (1737–1823), Friedrich Maximilian Klinger (1752–1831), dessen von *Wirrwarr* in *Sturm und Drang* umbenanntes Drama der Epoche den Namen gab, Heinrich Leopold Wagner (1747–1779) und Johann Anton Leisewitz (1752–1806) lieferten dazu zahlreiche Stücke. Von anhaltender Bedeutung sind jedoch sind die Stücke des provokant dichtenden und lebenden Johann Michael Reinhold Lenz (1751–1792) geblieben.

Dramen des Sturm und Drang

> **Textbeispiel**
>
> Mir schlug das Herz; geschwind zu Pferde,
> Und fort, wild, wie ein Held zur Schlacht!
> Der Abend wiegte schon die Erde,
> Und an den Bergen hieng die Nacht;
> Schon stund im Nebelkleid die Eiche,
> Ein aufgethürmter Riese da,
> Wo Finsterniß aus dem Gesträuche
> Mit hundert schwarzen Augen sah.
>
> Der Mond von seinem Wolkenhügel,
> Schien kläglich aus dem Duft hervor;
> Die Winde schwangen leise Flügel,
> Umsausten schauerlich mein Ohr;
> Die Nacht schuf tausend Ungeheuer –
> Doch tausendfacher war mein Muth;
> Mein Geist war ein verzehrend Feuer,
> Mein ganzes Herz zerfloß in Gluth.
>
> *Goethe 1771/75 in den ersten beiden Strophen des später als* Willkommen und Abschied *bekannten Gedichts*

*Der Hofmeister oder Vorteile der Privaterziehung* (1774) oder *Die Soldaten* (1776) wecken bis heute die Aufmerksamkeit von Publikum, Regisseuren und Bearbeitern. Aber auch die jungen Goethe und Schiller hatten zum Drama des Sturm und Drang beigetragen. Goethes *Götz von Berlichingen* (1771/73) und *Clavigo* (1774), aber auch sein *Urfaust* (1775) gehörten dazu. Schiller begann mit *Die Räuber* (1781) seine Laufbahn als Dramatiker.

Es folgten in großer Geschwindigkeit die Dramen *Die Verschwörung des Fiesco zu Genua* (1783), *Luise Millerin* (1784), die von Iffland in *Kabale und Liebe* umgetauft wurde.

*Johann Michael Reinhold Lenz wollte nicht nur seine Texte, sondern auch sein Leben an dem von ihm und mit ihm in Straßburg befreundeten Goethe ausrichten.*

*Wie auch den anderen Zöglingen der herzoglichen militärischen „Pflanzschule" in Stuttgart war Schiller jeder Form der Publikation untersagt. Das Titelblatt der Räuber nannte deshalb falsche Druckorte. (li.)*

*Szene aus Kabale und Liebe aus dem Königl. Großbrit. Genealog. Kalender auf das Jahr 1786 von Chodowiecki. (re.)*

In der längeren Arbeitsphase zu *Don Karlos, Infant von Spanien* (1784–1787) glaubt man Schillers Abkehr vom Sturm und Drang erkennen zu können.

Ein nicht unbedeutender Seitenast dieser Dramengeschichte begann in der Aufklärung und reichte über den Sturm und Drang bis weit ins 19. Jahrhundert hinein. Ausgehend von England und Frankreich hatte sich, gegen die strengen Gattungsvorschriften der heroischen Tragödie, eine Art Zwischenform des Dramas herausgebildet, die in England „sentimental comedy", in Frankreich „comédie larmoyante", in Deutschland „weinerliches Lustspiel" oder „Rührkomödie" genannt wurde. Während Ständeklausel und Fallhöhe für die heroische Tragödie den hohen Ton vorschrieben und nur Fürsten und Götter als Helden zuließen, war der Komödie der niedere Ton und die dem Gelächter preisgegebenen Handlungen des einfachen Volkes reserviert. In diesem Zwischenraum entwickelte sich eine revolutionäre neue Gattung. Denn das (schon von seiner paradoxen Begriffsprägung provokante) „bürgerliche Trauerspiel" behauptete nicht weniger, als dass auch bürgerliche Werte und Protagonisten eine tragische Fallhöhe und damit das Recht auf eine ernsthafte dramatische Darstellung besäßen. Die Schauspielbegeisterung des bürgerlichen Publikums und die Theaterreformen der Frühaufklärung und der Erfolg der englischen Vorbilder sicherten den Siegeszug der neuen Gattung, die Lessing mit *Miß Sara Sampson* (1755) in Deutschland einführte und mit *Emilia Galotti* (1772) die bürgerli-

„bürgerliches Trauerspiel"

chen Wertvorstellungen sogar in die Welt des Adels einpflanzen konnte. Mit *Kabale und Liebe* reihte sich auch Schiller in die neue Gattungstradition ein.

### 2.1.3 Die Sprache des Herzens: Pietismus, Empfindsamkeit und Autobiographie

*Pietismus*

Die Emanzipation des Denkens und die Befreiung des Gefühls aus den Klauen gesellschaftlicher Normierungen blieb auch innerhalb der (protestantischen) Kirche nicht ohne Auswirkungen. Der →Pietismus, mit seinem innerkirchlichen Höhepunkt zwischen 1690 und 1740, erschütterte die Vorherrschaft der Orthodoxie. Verbunden mit den Bestrebungen des Kleinbürgertums nach sozialem Aufstieg, der Verbreitung des Bibelstudiums und der Ausbreitung des Gebets führte er zur religiösen Schwärmerei, die oft ins Sektiererische ausgriff. Wie weit dieser Rückzug auf das eigene Innere auch in die Oberschichten eingedrungen war, zeigte sich an den „Herrnhutern", einer Brüdergemeinde, die sich aus dem Umkreis des Reichsgrafen Ludwig von Zinzendorf (1700–1760) entwickelte. Aus diesem Umkreis stammte Susanna Katharina von Klettenberg, der Goethe im 6. Buch von *Wilhelm Meisters Lehrjahre* im Abschnitt „Bekenntnisse einer schönen Seele" ein Denkmal setzte.

*Susanna von Klettenberg (1723–1774), hier in einem Aquarellbild von 1767, war eine Nichte der Tante von Goethes Mutter; sie pflegte 1768 den schwer erkrankten Goethe und machte ihn mit den Gedanken des Pietismus bekannt.*

*die Rolle der Pfarrhäuser*

Die verschiedenen Auffächerungen des Pietismus, vor allem die Herrnhuter, prägten über Internate und Schulen die protestantischen Pfarrhäuser. Von Gottsched bis Lessing, von Wieland bis Lenz, von Klopstock bis Lavater, von Schleiermacher bis Novalis hinterließ der Pietismus, vermittelt, verstärkt und verbreitet durch die Pfarrhäuser, tiefe Spuren in der Literatur- und Geistesgeschichte Deutschlands. Man hat sogar gemeint, die „geglückten Anfänge" der deutschen Literatur im 18. Jahrhundert ganz auf die Wirkungen des protestantischen Pfarrhauses zurückführen zu können (Schlaffer). Ganz zweifellos bildete sich auf solchen Grundlagen um 1750 eine neue Sprache des Empfindens. Schwärmerei, Selbstbeobachtung und der affektive Blick auf eine beseelte Umwelt legten neue Dimensionen der Sprache frei. Der ehemals religiöse, jetzt zum Erlebnisausdruck säkularisierte pietistische Wortschatz, der bewusste Verzicht auf die Fesseln rhetorischer Vorschriften, neue Schreib- und Redeweisen der persönlichen Aussprache erlaubten den individuellen „Ausdruck". Die Kühnheit der Metapher zeigte sich jetzt nicht mehr in sprachlicher Fülle und im Schwulst, sondern im reduzierten Wort, das Innerlichkeit als „Tiefe" verstand. Der private Brief schien das geeignete Medium, Empfindung und Gefühl einer gleichgesinnten Seele mitzuteilen. Der Aufschwung des Briefverkehrs koppelte sich daher an die Freundschaftskultur der Epoche. Der Brief konnte nicht nur ein gefühlvolles Gespräch ersetzen, wie ein Zeitgenosse schrieb. Der Brief, ja der Vorgang des Briefeschreibens selbst und erst recht der rege Austausch von Briefen konnte das Empfindungspotential sogar noch steigern.

*eine neue Sprache der Seele*

*Briefkultur*

Während die protestantische Amtskirche durch Theologen wie Philipp Jakob Spener (1635–1705) und August Hermann Francke (1663–1727) mit seinem Halleschen Modell eines praktischen Christentums (Waisenhaus, Theologenausbildung) geprägt wurde, trieb die kirchliche Laienwelt die pietistischen Tendenz zur Verinnerlichung und der Ausfaltung des eigenen Seelenlebens noch weiter. Nicht nur die Zunahme der Erbauungsschriften, auch die vermehrte Führung von Tagebüchern belegen dies. Namentlich die Autobiographie, die ihre stärkste Wurzel in der pietistischen Selbstbeobachtung und Selbstaussprache hatte, erlebte eine Blüte.

Bekannt wurden und als vorbildlich galten Johann Heinrich Jung-Stillings Lebensgeschichte (1777–1804), Ulrich Bräkers *Lebensgeschichte und Natürliche Ebentheuer des Armen Mannes im Tockenburg* (1788/89) oder Theodor Gottlieb von Hippels *Lebensläufe nach Aufsteigender Linie* (1778–81), später dann Johann Gottfried Seumes *Spaziergang nach Syrakus im Jahre 1802* (1803). Goethes großes autobiographisches Projekt, beginnend mit *Dichtung und Wahrheit*, konnte daran anschließen (→ Kap. 4.1).

Die Konzentration auf das eigene Ich förderte mit der religiösen auch die psychologische Selbstbeobachtung. *Magazin zur*

*Psychologie und Lebensgeschichte* — *Erfahrungsseelenkunde* nannte Karl Philipp Moritz seine Schriftenreihe, die er unter das Motto „Erkenne dich selbst!" stellte und in der er psychologische Fallstudien der interessierten Leserwelt mitteilte. Sein autobiographischer Roman *Anton Reiser* (1785–90) erwuchs aus solchen Seelenerforschungen, auch wenn er darin nicht aufging.

Beide Stränge, die pietistische Ich-Aussprache und die psychologische Selbstbeobachtung bildeten die Voraussetzungen eines neuen Erzählens. Die einlinige Lebensgeschichte eines Individuums, ausgefaltet bis zur letzten Windung der eigenen Psyche, brauchte nur noch an die Welthaltigkeit anzuknüpfen, die die europäische Erzähltradition vorgegeben hatte. In Deutschland reichte sie bis zum barocken galanten Roman zurück, *Beginn eines neuen Erzählens* in England war sie als Abenteuer- oder Pikaroroman seit Daniel Defoes Erfolgsroman *Robinson Crusoe* (1719) bis zu Henry Fieldings *Tom Jones* (1749) schon längst entwickelt. Die Tiefe des Gefühls und die intensive Rundung der Figuren zu nachlebbaren Persönlichkeiten war jedoch eine eigene Schöpfung. Die sentimentalen Briefromane Samuel Richardsons wie *Pamela* (1740) oder *Clarissa Harlowe* (1747/48), der idyllisierende *Vicar of Wakefield* (1766) von Oliver Goldsmith oder der empfindsame Reisebericht *A Sentimental Journey Through France and Italy* (1768) von Laurence Sterne lieferten Muster, wie empfindsam und dennoch spannend erzählt werden konnte. Sophie von La Roche mit ihrer *Geschichte des Fräuleins von Sternheim* (1771) oder Wieland mit seinen frühen Romanen wie *Don Sylvio* (1764) und der 1. Fassung der *Geschichte des Agathon* (1766/67) beschritten freilich einen eigenen Weg (→3.4.3).

Den größten Erfolg, sowohl was die zeitgenössische als auch was die Nachwirkung betrifft, hatte allerdings Goethes sentimentaler Briefroman *Die Leiden des jungen Werthers* (1774).

*Sogar in Frankreich machten sich Zeichner Gedanken über die sentimentale Beziehung von „Lolotte et Werther". Farbstich aus dem Goethemuseum Düsseldorf*

Der kleine Roman war mehr als ein Bestseller. Eine schonungslos bis in den Selbstmord geführte unglückliche Liebesgeschichte, die Auflehnung einer bis zur Identifikation sympathischen Heldenfigur gegen die Standesschranken, das Scheitern einer offenen, schönen Seele an Gott, der Natur und an sich selbst machten den *Werther* zum Spiegel einer Epoche. Nicht nur diese Generation konnte sich darin wiederfinden.

*Erfolg und Wirkung des* Werther

Sein anhaltender Erfolg bewies, dass Goethe mit der erzählerischen Strategie in der Spannung zwischen angeblich authentischer Dokumentation, eigenem Erleben und raffinierter Erzählkunst den Nerv der Zeit getroffen hatte.

**Zitat**

Was ich von der Geschichte des armen Werther nur habe auffinden können, habe ich mit Fleiß gesammelt, und lege es euch hier vor und weiß, daß ihr mir's danken werdet. Ihr könnt seinem Geiste und seinem Charakter eure Bewunderung und Liebe, seinem Schicksale eure Tränen nicht versagen.

*aus Goethes Vorwort zu* Die Leiden jungen Werthers, *1774*

Und du gute Seele, die du eben den Drang fühlst wie er, schöpfe Trost aus seinem Leiden, und laß das Büchlein deinen Freund sein, wenn du aus Geschick oder eigener Schuld keinen nähern finden kannst.

Die → *Werther*-Mode, das *Werther*-Fieber grassierte, die Zahl der Selbstmorde in der Nachfolge ihrer poetischen Überhöhung stieg. Parodien wie Friedrich Nicolais *Freuden des jungen Werthers* (1775) oder verschärfte Fortsetzungen des Erfolgskonzepts wie Johann Martin Millers *Siegwart. Eine Klostergeschichte* (1776) bedienten den gierigen Markt.

*Titelblatt der Werther-Parodie des Berliner Aufklärers Friedrich Nicolai*

### 2.1.4 Die Wiederentdeckung der Antike

*Antike und Gegenwart*

Seit Charles Perrault 1687 in der *Academie Française* den Fortschritt seiner eigenen Zeit gegen die statische Kultur der Antike behauptet hatte, gab es heftigen Widerspruch. Die → „Querelle des anciens et des modernes" diskutierte in ganz Europa, ob die griechische Klassik oder der eigene Klassizismus, verstanden als Moderne, größere Kunstwerke hervorgebracht hatte. In Deutschland fand diese Diskussion kaum statt. Hier galt seit Aristoteles und gestützt auf die Autorität Gottscheds, Mimesis als das Prinzip aller Kunst, also die Nachahmung der Natur, mithin die Vorbildhaftigkeit der Antike. Ersatzweise konnte die französische Klassik als Vorbild dienen. Dass sich dies änderte und die Antike mehr wurde als eine mechanische Vorlage, verdankt die Kunst- und Literaturgeschichte Johann Joachim Winckelmann (1717–1768).

*Winckelmann*

Aus ärmlichen Verhältnissen stammend entdeckte Winckelmann die Größe, Erhabenheit und Schönheit der antiken Kunst als Gegenwelt zu den bedrückenden Verhältnissen seiner Wirklichkeit. Nach autodidaktischen Studien und dem Übertritt zur katholischen Kirche, der ihm den Weg in den Vatikan ebnete, entwickelte er in Rom seine Überzeugungen, die er zuerst in *Gedanken über die Nachahmung der griechischen Werke in der Malerei und der Bildhauerkunst* (1755), endgültig in seiner *Geschichte der Kunst des Altertums* (1764) niederlegte.

An die Stelle abstrakter ästhetischer Theorien setzte Winckelmann den eingestimmten Betrachter als Instanz. In ihm sollte sich die Evidenz der Schönheit der griechischen Kunstwer-

---

**Textbeispiel**

Das allgemeine vorzügliche Kennzeichen der griechischen Meisterstücke ist endlich eine edle Einfalt, und eine stille Grösse, so wohl in der Stellung als auch im Ausdrucke. So wie die Tiefe des Meers allezeit ruhig bleibt, die Oberfläche mag noch so wüten, eben so zeiget der Ausdruck in den Figuren der Griechen bei allen Leidenschaften eine große und gesetzte Seele. [...] Der Ausdruck einer so grossen Seele geht weit über die Bildung der schönen Natur: Der Künstler mußte die Stärke des Geistes in sich selbst fühlen, welche er seinem Marmor einprägete. Griechenland hatte Künstler und Weltweisen in einer Person, und mehr als einen Metrodor. Die Weisheit reichte der Kunst die Hand, und bließ den Figuren derselben mehr als gemeine Seelen ein.

*Aus: Johann Joachim Winckelmann,* Geschichte der Kunst des Altertums, *1764*

ke erweisen. Nur über deren Vorbildhaftigkeit könne eine eigene, moderne, nationale Kunst entstehen, wie Winckelmann zugespitzt formulierte: „Der einzige Weg für uns groß, ja, wenn es möglich ist, unnachahmlich zu werden, ist die Nachahmung der Alten." An der Laokoon-Gruppe im Vatikan las Winckelmann schließlich die Begriffe ab, die zu Schlagworten wurden: „edle Einfalt und stille Größe".

Winckelmanns Wirkung auf die Klassik war gewaltig. Goethe verzeichnete in *Dichtung und Wahrheit* nicht nur den Schock, der nach Winckelmanns Ermordung durch ganz Europa ging; in der programmatischen Schrift *Winckelmann und sein Jahrhundert* ließ er ihm auch eine historische Würdigung zukommen. Trotz oder gerade wegen seiner durchschlagenden Wirkung blieb Winckelmanns ästhetische Theorie nicht ohne Widerspruch. Lessing wandte sich in seiner Abhandlung *Laokoon oder über die Grenzen der Malerei und Poesie* (1766) gegen Winckelmanns ästhetische Verallgemeinerungen und arbeitete den Unterschied zwischen bildnerischer und literarischer Darstellung heraus (→ 2.2.2).

*Winckelmanns Wirkung*

Auch anderen Zeitgenossen waren die Widersprüche in Winckelmanns Konzeption aufgefallen, einerseits die Geschichtlichkeit der klassischen Kunst verstehen zu wollen, andererseits die zeitlos gültige Meisterhaftigkeit dieser Kunst zu postulieren. Die Figur des Laokoon und Winckelmanns Interpretation wurden daher in der Folgezeit zum Prüfstein des jeweiligen Antike-Verständnisses. Neben Lessing verfassten auch Herder 1769, Schiller 1785 (*Brief eines reisenden Dänen*) und Goethe 1798 (*Über Laokoon*) Laokoon-Studien.

Im zum Ideal verklärten Bild der freien griechischen Polis glaubte Winckelmann ein Gegenmodell zur eigenen Gegenwart zu finden, das aus der Vergangenheit die Utopie vorausprojizierte. So enthielt seine Verherrlichung der Antike auch eine politische Dimension, so wurde das klassische Griechenland auch zum Ort politischer Freiheit. In dieser Identität von künstlerischer, allgemein menschlicher und politischer Idealität steckte ein so starkes erzieherisches Moment, dass sich aus der Vorstellung der Vorbildlichkeit der Antike noch weiter reichendere geschichtsphilosophische Konsequenzen ziehen ließen. Wenn die griechische Klassik die vorbildliche Epoche aller Zeiten war, so konnte es nur folgerichtig sein, ihre Substanz in die Gegenwart zu übertragen. Im „Neuhumanismus" fand sich die unmittelbare Anwendung auf die gesellschaftliche Realität. Altphilologen wie Johann Matthias Gesner (1691–1761), Johann August Ernesti

*Antike-Begeisterung und Gegenwart*

*Neuhumanismus und humanistisches Gymnasium*

(1707–1781), Christian Gottlob Heyne (1729–1812) und Friedrich August Wolf (1759–1824) sahen im Erlernen der alten Sprachen und hier vorwiegend des Griechischen die Gewähr dafür, mit der Sprache zugleich die Mustergültigkeit der klassischen Kultur in sich aufzunehmen. Dabei wurde freilich die lateinische Antike, aber auch die reiche lateinische Literatur des Mittelalters und der frühen Neuzeit ausgeblendet. Verbunden war damit auch eine Abkehr von der langen christlichen Tradition der europäischen Kultur und eine Hinwendung zur heidnischen antiken Götterwelt. Hier, im Geist einer solchen Antikebegeisterung und einer gesellschaftlich offensiv betriebenen Altphilologie, hatte das humanistische Gymnasium seinen entstehungsgeschichtlichen Ort und seine Legitimation. Diesen Neuhumanismus konnte Wilhelm von Humboldt (1767–1835) als Kultur- und Unterrichtsminister während der Preußischen Reformen nicht nur fördern, sondern als Bildungskonzeption erfolgreich durchsetzen (→3.3.3).

*aufgeklärte Pädagogik*

Die pädagogischen Folgerungen, die sich daraus entwickelten, gehörten freilich zum Kernbestand der Aufklärung. Erst Erziehung und Ausbildung sollten ein Individuum, eine frei entscheidende, sich auf Natur und Vernunft berufende Persönlichkeit ausmachen. →„Philanthropen" nannten sich Männer wie Johann Bernhard Basedow (1723–1790), der 1774 in Dessau eine mustergültig gemeinte Erziehungsanstalt, das „Philanthropinum" gründete und dessen Bekanntschaft Goethe nachträglich im 14. Buch von *Dichtung und Wahrheit* ein Denkmal setzte, oder Christian Felix Weiße (1726–1804), der nach Gellerts Tod dessen Stellung als populärster Autor einnahm. Am einflussreichsten war jedoch der Schweizer Pädagoge Heinrich Pestalozzi (1746–1827), der auch in Romanen wie *Lienhard und Gertrud* (1781/87) seine Vorstellungen einer kindgerechten Erziehung zu verbreiten suchte.

Die schöne Literatur sollte dabei als Vehikel für die zu erreichenden Bildungsziele dienen. Denn die Aufklärungsliteratur verstand sich schon immer didaktisch, nämlich auf eine konkrete Zielgruppe ausgerichtet. Das galt für die auf ein kaum alphabetisiertes Publikum zugeschnittenen →Kalendergeschichten Johann Peter Hebels ebenso wie für die erzieherischen Fabeln, Kinderbücher und Reisebeschreibungen Joachim Heinrich Campes (1746–1818), der als fortschrittlicher Pädagoge die Umwälzungen der Französischen Revolution begeistert befürwortete.

## Die Stellung des Schriftstellers in der bürgerlichen Gesellschaft    2.1.5

„Nie ist mehr geschrieben und mehr gelesen worden", schrieb Wieland 1779 in seinem *Teutschen Merkur*. In der Tat wuchs mit dem rapiden Rückgang des Analphabetentums in Deutschland auch das Bedürfnis nach Lektürestoffen. Schätzte man die Leser in Deutschland für die Zeit um 1700 noch auf 60 000 Personen, so war ihre Zahl am Ende des 18. Jahrhunderts schon nicht mehr zu erfassen. Die Messkataloge verzeichneten eine Verzehnfachung der Buchproduktion zwischen den Zeiträumen 1721–1763 und 1763–1803 und für 1799 eine Neuproduktion von 6 000 bis 7 000 Titeln jährlich. Dabei stiegen die im engeren Sinn literarischen Werke überproportional. Sachbücher und Erbauungsliteratur, die bis dahin die größten Sparten ausgemacht hatten, gingen von fast 20 Prozent im Jahr 1740 auf unter 6 Prozent im Jahr 1800 zurück. Vor allem blühte der Zeitschriftenmarkt. Selbst eine regional so beschränkte Zeitschrift wie der *Hamburger Correspondent* verzeichnete 1798 eine Auflage von 25 000 Exemplaren. Wie die Zahl der Leser wuchs auch die der Schriftsteller. Für die 60er Jahre des 18. Jahrhunderts wurden 2 000 bis 3 000 Autoren gezählt, 1776 waren es bereits 4 300, 1791 sollen es 7 000 und 1800 angeblich mehr als 10 000 gewesen sein.

*Zunahme der Leser*

*Veränderungen am Buchmarkt*

### Die Auflagen erfolgreicher Autoren

| | | |
|---|---|---:|
| Klopstock | *Gelehrtenrepublik* (1773/74): | 3 600 |
| Wieland | *Agathon* (1. Fassung 1766/67): | 1 500 |
| Lessing | *Nathan der Weise* (1779): | 2 000 |
| Goethe | *Schriften* (1787/90): | 4 000 |
| Wieland | *Teutscher Merkur*: | 2 000 |
| Nicolai | *Allgemeine deutsche Bibliothek*: | 1 800 |
| Nicolai | *Sebaldus Nothanker* (vier Auflagen 1773–1794): | 12 000 |
| Schiller | Kalender mit der *Geschichte des Dreißigjährigen Krieges*: | 7 000 |
| Jean Paul | durchschnittlich | 3 000 |

(nach: Jørgensen/Bohnen/Øhrgaard)

Der bayerische Aufklärer Lorenz von Westenrieder machte sich im 6. Band seiner *Beyträge zur vaterländischen Historie, Geographie, Statistik* 1800 lustig über die „itzige Lesewuth bey Volksklassen, die sonst wenig oder nichts lasen, und die auch itzt nichts lesen, um sich zu unterrichten, und zu bilden, sondern um sich unterhalten zu lassen". Schon 1698 hatte der Moraltheologie

*konservative Kritik an der Lektüre* — Gotthard Heidegger in seiner Schrift *Mythoscopia Romantica oder Discours von den so benannten Romans* vor allem die Frauen vor den sittlichen Gefährdungen gewarnt, die von der Lektüre von Romanen ausgehe. Jetzt, in der Aufklärung, war Optimismus auf beiden Seiten angesagt. Denn auch die Autoren hofften, dass der Publikumsgeschmack, die Intention der Schriftsteller und die Qualität eines Textes trotz oder gerade wegen der Ausdifferenzierung des Lesepublikums Hand in Hand gehen könnten.

### Zitat

*Friedrich Justin Postel, Ueber das Publicum. Briefe an einige Mitglieder desselben, 1768*

Bey *allgemeinen* Schriftstellern, die für die *ganze* Nation schreiben, für den Greiß, den Mann und den Jüngling, für die Matrone und die Demoiselle, für den Gelehrten und für den Bürger, ist die Sache leichter zu entscheiden. Leset Gellerts Fabeln dem Baron vor; er wird sagen: sie sind schön. Im Winkel steht ein Diener und denkt: mein Herr hat Recht; ein Urtheil, welches er oft sagt und selten denkt! Gebt sie der gnädigen Frau und den Cammermägden, dem Capitain und seinem Fourier, dem Prediger und dem Bauern: sie sind für alle gemacht, und alle werden sie schön finden, wenn sie nicht ganz von der ungütigen Natur verwahrloßt sind. Hier habe ich meine Gewährmeister, wenn ich sage: dieses Buch ist von dem Publicum gekostet, geschmeckt und gelobt worden; es ist also *gut* und, wenigstens für unsere Zeiten, *klassisch*.

Die tatsächliche Situation der deutschen Schriftsteller stellte sich freilich nicht so ideal dar. Zwar hatten die Schriftsteller nun ein bürgerliches Lesepublikum, an das sie sich richteten. Doch bis zur Existenz des freien Schriftstellers, der vom Verkauf seiner Schriften leben konnte, war noch ein weiter Weg. Fürsten und Höfe bestimmten immer noch den Großteil des Lebensunterhalts der Schriftsteller und nahmen damit indirekt Einfluss auf *Lebensverhältnisse der Schriftsteller* die Inhalte; dabei zogen die fürstlichen Mäzene Oper, Schauspiel, bildende Kunst und Musik der schönen Literatur als Zeitvertreib vor. Zudem existierten in allen deutschen Staaten unterschiedlich strenge Zensurbeschränkungen. Bis 1835 der Deutsche Bund endgültig den Nachdruck gesetzlich verbot, hatten unberechtigte Nach-, Raub- und Paralleldrucke die Drucker und Verleger reich und die Autoren arm gemacht. Gerade die erfolgreicheren Schriftsteller konnten sich gegen diese Enteignung ihres geistigen Eigentums nicht wehren.

Versuche der Schriftsteller, Druck und Vertrieb selbst in die Hand zu nehmen, um die Gewinnabschöpfung durch Verleger und Raubdrucker zu verhindern, hatten wenig Erfolg. Berühmt geworden ist Klostocks Versuch, 1774 seine *Gelehrtenrepublik* auf dem Wege der Subskription im Selbstverlag von den zukünftigen Käufern und Lesers vorfinanzieren zu lassen:

> **Zitat**
>
> auf diese Weise einen Versuch zu machen, ob es möglich sey, daß die Gelehrten Eigenthümer ihrer Schriften werden. Denn itzt sind sie dies nur *dem Scheine nach*; die Buchhändler sind die *wirklichen* Eigenthümer, weil ihnen die Gelehrten ihre Schriften, wenn sie anders dieselben gedruckt haben wollen, wohl überlassen *müssen*.

Klopstock im Aufruf zur Subskription seiner Gelehrtenrepublik

Aus dieser Subskriptionsliste lassen sich interessante Aufschlüsse über das Sozialprofil der sich entwickelnden deutschen Lesegesellschaft ablesen.

| | |
|---|---|
| Subskribenten ohne Berufsangaben: | 34,2 % |
| Bürgerliche Beamte der Verwaltung: | 19,9 % |
| Beamteter Adel: | 6,6 % |
| Adel ohne Berufstitel: | 5,5 % |
| Beamtete Erzieher (Professoren, Lehrer): | 8,6 % |
| Bürgerlicher Klerus: | 6,7 % |
| Candidaten (= noch nicht beamtete Theologen): | 2,2 % |
| Ärzte, Advokaten usw.: | 4,9 % |
| Kaufleute, Bankiers usw.: | 3,6 % |
| Bibliotheken: | 0,5 % |
| Lesegesellschaften: | 0,2 % |

(nach: Jørgensen/Bohnen/Øhrgaard)

Sich ein verständiges und kaufwilliges Lesepublikum selbst zu erziehen, gehörte daher zu den dringendsten Aufgaben der deutschen Schriftsteller. In Ermangelung einer Hauptstadt wie in England und Frankreich, die solche Bestrebungen hätte bündeln können, waren die Autoren deshalb auf eine unermüdliche Betriebsamkeit auf verschiedenen Tätigkeitsfeldern angewiesen, wollten sie nicht eine zusätzliche Berufstätigkeit ausüben oder sich doch noch um eine mäzenatische Förderung bemühen müssen. Die Spannung zwischen dem emphatisch vorgetragenen Ethos der freien Schriftstellerexistenz bei voller Gedanken- und Pressefreiheit und in absoluter Unabhängigkeit einerseits und der realen Existenz als vielschreibender Bettelpoet unter den Pro-

„freie Schriftsteller"?

duktionsforderungen des Verlegers war kaum auszuhalten. Der Spott ließ nicht auf sich warten.

*Karikatur aus C. F. T. Voigts*
Triumph des deutschen Witzes
*von 1798.*

Ebenso groß war die demonstrativ zur Schau getragene Verachtung mancher Schriftsteller, für ihre Werke Geld zu verlangen. Lange galt das „Honorarium" als eine Art Ehrensold, nicht als Einkunftsquelle. Selbst wenn er bettelarm war, verzichtete der Schriftsteller auf Honorar.

### Zitat

*Johann Joachim Winckelmann an seinen Verleger über seine* Geschichte der Kunst des Altertums, *1758*

Ueber meine Schrift werden keine Bedingungen gemacht: ich will die Zufriedenheit haben, ohne niedrige Absichten zu arbeiten. Menschen wie wir sind edler als Geld, und es sey als Fluch geachtet, etwas weiter zu erwehnen.

Schon der Verdacht, für Geld zu schreiben, war rufschädigend. Überhaupt stimmte das Selbstverständnis der Verfasser sog. Schöner Literatur mit ihrer öffentlichen Anerkennung nicht überein. Nur Schriftsteller, die sich z. B. als Gelehrte Ansehen erworben hatten, konnten es sich leisten, unter ihrem Namen zu schreiben. Viele andere publizierten anonym oder pseudonym, um ihr gesellschaftliche Stellung nicht zu beschädigen; für die (wenigen) schriftstellernden Frauen war dies sogar die Regel, wollten sie nicht mit dem Sittenkodex ihres Standes in Konflikt geraten.

## 2.2 Vorbereiter der Klassik

Bei einer Epoche, die sich wie die Klassik aus so vielen Quellen speist, wird es immer strittig sein, Anreger und Vorbereiter, Vorläufer und Mitstreiter säuberlich zu unterscheiden. Die im folgenden als „Vorbereiter" genannten Autoren wurden deshalb ausgewählt, weil sie auf zum Teil ganz unterschiedlichen Feldern dazu beitrugen, dass die Klassik entstehen konnte.

2.2.1. Klopstock und die Sprache des Erhabenen
2.2.2. Lessing: Klassik der Aufklärung
2.2.3. Hamann, der „Magus des Nordens"
2.2.4. Lichtenberg, der Geistreiche
2.2.5. Lavater: Umrisse der Epoche
2.2.6. Voß, der Übersetzer
2.2.7. Forster, der Weltreisende

## Klopstock und die Sprache des Erhabenen 2.2.1

*Friedrich Gottlieb Klopstock im 56. Lebensjahr. Kupferstich nach einem Gemälde von 1780.*

**Kurzbiografie**

1742 Friedrich Gottlieb Klopstock am 2. Juli als Sohn eines Rechtsanwalts in Quedlinburg geboren
1732 christlich-pietistische Erziehung im Elternhaus
1736 Gymnasium in Quedlinburg, ab
1739 Klosterschule Schulpforta; erste dichterische Versuche
1745 Studium der Theologie in Jena
1746 in Leipzig Anschluss an den Kreis der „Bremer Beiträger", in deren Zeitschrift

1748 die ersten drei Gesänge des *Messias* erscheinen, die den Dichter mit einem Schlag berühmt machen; Hauslehrerstelle in Langensalza
1750 Einladung Bodmers nach Zürich
1751 Berufung durch König Friedrich von Dänemark nach Kopenhagen
1754 Heirat mit der Hamburgerin Meta Moller, die er in Oden besingt (sie stirbt bereits 1758)
1770 Umzug von Dänemark nach Hamburg
1774 Aufenthalt am Hof des Markgrafen Karl Friedrich von Baden; Rückkehr nach Hamburg; literarische und sprachtheoretische Arbeiten
1791 Heirat mit Johanna Elisabeth von Winthem, einer Nichte Metas
1803 Tod am 14. März in Hamburg; dem Beerdigungszug folgen Zehntausende

Wichtigste Werke

*Der Messias* (Versepos, 1748–1773)
*Geistliche Lieder* (1758–1769)
*Oden* (1771)
Biblische und patriotische Schauspiele, u. a. *Hermanns Schlacht* (1769)
Kritische und theoretische Schriften wie *Vom Range der schönen Künste und der schönen Wissenschaften* (1758), *Gedanken über die Natur der Poesie* (1759), *Die deutsche Gelehrtenrepublik* (1774), *Über deutsche Rechtschreibung* (1778), *Über Sprache und Dichtkunst* (1779–1781), *Grammatische Gespräche* (1794)

### Zitat

*Goethe, Dichtung und Wahrheit, 2. Teil, 10. Buch*

Nun sollte aber die Zeit kommen, wo das Dichtergenie sich selbst gewahr würde, sich seine eigenen Verhältnisse selbst schüfe und den Grund zu einer unabhängigen Würde zu legen verstünde. Alles traf in Klopstock zusammen, um eine solche Epoche zu begründen.

*Klopstocks poetische Revolution*

In berühmt gewordenen Formulierungen beschrieb Goethe in *Dichtung und Wahrheit* aus dem Rückblick den unglaublichen Einfluss, der von Leben und Werk Klopstocks auf die Zeitgenossen ausging. Dieser Ruhm erscheint heute kaum mehr nachvollziehbar; auch wenn er oft nachgesprochen wird, so bleibt doch meist unklar, worin die dauerhafte Wirkung und Bedeutung besteht. Die Zeitgenossen feierten an Klopstock zunächst die Absage an die verspielte Rokokowelt und die Abkehr von der →Anakreontik. Mit seiner Rückbesinnung auf die Ernsthaftigkeit des poetischen Geschäfts schloss Klopstock an die Würdehaftigkeit der klassischen Dichtkunst an, besonders bei seiner Wiederentdeckung der Hymnendichtung →Pindars. Klopstocks klassische Ausbildung trug ihre Früchte, wenn er erstmals konsequent antike Versmaße in die deutsche Lyrik einführte oder die freie Rhythmik gegen das monotone Versgeklapper der tändelnden Liebeslyrik setzte. Großes Gefühl verlangte nach monumentalen Gegenständen. Gott, Freundschaft, Liebe, Vaterland oder die Erhabenheit der Natur waren in eine Sprache gekleidet, die die Poesie kategorisch von der Prosa abhob. So entstanden einmalige „Originalwerke".

> **Zitat**
>
> Schön ist, Mutter Natur, deiner Erfindung Pracht
> Auf die Fluren verstreut, schöner ein froh Gesicht,
> das den großen Gedanken
> Deiner Schöpfung noch *einmal* denkt.

*Klopstock, Anfangsstrophe der Ode Der Zürcher See, 1750*

Sei monumentales Versepos *Der Messias* nach dem Vorbild von John Miltons *Paradise Lost* (1667/74) bestätigte die Emphase des neuen Dichtens.

> **Zitat**
>
> Ich war ein junger Mensch, der seinen Homer und Vergil las und sich schon über die kritischen Schriften des Sachsen [gemeint ist Gottsched] ärgerte, als mir Ihre und Breitingers in die Hände fielen. Ich las, oder vielmehr ich verschlang sie; und wenn mir zur Rechten Homer und Virgil lag, so hatt' ich jene zur Linken, um sie immer nachschlagen zu können [...] Und als Milton, den ich vielleicht ohne Ihre Übersetzung allzuspät zu sehen bekommen hätte, mir in die Hände fiel, loderte das Feuer, das Homer entzündet hatte, zur Flamme auf und hob meine Seele, um den Himmel und die Religion zu singen.

*Brief Klopstocks am 10. August 1748 an Johann Jakob Bodmer*

Am *Messias* scheiden sich die Geister: hier das überschwengliche Lob der Zeitgenossen, dort die heutige Unlesbarkeit des Versepos, nicht nur wegen des gewaltigen Umfangs. Die stark theologisch-philosophische Überfrachtung und der Anspruch, die gesamte biblische Geschichte durch das Pathos einer epischen Versdichtung abbilden zu wollen, haben Klopstock den Vorwurf der Unanschaulichkeit eingetragen. Neu war freilich sein Versuch, eine Poetik aus dem Geist der Religion zu entwickeln und der Witz-Kultur der Aufklärung die tiefe Rührung der Herzen durch Erhabenheit entgegenzusetzen.

*Messias*

*Stellung des Autors in der Ständegesellschaft*

Unerhört war auch, dass Klopstock als erster Dichter der deutschen Literatur den Nimbus des Sehers nicht nur in seinen Werken programmatisch verkündete. Ihm ging es auch um die Sicherung einer unabhängigen Stellung des realen Autors in der Gesellschaft. So nahm Klopstock eine großzügige mäzenatische Förderung durch den dänischen König zwar an, jedoch ohne irgendwelche Verpflichtung und unter Beibehaltung seiner dichterischen Freiheit. Hier formte sich, zumindest im eigenen Verständnis, eine Geistesaristokratie als Gegenbild zur real existierenden Ständegesellschaft. Von nun an war es möglich, dass die Dichter ihre Widmungen an höchste Standespersonen ohne Unterwürfigkeit verfassen konnten, da sie sich in der Anrede als geistig Ebenbürtige verstanden. Dieses Selbstverständnis des Dichters und das Bewusstsein der eigenen Sendung als Geistesaristokrat wie als Verkünder göttlicher Botschaften wirkte auf die Person Klopstocks zurück. Der Freundschaftskult des → Sturm und Drang und der → Empfindsamkeit machte Klopstock zum Mittelpunkt zahlreicher Zirkel von Verehrern des „heiligen Sängers". Besonders bekannt wurde der „Göttinger Hain".

*vaterländische Poesie*

Die Verehrung Klostocks enthielt eine stark patriotische Ausrichtung. Sie speiste auch seine Dichtung. Als politischer Dichter hatte sich Klopstock schon immer verstanden, den Ausbruch der Französischen Revolution hatte er mit Begeisterung begrüßt und noch in fortgeschrittenem Alter Revolutionslyrik geschrieben. 1792 war er durch die Nationalversammlung zum Ehrenbürger Frankreichs ernannt worden. Als patriotisch fühlender Mensch, der zugleich ein denkender Dichter war, verfasste auch Klopstock „Bardenpoesie", in der er sich in die Rolle altgermanischer Sänger zurückversetzte. Diese Mode der Zeit, nach der Verherrlichung der vaterländischen Geschichte zu suchen, gründete sich auf einen angeblichen nordischen Sänger Ossian, dessen urwüchsige Verse (*Fragments of Ancient Poetry collected in the Highlands of Scotland and translated from the Gaelic or Erse Language*, 1760) als Ausdruck

*Titelblatt einer englischen Ausgabe des Ossian von 1762.*

kraftvoller, unverfälschter Volkspoesie gelesen wurden. In Wirklichkeit waren sie eine Fälschung.

### Lessing: Klassik der Aufklärung 2.2.2

*Lessing in einem Kupferstich nach dem bekannten Gemälde von May.*

**Kurzbiografie**

1729 Gotthold Ephraim Lessing am 22. Januar als Sohn eines Pfarrers in Kamenz (Lausitz) geboren; Unterricht durch den Vater, später durch den Vetter
1741 Freistelle an der Fürstenschule St. Afra in Meißen
1746 Studium der Theologie und Medizin in Leipzig; Beschäftigung mit Philosophie und dem Theaterleben
1748 Aufführung seines Dramas *Der junge Gelehrte* durch die Truppe der Neuberin; Übersiedelung nach Berlin, dort Mitarbeiter der *Vossischen Zeitung*
1751 Magisterwürde in Wittenberg; Rückkehr nach Berlin
1755 im Juli Uraufführung seines bürgerlichen Trauerspiels *Miß Sara Sampson* in Frankfurt/Oder; im Oktober Übersiedelung nach Leipzig
1756 Reisepläne in Amsterdam durch Ausbruch des Siebenjährigen Krieges unterbrochen; Rückkehr nach Berlin; ab
1759 Herausgabe der *Briefe, die neueste Literatur betreffend* mit Friedrich Nicolai und Moses Mendelssohn
1760 bis 1765 Sekretärsstelle bei General Tauentzien in Breslau
1763 erste Entwürfe zu *Minna von Barnhelm*
1767 Dramaturg und Kritiker in Hamburg am neu gegründeten „Hamburger Nationaltheater"; Uraufführung der *Minna von Barnhelm*; nach dem Zusammenbruch des Theaters

1770 Bibliothekar in Wolfenbüttel; Verlobung mit Eva König
1772 Uraufführung der *Emilia Galotti* in Braunschweig
1775 Reise nach Wien zu Eva König; Begleitung des Sohns des Herzogs von Braunschweig nach Italien
1776 Rückkehr nach Braunschweig; Heirat mit Eva König
1778 Tod der Ehefrau; theologischer Streit mit dem Hamburger Hauptpastor Goeze
1779 *Nathan der Weise*
1781 Tod am 15. Februar in Braunschweig

Wichtigste Werke

Dramen,
    u. a. *Die Juden* (1749), *Der Freigeist* (1749), die bürgerlichen Trauerspiele *Miß Sara Sampson* (1755) und *Emilia Galotti* (1772), das Fragment *Faust* (1759), *Philotas* (1759), das Lustspiel *Minna von Barnhelm oder das Soldatenglück* (1767) sowie das Schauspiel *Nathan der Weise* (1779)

Ästhetische Schriften,
    u.a. über das Theater, die Fabel oder das Epigramm, *Laokoon oder über die Grenzen der Malerei und Poesie* (1766), *Hamburgische Dramaturgie* (1767–1769), *Wie die Alten den Tod gebildet* (1769)

Philosophische und theologische Streitschriften
    wie z. B. *Anti-Goeze* (1778), *Ernst und Falk. Gespräche über Freimaurer* (1778), *Die Erziehung des Menschengeschlechts* (1780)

Gedichte, Epigramme, Fabeln und Erzählungen

Herausgeber von Zeitschriften
    wie der *Bibliothek der schönen Wissenschaften und der freien Künste* (1757–1758) und der *Briefe, die neueste Literatur betreffend* (1759–1765), jeweils zusammen mit Friedrich Nicolai und Moses Mendelssohn

*Lessings Bedeutung*  Lessings bleibende Leistung für die deutsche Literatur ist es nicht nur, sie aus dem Korsett der Regeldoktrin befreit und den Durchbruch des Theaters begonnen zu haben. Mit dem Dreisatz „Bestimmtheit, Präzision und Kürze" hat Goethe in *Dichtung und Wahrheit* Lessing auf den Begriff bringen wollen. Doch Lessings Wirkung reichte weiter. Als kritischer Geist aus der Gelehrtenwelt des 18. Jahrhunderts stammend, getrieben von intellektueller Unruhe und ökonomischer Unsicherheit, verabschiedete Lessing sich schnell von der orthodoxen Kirchenlehre und beschritt den Weg der kritischen Erfahrung, legte die Grundlagen für die Ästhetik der Klassik und schuf mustergültige, bis heute gespielte Theaterstücke. Auch in sozialgeschichtlicher Sicht war er eine

Übergangsgestalt. Als erster Autor in Deutschland wagte er den (letztlich gescheiterten) Versuch, als wirklich freier Schriftsteller zu leben.

Es hat sich eingebürgert, Lessings Leben und Werk in drei Phasen zu gliedern: die literarischen Anfänge von den frühen Lustspielen bis zu *Philotas* (1759), dann eine mittlere Phase mit *Laokoon*, dem Lustspiel *Minna von Barnhelm* und der *Hamburgischen Dramaturgie* (bis 1769), schließlich das Spätwerk mit *Emilia Galotti*, dem *Anti-Goeze* und *Nathan der Weise*. Dabei blieben dann freilich Lessings wichtige Arbeiten in den typischen Gattungen der Aufklärung wie Fabel und Epigramm sowie die didaktische und anakreontische Lyrik außer Betracht.

*Phasen seines Werks*

Der übliche Weg eines begabten Kopfes führte Lessing aus der Provinz auf die Gelehrtenlaufbahn und verpasste ihm in Leipzig, der damals liberalsten und weltoffensten Stadt Deutschlands, einen Kulturschock. Seine große geistige Beweglichkeit, aber auch seine Betriebsamkeit und sein Fleiß weiteten seinen Horizont; sein Interesse für Theater und Ästhetik entwickelte sich. Trotzdem blieb die Theologie lebenslang der Probierstein seines Denkens. Nicht zufällig mischte sich Lessing in zahlreiche aktuelle theologische Streite ein.

Aufsehen erregend war jedoch Lessings Entwicklung einer Wirkungsästhetik des Theaters, die er in seinen Stücken in der Praxis demonstrierte und in seiner *Hamburgischen Dramaturgie* theoretisch untermauerte. Gegen den normativen französischen Klassizismus gerichtet, zeigte Lessing an unbestrittenen Vorbildern der Theatertheorie wie Aristoteles, dass dieser bislang falsch ausgelegt worden war. Lessing erhob anstelle der bisher angenommenen reinigenden Wirkung von Furcht und Schrecken nun das Mitleid zur zentralen Kategorie dramatischer Wirkung: „Der mitleidigste Mensch ist der beste Mensch". In Shakespeare, eine Neuentdeckung für Deutschland, fand Lessing das große Vorbild hierfür. Auf diesen Grundlagen gelte es, ein nationales Theater zu errichten. Dazu fehlte freilich nicht nur der Nationalstaat. Es gebe, so konstatierte Lessing, keine nationalen Dramen, es fehle ein verständnisvolles Publikum, die zeitgenössische Kritik arbeite ohne Prinzipien, die soziale Stellung des Schriftstellers sei indiskutabel. Man müsse daher Bühne und Dramenliteratur enger miteinander verbinden, den Schauspielerstand geistig und sozial heben, eine Theorie der Schauspielkunst entwickeln, das Publikum zu richtigem Verständnis erziehen und eine fundierte Theaterkritik begründen.

*Lessings Theatertheorie*

Mit dem, der dies alles schon (freilich in einem anderen Sinn) versucht hatte, nämlich mit Gottsched, rechnete Lessing in seinem 17. *Literaturbrief* (1759) ab. Nicht die Tatsache als solche erregte Aufsehen; Bodmer und Breitinger, Klopstock und andere hatten dies ebenfalls getan; Lessing wirkte durch die vernichtende Brillanz und die florettartige Präzision seines Angriffs.

### Zitat

*Lessing, Anfang des 17. Literaturbriefs*

„Niemand", sagen die Verfasser der Bibliothek, „wird leugnen, daß die deutsche Schaubühne einen großen Teil ihrer ersten Verbesserung dem Herrn Professor *Gottsched* zu danken habe."
Ich bin dieser Niemand; ich leugne es geradezu. Es wäre zu wünschen, daß sich Herr *Gottsched* niemals mit dem Theater vermengt hätte. Seine vermeinten Verbesserungen betreffen entweder entbehrliche Kleinigkeiten, oder sind wahre Verschlimmerungen.

*Laokoon*

Literaturtheoretisch wegweisend war auch die Befreiung der Literatur aus den Fesseln der Malerei. In *Laokoon* (→ 2.1.4) konnte Lessing zeigen, dass das aristotelische Mimesis-Gebot die Literatur nicht auf eine Malerei mit Worten (nach dem Wort des Horaz: „ut pictura poesis") reduzierte und damit als nur zweitrangige Kunstform diskriminierte. Weder sei die Malerei eine stumme Poesie, noch die Poesie eine redende Malerei. Vielmehr gingen bildende Kunst und Sprachkunst ihren Gegenstand auf jeweils ganz eigenständige Weisen an: jene arbeitet simultan im Raum, diese im chronologischen Nacheinander.

*Minna von Barnhelm*

Mit *Minna von Barnhelm, oder das Soldatenglück* lieferte Lessing nicht nur das erste deutsche Lustspiel, das bis heute gespielt wird. Im Doppeltitel und im Hinweis auf den Titelblatt („verfertiget im Jahre 1763") markierte Lessing das Drama auch als Zeitstück. Die Auseinandersetzung mit dem soeben für Preußen siegreich zu Ende gegangenen Siebenjährigen Krieg fand nicht nur in den Selbstzweifeln des friderizianischen Offiziers Tellheim statt; drastische ökonomische und private Folgen zeigten allerorts die Beschädigungen durch einen Krieg, die in der Euphorie des Sieges nicht sichtbar waren. Wie im Vorgriff auf Bertolt Brechts Anti-Kriegsstück *Mutter Courage* hatten auch hier alle Beteiligten am Ende nichts gelernt; sie warten schon auf den nächsten Krieg, an dem sich Geld verdienen lässt.

> Die gehässige Spannung, in welcher Preußen und Sachsen sich während dieses Krieges gegeneinander befanden, konnte durch die Beendigung desselben nicht aufgehoben werden. Der Sachse fühlte nun erst recht schmerzlich die Wunden, die ihm der überstolz gewordene Preuße geschlagen hatte. Durch den politischen Frieden konnte der Friede zwischen den Gemüthern nicht sogleich hergestellt werden. Dieses aber sollte gedachtes Schauspiel im Bilde bewirken. Die Anmuth und Liebenswürdigkeit der Sächsinnen überwindet den Werth, die Würde, den Starrsinn der Preußen, und sowohl an den Hauptpersonen als den Subalternen wird eine glückliche Vereinigung bizarrer und widerstrebender Elemente kunstgemäß dargestellt.

*Goethe, Dichtung und Wahrheit, 2. Teil, 7. Buch*

*Chodowiecki radierte 1770 eine Serie von Szenenbildern zu* Minna von Barnhelm. *Hier der Auftritt des stutzerhaften Riccaut im 4. Akt.*

Unter der Oberfläche einer zum glücklichen Ende geführten Partnerschaft zwischen Minna und Tellheim wurden die Begriffe der männlichen Ehre und der Liebe in Frage gestellt. Überhaupt reizte Lessing die tradierte Mann-Frau-Konstellation bis an die Grenze des Erträglichen aus. Sein virtuoses Spiel mit den gehäuften Zufällen, die handlungssteuernde Bedeutung des Geldes und das ironisch eingesetzte Typeninventar des traditionellen Lustspiels erwiesen sich als äußerst bühnenwirksam und sind es bis heute. *Minna von Barnhelm* befeuerte auch den Patriotismus, indem es sich ganz deutsch gab. Mit der begeisterten Zustimmung des Publikums konnte nicht nur die Demontage der angeblich so vorbildlichen französischen Eleganz rechnen, die Lessing in der Figur des prahlerischen Riccaut de la Marliniere karikierte. In Gegensatz dazu inszenierte er den Triumph des vierschrötigen, aufrechten, eben unverfälscht deutschen Wesens in den Dienstbotenfiguren.

*zentrale Fragestellungen in* Minna von Barnhelm

*Emilia Galotti* hatte Lessing nicht bloß als eine „bürgerliche Virginia" entworfen und damit einen antiken Stoff in die Gattung des bürgerlichen Trauerspiels eingeführt. Vielschichtger als

*Emilia Galotti*

seine Vorlage, auch in seinen politischen Dimensionen, gestaltete Lessing einen keinesfalls eindeutigen Schluss, als stünden sich hier nur die höfische Intrige und das reine Gefühl unversöhnlich gegenüber. Nicht ohne Anspielung darauf ließ Goethe seinen Werther über der aufgeschlagenen *Emilia Galotti* enden.

Mit *Nathan der Weise* (1779) hat Lessing die formtypischen Voraussetzungen für das →klassische Drama geschaffen. Durch die Entscheidung für den →Blankvers, den klassischen Aufbau und die Wahl des Hauptthemas der religiösen Toleranz erfüllte er das →Humanitätsideal. Aber Lessing schuf mit seinem Stück nicht nur Voraussetzungen, er entwarf auch ein eigenwertiges Erklärungsmodell dazu. Die berühmte →Ringparabel, entnommen aus Boccaccios *Decamerone*, liefert nicht nur einen Schlüssel zum Verständnis des Werks, sondern zeugt auch in der ihr eigenen Sinnbildlichkeit, dass weder die Titelfigur des Nathan noch das Theaterstück insgesamt auf ihre einfache Sentenzenhaftigkeit reduziert werden können.

Lessings Nathan der Weise: *der letzte Auftritt. Kupferstich aus dem Gothaer Theaterkalender von 1782.*

### 2.2.3 Hamann, der „Magus des Nordens"

**Kurzbiografie**

| | |
|---|---|
| 1730 | Johann Georg Hamann am 27. August als Sohn eines Wundarztes in Königsberg geboren |
| 1746 | Studium der Theologie und Rechte in Königsberg; Beschäftigung mit Poesie und Philosophie |
| 1751 | Hauslehrer in Riga und auf livländischen Gütern |
| 1753 | geschäftliche Aktivitäten in Riga |
| 1756 | ausschweifendes Leben in London und Amsterdam |
| 1758 | „innere Einkehr"; Aufenthalte im Elsaß und der Schweiz, dann wieder in Riga |
| 1759 | Studium der Literatur und orientalischen Sprachen in Königsberg |
| 1764 | Redakteur der „Königsberger Gelehrtenzeitung" |
| 1766 | (auf Vorschlag Kants) Sekretär in der Finanzverwaltung |
| 1787 | Pensionierung |
| 1788 | Tod am 21. Juni in Münster, auf einer Reise zu Gönnern |

*Bildnis Johann Georg Hamanns aus einer Radierung zu Lavaters* Physiognomik, *1776.*

Wichtigste Werke

Literarisch-ästhetische Schriften
  wie z. B. *Gedanken über meinen Lebenslauf* (1758), *Sokratische Denkwürdigkeiten* (1759), *Wolken* (1769), *Kreuzzüge des Philologen* (1762) oder *Fünf Hirtenbriefe das Schuldrama betreffend* (1763)
Sprachtheoretische Arbeiten
  wie z. B. *Rosencreuz* (1772), *Prolegomena* (1774) oder *Hierophantastische Briefe* (1775)
Auseinandersetzungen mit Kant
  in *Metakritik* (1784), *Golgatha und Scheblimini* (1784)
*Einkleidung und Verklärung* (1786/87, unvollendet)

Der wegen seines schwer verständlichen Bildsprache und seines dunklen Stils von Goethe als „Magus des Nordens" bezeichnete Hamann steht sperrig in der Vorgeschichte der Klassik. Seine sich systemlos, fragmentarisch oder ungeordnet gebenden „Mysterienschriften" sind vor allem gegen den Rationalismus der Aufklärung gerichtet. Überhaupt empfand er sich im Widerspruch zu seiner Zeit, was ihn für die junge Generation interessant machte. Gern gab er sich als Müßiggänger und Herumtreiber, als unsystematischer Denker und religiöser Schwärmer, der allgemeine Moral und alle Autoritäten verachtete.

*der schwierige Hamann*

> **Zitat**
>
> *Hamann, Der Ursprung der Sprache, 1772*
>
> Ohne die Freiheit, böse zu sein, findt kein Verdienst und ohne die Freiheit, gut zu sein, keine Zurechnung einiger Schuld, ja selbst keine Erkenntnis des Guten und Bösen statt. Die Freiheit ist das Maximum und Minimum unsrer Naturkräfte und sowohl der Grundtrieb als Endzweck ihrer ganzen Richtung, Entwicklung und Rückkehr.
>
> Daher bestimmten weder Instinkt noch sensus communis [Allgemeinsinn, gesellschaftliches Bewusstsein] den Menschen, weder Natur- noch Völkerrecht den Fürsten. Jeder ist sein eigener Gesetzgeber, aber zugleich der Erstgeborene und Nächste seiner Untertanen.

*Wirkungen Hamanns*

Vor allem in seiner Auffassung von der Sprache als unmittelbarer Ausdruck des Herzens, die aber gleichzeitig göttlichen Ursprungs sei, hat Hamann auf den →Sturm und Drang gewirkt. Geschichte verstand er als einen Mythos. Wie die Natur sei die Geschichte ein Buch, dessen Autor Gott sei. Der Mensch reagiere auf diesen Entwurf seiner selbst ebenfalls bildhaft und symbolisch; er sei daher wie Gott schöpferisch. Von hier aus entwickelte Hamann einen christlich begründeten →Geniebegriff. Ein tiefer gehender Einfluss auf Herder, Goethe und die Romantiker ist bezeugt. Was ihn berühmt und einmalig machte, war seine indirekte Art hermetischen Schreibens, das Zitate, Bruchstücke, gesuchte Metaphern, Analogien, Gleichnisse und Abkürzungen ineinander verwob. Seine Schriften schienen systemlos, da sie als sog. Gelegenheitsschriften meist in der Auseinandersetzung mit anderen entstanden oder polemisch auf diese reagierten.

### 2.2.4 Lichtenberg, der Geistreiche

**Kurzbiografie**

1742 Georg Christoph Lichtenberg am 1. Juli in Oberramstadt bei Darmstadt als Sohn eines Pfarrers und jüngstes von 17 Kindern geboren
1763 Studium der Mathematik und Physik in Göttingen
1767 Außerordentlicher Professor in Göttingen; nach einem England-Aufenthalt ordentlicher Professor
1772 Landvermessungen in Hannover und Osnabrück
1774 Englandaufenthalt als Gast des Königs von England, seit
1777 Lehr- und Forschungstätigkeit; Entdeckung der „Lichtenbergschen Figuren"; Herausgabe des „Göttinger Taschenkalenders"
1799 Tod am 24. Februar in Göttingen

Lichtenberg-Porträt von
H. Schwenterley, 1792.

Wichtigste Werke

Satiren
   wie das *Fragment von Schwänzen* (1783)
Ästhetische Schriften
   wie *Ausführliche Erklärung der Hogarthischen Kupferstiche* (1794/99), *Über Physiognomik wider die Physiognomen zur Beförderung der Menschlichkeit und Menschenkenntnis* (1778)
Streitschriften,
   Z. B. *Timorus* (1773), *Paralektor oder Trostgründe für die Unglücklichen, die keine Original-Genies sind* (1774)
Briefe und Aphorismen
   in seinen *Sudelbüchern* (postum)

Als Naturwissenschaftler, Herausgeber des auflagenstarken *Göttinger Taschenkalenders*, als geistreicher Kommentator und Briefschreiber war Lichtenberg schon zu Lebzeiten eine bekannte Figur. Klein, rachitisch und bucklig, zog er 1777 mit einer Zwölfjährigen zusammen. Seine Bedeutung als Schriftsteller schälte sich erst nach seinem Tode heraus, als seine Briefe und Tausende von Aphorismen und literarischen Miniaturen ans Licht kamen, die er lebenslang in Kladden, „Waste-Books" oder „Sudelbücher", festgehalten hatte.

*Lichtenbergs Persönlichkeit*

> **Zitat**
>
> *Lichtenberg, Sudelbuch vom 1. Januar 1789*
>
> Vermischte Einfälle, verdaute und unverdaute Begebenheiten, die mich besonders angehen; auch hier und da Exzerpte und Bemerkungen, die an einem anderen Ort genauer eingetragen oder sonst von mir genutzt sind.

Lichtenberg verstand sich als Aufklärer, der das Narrentum, die Anmaßung und den Selbstbetrug der Menschen aufs Korn nahm und aufdeckte. Besonders rieb er sich an der Physiognomik Lavaters (→2.2.5), die er als unwissenschaftlich, letztlich spekulativ und gefährlich ansah, und parodierte sie wiederholt, so in seinem *Fragment von Schwänzen* (1783).

Lichtenberg hinterfragte und untersuchte Sprichwörter und Floskeln auf ihren Wahrheitsgehalt und Hintersinn. Als Meister des Aphorismus ist er in die Literaturgeschichte eingegangen.

> **Zitat**
>
> *Lichtenberg, Aphorismen aus den Sudelbüchern*
>
> Wenn er seinen Verstand gebrauchen sollte, so war es ihm als wenn jemand, der beständig seine rechte Hand gebraucht hat, etwas mit der linken tun soll.
>
> Wenn ein Buch und ein Kopf zusammenstoßen und es klingt hohl, ist das allemal im Buch?
>
> Die gesündesten, und schönsten, regelmäßigst gebauten Leute sind die, die sich alles gefallen lassen. Sobald einer ein Gebrechen hat, so hat er seine eigne Meinung.
>
> Der liebe Gott muß uns doch recht lieb haben, daß er immer in so schlechtem Wetter zu uns kommt.
>
> Gäbe es nur lauter Rüben und Kartoffeln in der Welt, so würde einer vielleicht einmal sagen, es ist schade, daß die Pflanzen verkehrt stehen.
>
> Wie geht's, sagte ein Blinder zu einem Lahmen. Wie Sie sehen, antwortete der Lahme.
>
> Ein Buch ist ein Spiegel, wenn ein Affe hineinsieht, so kann kein Apostel herausgucken.
>
> Die schönste Stelle im Werther ist die, wo er den Hasenfuß erschießt.
>
> So traurig stund er da wie das Trinkschälchen eines krepierten Vogels.

Es ist schade, daß es keine Sünde ist Wasser zu trinken, rief ein
Italiener, wie gut würde es schmecken.

**Lavater: Umrisse der Epoche** 2.2.5

*Porträt Johann Kaspar Lavaters
von Johann Heinrich Lips (1785),
natürlich im Profil.*

### Kurzbiografie

1741  Johann Kaspar Lavater als Sohn eines Arztes in Zürich geboren
1754  Schüler von Bodmer und Breitinger am Züricher Gymnasium
1762  Geistlicher
1763  Reisen nach Norddeutschland, Bekanntschaft mit Gleim, Mendelssohn, Klopstock u.a.; seit
1775  Pfarrer in Zürich; weitere Reisen nach Göttingen, Bremen und Kopenhagen
1789  Widerstand gegen die Französische Revolution
1799  Deportation nach Basel wegen Opposition gegen die Kantonsregierung
1801  Tödliche Verwundung bei der französischen Eroberung Zürichs am 2. Januar

Wichtigste Werke

Gedichtsammlungen
  wie *Schweizer Lieder* (1767), *Hundert geistliche Lieder* (1776), *Poesien* (1781), *Neue Sammlung geistlicher Lieder und Reime* (1782) und *Lieder für Leidende* (1787)
Dramen
  wie *Abraham und Isaak* (1776)

*Physiognomische Fragmente zur Beförderung der Menschenkenntnis und Menschenliebe* (1775/78)
Epen
   wie *Jesus Messias oder die Zukunft des Herrn* (1783/86) und *Joseph von Arimanthia* (1794)
Theologische Abhandlungen,
   z. B. *Aussichten in die Ewigkeit* (1768/78), *Pontius Pilatus oder der Mensch in allen Gestalten* (1782/85)

*Lavater als Theologe*

Als Prediger wie als schriftstellernder Theologe war Lavater eine der bekanntesten Persönlichkeiten seiner Epoche und gehörte zu den anregendsten und provozierendsten Geistern seiner Zeit. In seiner Jugend trat er als Kämpfer gegen Unterdrückung, Diktatur und für Gerechtigkeit auf. Die größten Kontroversen löste jedoch seine Theorie aus, das Wesen des Menschen spiegle sich in seiner äußeren Erscheinung, vor allem in den Gesichtszügen.

### Zitat

*Lavater, Physiognomische Fragmente, 1775/78*

Das Schattenbild von einem Menschen, oder einem menschlichen Gesichte, ist das [...] wahrste und getreueste Bild, das man von einem Menschen geben kann; [...] weil es ein unmittelbarer Abdruck der Natur ist, wie keiner, auch der geschickteste Zeichner, einen nach der Natur von freyer Hand zu machen imstande ist.

Seine *Physiognomischen Fragmente zur Beförderung der Menschenkenntnis und Menschenliebe* (1775/78), eine mehrbändige Sammlung solcher Zeichnungen und Schattenrisse, an der auch Goethe und andere bekannte Zeitgenossen zeitweilig mitarbeiteten, lieferte das Anschauungsmaterial.

Als Begründer und Stammvater der Physiognomik erhob Lavater den →Schattenriss zum ersten populären Bildmedium der Epoche.

*Goethes Profil in Lavaters*
Physiognomischen Fragmenten,
9. Abschnitt, 6. Fragment.

> Zitat
>
> Er machte soeben ernstliche Anstalten zu seiner größern „Physiognomik", deren Einleitung schon früher in das Publikum gelangt war. Er forderte alle Welt auf, ihm Zeichnungen, Schattenrisse, besonders aber Christusbilder zu schicken, und ob ich gleich so gut wie gar nichts leisten konnte, so wollte er doch von mir ein für allemal einen Heiland gezeichnet haben, wie ich mir ihn vorstellte.

Goethe, Dichtung und Wahrheit, 3. Teil, 14. Buch

In den philosophischen und theologischen Folgerungen aus seiner Theorie, die er im Laufe der Jahre zuspitzte, versagten ihm viele die Zustimmung, darunter auch Goethe („mein und meines Bruders Lavaters Physiognomischer Glaube"). Bedeutete Lavaters physiognomische Lehre ursprünglich die Befreiung des Menschen und seiner Anlagen aus der ständischen Einordnung, so erhielt sie jetzt eine deterministische Grundzüge. Sie legte, als einmal gepflanzte göttliche Anlage, auf alle Zeiten unveränderbar fest und hinderte alle Vervollkommnungsmöglichkeiten. Das Entwicklungs-, Wachstums- und Bildungsmodell der Aufklärungspädagogik und das Humanitätsideal der Klassik

die Grenzen von Lavaters Physiognomie

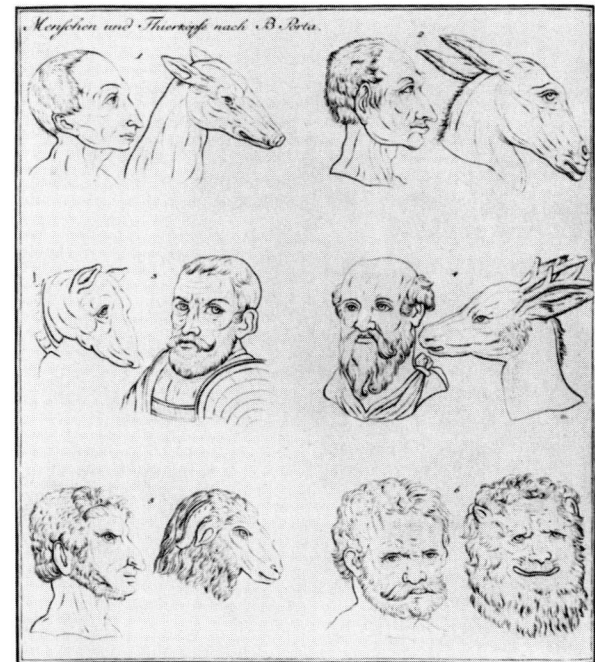

Vergleichende Zeichnungen von Menschen- und Tierphysiognomien aus Lavaters Physiognomischen Fragmenten zeigten die spekulativen Grenzen solcher Deutungsversuche.

(→ Gestalt, → Metamorphose) widersprachen solchen Vorstellungen grundlegend.
Lichtenberg bekämpfte Lavater lebenslang durch Parodien, Goethe wandte sich auf seiner Entwicklung zur Klassik von ihm ab, karikierte ihn später in der „Walpurgisnacht" seines *Faust* als eitlen und selbstgerechten Pfau und ordnete ihn im Figurenwerk seines Dramas der Welt des Mephisto zu.

### 2.2.6 Voss, der Übersetzer

*Johann Heinrich Voß nach einem Gemälde von Johann Heinrich Wilhelm Tischbein, 1818.*

**Kurzbiografie**

| | |
|---|---|
| 1751 | Johann Heinrich Voß am 20. Februar in Sommersdorf bei Waren (Mecklenburg) als Sohn eines armen Pächters geboren |
| 1769 | verschiedene Hofmeisterstellen |
| 1772 | Studium der Theologie und Philologie in Göttingen unter großen Entbehrungen |
| 1775 | Nachfolger von Heinrich Christian Boie (1744–1806), seinem Förderer, als Herausgeber des „Göttinger Musenalmanaachs" |
| 1778 | Schulrektor in Otterndorf |
| 1782 | Rektor in Eutin |
| 1802 | Privatgelehrter in Jena, ab |
| 1805 | in Heidelberg |
| 1826 | Tod am 29. März in Heidelberg |

Wichtigste Werke

Übersetzungen
 der *Odyssee* (1781), *Ilias* (1793), *Des Publius Virgilius Maro ländliche Gedichte* (1797/1800), *Verwandlungen nach Ovidius* (1798), *Des Horatius Werke* (1806), *Theokritos, Bion und Moschos* (1808), *Shakespeares Schauspiele* (1818/19), *Aristophanes' Werke* (1821), *Propertius Werke* (1830, postum)
*Idyllen* (1785), *Idyllen* (1801)

Durch Gedichte und volkstümliche Idyllen, nicht ohne Gesellschaftskritik im Geist konsequenter bürgerlicher Aufklärung, angereichert mit republikanischen und demokratischen Ideen, aus denen heraus die Französische Revolution begeistert begrüßt worden war, machte sich Voß einen Namen. Seine jugendlichen Polemiken gegen den religiösen Obskurantismus führte er ebenso verbissen wie seinen späteren Kampf gegen die Romantiker. Als wichtiges Mitglied des „Göttinger Hains" wurde er in einem größeren Kreis bekannt. Berühmt ist seine Schilderung der Gründung des Bundes.

*Voß als Freigeist und Schwärmer*

### Zitat

Ach, den 12. September, mein lieber Freund, da hätten Sie hiersein sollen. Die beiden Millers, Hahn, Hölty, Wehrs und ich gingen noch des Abends nach einem nahegelegenen Dorfe. Der Abend war außerordentlich heiter, und der Mond voll. Wir aßen in einer Bauernhütte eine Milch, und begaben uns darauf ins freie Feld. Hier fanden wir einen kleinen Eichengrund, und sogleich fiel uns allen ein, den Bund der Freundschaft unter diesen heiligen Bäumen zu schwören. Wir umkränzten die Hüte mit Eichenlaub, legten sie unter den Baum, faßten uns alle bei den Händen, tanzten so um den eingeschlossenen Stamm herum, – riefen den Mond und die Sterne zu Zeugen unseres Bundes an, und versprachen uns eine ewige Freundschaft.

*Brief Voß' vom 20. September 1772 an seinen Freund Ernst Theodor Johann Brückner*

In die Literaturgeschichte ist die Idylle *Luise* (seit 1784) eingegangen, ein „ländliches Gedicht" mit ganz offenkundigem Einfluss auf Goethes *Hermann und Dorothea*.

*Luise*

Voß' Übersetzungen der griechischen Klassiker schufen dann mehr als die formalen Voraussetzungen der Antike-Rezeption der Klassik. Voß zeichnete die Treue in der Wiedergabe des Originals aus, so dass von nun ab Homer so zu lesen war, als sei er ein deutscher Dichter der Vorzeit. Durch seine stupende

*Voß als Übersetzer*

Gelehrsamkeit galt Voß bald als unbezweifelte Autorität für die antike und die deutsche Verslehre. Dafür wurde er geschätzt und wegen seiner Unduldsamkeit bei Regelverstößen auch gefürchtet.

*Titelblatt der ersten Gesamtausgabe von Voß' Luise, 1795.*

### 2.2.7 Georg Forster, der Weltreisende

*Johann Reinhold Forster mit seinem Sohn Johann Georg Adam, 1782.*

**Kurzbiografie**

1754 Johann Georg Adam Forster am 27. November in Nassenhuben bei Danzig als Sohn eines ehemaligen Pfarrers und Naturforschers geboren

1765 Russlandreise mit dem Vater

| | |
|---|---|
| 1770 | Textilkaufmannslehre in London, seit |
| 1772 | Teilnahme an der 2. Weltreise von James Cook; deren Beschreibung, *Reise um die Welt* (1777 engl., 1778/80 deutsch), macht ihn berühmt |
| 1778 | Professor für Naturgeschichte in Kassel |
| 1784 | Professor für Naturwissenschaften in Wilna |
| 1788 | Bibliothekar der Mainzer Universität |
| 1792 | nach Besetzung der Stadt durch das französische Revolutionsheer zuerst Mitglied, dann Präsident des Jakobinerclubs „Gesellschaft der Freunde der Freiheit und Gleichheit" |
| 1793 | Abgesandter des rheinisch-deutschen Nationalkonvents in Paris, um dort der Nationalversammlung den Anschluss von Mainz an die französische Republik vorzuschlagen; nach der Rückeroberung von Mainz durch preußische Truppen politischer Flüchtling in Paris |
| 1794 | Tod am 10. Januar in Paris |

Wichtigste Werke

*Johann Reinhold Forster's Reise um die Welt* (deutsch 1787/80), *Ansichten vom Niederrhein, von Brabant, Flandern, Holland, England und Frankreich, Mai und Junius 1790* (1791/94)
*Erinnerungen aus dem Jahre 1790* (1793), *Über die Beziehung der Staatskunst auf das Glück der Menschheit* (1794), *Parisische Umrisse* (1794), *Darstellung der Revolution in Mainz* (postum, 1843)

Seinen im engeren Sinn literarischen Ruhm stützte Forster auf seine Reiseberichte. Zuerst machte seine *Reise um die Welt* (zuerst 1777) Sensation, den Bericht, den er über die mit seinem Vater unternommene zweite Weltumsegelung James Cooks verfasste. Dann veröffentlichte Forster die *Ansichten vom Niederrhein* (1791/94), eine Reise in das revolutionäre Westeuropa, die er mit Alexander von Humboldt unternahm. Neu an Forsters Reiseberichterstattung war, dass die Reisebeschreibung sowohl als Kulturgeschichtsschreibung wie als Anthropologie auftrat, in der geologische, naturkundliche, ökonomische, gesellschaftliche und politische Fragen miteinander vermittelt wurden. Die großen Linien gaben die Gesetze der Natur, die Entwicklung der aufgeklärten Zivilisation und die Darstellung der realen Machtverhältnisse vor. Forsters Beschreibungen von Tahiti schienen die Naturvorstellungen Rousseaus nicht nur zu bestätigen, sondern mit Wirklichkeitserfahrung zu untermauern. Sie entfachten eine Mode, eine Tahiti-Schwärmerei deutscher Dichter, wenn es galt, wenigstens in der Phantasie aus der problematischen Zivilisation in eine paradiesische Inselwelt zu entfliehen.

*Forsters Weltreise*

*Paradies und Kulturkritik*

> **Zitat**
>
> *Forster, Reise um die Welt, 1777*
>
> Ein Morgen war's, schöner hat ihn schwerlich ein Dichter beschrieben, an welchem wir die Insel *O-Tahiti*, 2 Meilen vor uns sahen. Der Ostwind, unserer bisheriger Begleiter hatte sich gelegt, ein vom Lande wehendes Lüftchen führte uns die erfrischendsten und herrlichsten Wohlgerüche entgegen und kräuselte die Fläche der See. Waldgekrönte Berge erhoben ihre stolzen Gipfel in mancherley majestätischen Gestalten und glühten bereits im ersten Morgenstrahl der Sonne. Unterhalb derselben erblickte das Auge Reihen von niedrigen, sanft abhängenden Hügeln, die den Bergen gleich, mit Waldung bedeckt, und mit verschiednem anmuthigen Grün und herbstlichen Braun schattirt waren. Vor diesen her lag die Ebene, von tragbaren Brodfrucht-Bäumen und unzählbaren Palmen beschattet, deren königliche Wipfel weit über jene empor ragten. Noch erschien alles im tiefsten Schlaf; kaum tagte der Morgen und stille Schatten schwebten noch auf der Landschaft dahin.

Durch sein aktives Eingreifen bei der Gründung einer Mainzer Republik gehört Forster auch in die Vorgeschichte derjenigen Schriftsteller des 20. Jahrhunderts, die versuchten, ihre poetischen Ideale in die politische Wirklichkeit umzusetzen.

Im französischen Exil, das er wegen seiner politischen Aktivitäten wählen musste, suchte Forster zunehmend die rückblickende Darstellung und Rechtfertigung seiner Lebensleistung. In dieser letzten Zeit seines Lebens dominierten publizistische Arbeiten wie Aufrufe, Reden oder Briefe. 1797, wenige Jahre nach seinem Tod setzte Friedrich Schlegel in seinem Fragment der *Karakteristik der deutschen Klassiker* Georg Forster ein „Ehrendenkmal" als einem frühen klassischen Schriftsteller.

## Fragen

1. Welche Beiträge lieferte die Aufklärung zur Klassik?
2. Formulieren Sie die Zusammenhänge zwischen dem Aufstieg des Bürgertums, der Entwicklung einer Lesegesellschaft und der Bedeutung des Theaters!
3. Diskutieren Sie die Eigenständigkeit einer Epoche „Sturm und Drang"!
4. Bestimmen Sie die wichtigsten Etappen bei der Entwicklung eines individuellen Ichs!
5. Welche Bedeutung hat die Antike-Rezeption im 18. Jahrhundert für die Vorgeschichte der Klassik?
6. Welche Schwierigkeiten ergaben sich im 18. Jahrhundert für die Schriftsteller?
7. Diskutieren Sie, ob und in welcher Weise heute wenig bekannte Autoren der Epoche (wie Klopstock, Voß usw.) gegenwärtigen Lesern nahezubringen wären!
8. Setzen Sie sich kritisch mit der Auswahl der „Vorbereiter der Klassik" (Kap. 2.2) auseinander! Mit welchen Begründungen lassen sich einzelne Autoren ausschließen, andere an ihrer Stelle aufnehmen?

## Literatur

Rudolf Schenda: Volk ohne Buch. Studien zur Sozialgeschichte der populären Lesestoffe 1770–1910. München 1977.
Rolf Grimminger (Hrsg.): Deutsche Aufklärung bis zur Französischen Revolution 1680–1789. München 1980 (= Hansers Sozialgeschichte der deutschen Literatur vom 16. Jahrhundert bis zur Gegenwart 3).
Christoph Perels (Hrsg.): Sturm und Drang. Frankfurt a.M. 1988.
Sven Aage Jørgensen/Klaus Bohnen/Per Øhrgaard: Aufklärung, Sturm und Drang, frühe Klassik 1740–1789. München 1990 (= Geschichte der deutschen Literatur von den Anfängen bis zur Gegenwart 6).
Rolf Selbmann: Dichterberuf. Zum Selbstverständnis des Schriftstellers von der Aufklärung bis zur Gegenwart. Darmstadt 1994.
Heinz Schlaffer. Die kurze Geschichte der deutschen Literatur. München 2002.

# Die Klassik 3.

3.1 Zeitereignisse in Weimar
3.2 Was die Deutschen lasen, als die Klassiker schrieben
3.3 Das Umfeld
3.3.1 Der Herzog
3.3.2 Die Frauen
3.3.3 Mitarbeiter und Begleiter
3.4 Die Klassiker
3.4.1 Johann Peter Hebel
3.4.2 Karl Philipp Moritz
3.4.3 Christoph Martin Wieland
3.4.4 Johann Gottfried Herder
3.4.5 Goethe vor Schiller
3.4.6 Schiller vor Goethe
3.4.7 Goethe und Schiller
3.4.8 Goethe nach Schiller

## Grundlagen der ‚Weimarer Klassik'

Ohne die Bedingungen, die Kleinstaat und Hof des Herzogtums Weimar boten, hätte es keine Klassik gegeben. Soziale Verhältnisse und politische Ereignisse lieferten die Grundierung für eine Epoche, die häufig als „Weimarer Klassik" bezeichnet wird. Zu den Klassikern im engeren Sinn traten Förderer und Freunde, Mitstreiter, Helfer und Begleiter. Nur so entstand ein Umfeld, in dem sich die Klassik entfalten und wirken konnte. Aber auch außerhalb Weimars fand – mit freundlichen Beziehungen oder auch Abgrenzungen – Klassik statt.

## Zeitereignisse in Weimar 3.1

Nachdem der Weimarer Herzog Ernst August II. Constantin 1759 gestorben war, übernahm seine Witwe Anna Amalia (1739–1807) Vormundschaft und Regierung für den noch unmündigen Erbprinzen Carl August. Das Herzogtum, das die noch nicht zwanzigjährige Fürstin verwaltete, umfasste etwas mehr als 100 000 Einwohner, die auf 36 Quadratmeilen in weniger als 400 Ortschaften lebten. In der Residenzstadt Weimar, eher ein Dorf als eine Stadt, wohnten kaum 6 000 Bürger.

*Selbst 1827, das Jahr, aus dem das Stadtmodell von Weimar stammt, sah die Residenzstadt noch wenig repräsentativ aus.*

**Zitat**

*Joseph Rückert, Bemerkungen über Weimar, 1799*

Die Stadt selbst, das innere Weimar, zeichnet sich weder durch Größe noch durch Geschmack aus, der es bewohnt. Weimar erscheint in diesem Stücke wie seine Genies, die wenig auf das Äußere achten. Doch erblickt das Auge hier allenthalben Sauberkeit und Ordnung, und wenn auch der Geschmack durch die Gestalt dieser kleinen Stadt eben nicht erfreut wird, so stößt er doch auch nirgend auf etwas, das ihn beleidigen könnte.

Die kulturelle Bedeutung des ernestinischen Herzogtums lag in der Vergangenheit. Doch die Erinnerungen an den Maler Lucas Cranach, die sprachfördernde „Fruchtbringende Gesellschaft" der Barockzeit oder an den Musiker Johann Sebastian Bach waren längst verblasst.

Jetzt herrschte Stillstand. Noch 1736 hatte der Landesherr, Anna Amalias Schwiegervater, das „vielfältige Raisonniren der Unterthanen" mit Gefängnis bedroht. Es galt also zunächst, die schlimmsten Missstände abzubauen. „Ein ganz anderer Geist war über Hof und Stadt gekommen", schrieb Goethe bei ihrem Tode. Als Erzieher für Prinzen und Pagen berief die junge Fürstin den Offizier und Schriftsteller Karl Ludwig von Knebel (1744–1834) (→3.4.3) und den Schriftsteller Johann Karl August Musäus (1735–1787) nach Weimar, 1772 konnte sie einen der damals bekanntesten Schriftsteller der Zeit, nämlich Wieland gewinnen. Martin Gottlieb Klauer (1742–1801) kam als Hofbildhauer, Georg Melchior Kraus als Direktor an die Kunstschule, Christian Joseph Jagemann verwaltete die Bibliothek. Seit Übernahme ihrer Regentschaft entfaltete Anna Amalia eine rege Bautätigkeit mit dem Ziel, aus dem Provinznest ein Kulturzentrum zu machen. Mit Nachdruck betrieb sie den Wiederaufbau des 1774 abgebrannten Schlosses. Unmittelbar nach der Volljährigkeit Carl Augusts 1775 verheiratete Anna Amalia ihren Sohn mit der Prinzessin Louise von Hessen-Darmstadt. Auch nach der Regierungsübernahme durch Carl August war die Herzogin-Mutter nicht ohne politischen Einfluss. Sie blieb weiterhin das Zentrum aller ästhetischen Bestrebungen der Residenzstadt. Ihre

*Anna Amalia greift ein*

*Georg Melchior Kraus zeichnete um 1795 eine Abendgesellschaft, die sich als „Tafelrunde" regelmäßig um Anna Amalia versammelte: ganz links Goethe, ganz rechts Herder.*

*Melchior Kraus malte 1801 ein Aquarell, das die idyllische Landschaft Weimars gleich hinter dem Schloss, hier die Sternbrücke mit der Schlossfassade, zeigte.*

Abendgesellschaften, vor allem aber ihre Tafelrunde im sog. Wittumspalais waren berühmt. Heinrich Heine sprach spöttisch von Weimar als dem „Witwenmusensitz".

Ihrer ausgleichenden Führung aus dem Hintergrund gelang es, den jungen, zu Eskapaden und Eigenmächtigkeiten neigenden Herzog und das neu berufene bürgerliche Genie Goethe aus Frankfurt mit dem Weimarer Hof und dem Regierungsgepflogenheiten eines Kleinstaats auszusöhnen.

*Weimars Umgebung*

Neben den Ausbrüchen des ungestümen Herzogs und seines neuen Ministers wurde das höfische und gesellige Leben Weimars von Theater und Maskenspiel, Tanz und Redouten bestimmt, zu denen auch Goethe als Dichter und Direktor des Liebhabertheaters, als Arrangeur und Schauspieler beitrug. Die umliegenden Schlösser und Parks in Ettersberg, Dornburg, Belvedere und Tiefurt erweiterten die beengten Weimarer Verhältnisse in eine offenere Naturkulisse. An keinem anderen Hof in Deutschland herrschte, trotz der natürlich streng beachteten Etikette, eine so freizügige Durchmischung bürgerliches Geistes und adliger Lebenslust ohne Berührungsangst wie am „Weimarer Musenhof".

Das Modell Weimar funktionierte in einem Spannungsverhältnis. Auf der einen Seite bildete das Fürstentum eine freizügige Insel im verkrusteten →Ancien Régime Deutschlands. Auf der anderen betonte es durchaus den Vorrang der höfischen Welt gegenüber der bürgerlichen, ohne die erstere jedoch nicht auskommen konnte. Einerseits zeigte Weimar höchste Empfindlichkeit gegenüber allen Regungen des Zeitgeists, andererseits klammerte es gleichzeitig die wirklich großen geschichtlichen Augenblicke aus seiner Welt aus. Dass es ein Provinznest war, konnte man auch als einen Vorzug Weimars verstehen. So wenigstens formulierte Goethe 1813 im Rückblick seiner Rede *Zu brüderlichem Andenken Wielands* eine kulturelle Analogie: „Die deutsche Reichsverfassung, welche so viele Staaten in sich begriff, ähnelte darin der griechischen."

Immer stand der Staat Weimar auf der Kippe seiner Existenz, nicht nur durch die Bedrohung, die von möglichen Erbteilungen und damit von der Gefahr der Zerstückelung ausging. Immer war er in der Gefahr, zwischen den Fronten, Koalitionen und Bündnissen zerrieben zu werden, zuerst im Siebenjährigen Krieg, dann 1778, als er im sog. Bayerischen Erbfolgekrieg zwischen Preußen und Habsburg zersprengt zu werden drohte. Der Ausbruch der Französischen Revolution erbrachte besonders in Jena und unter den Studenten manch „demokratische Schwärmerei", von der zu befürchten war, dass sie „die Überpflanzung neufranzösischer Grundsätze auf deutschen Boden" anstrebte, wie der Herzog Carl August am 14. Juni 1792 an seinen Minister Christian Gottlob Voigt schrieb. Zuletzt bestand im Zuge der napoleonischen Flurbereinigung nach dem Frieden von Lunéville 1801, dann nach der preußischen Niederlage von 1806 und der Besetzung Weimars durch französische Truppen die Gefahr, dass das Herzogtum mediatisiert wurde. Politisches Lavieren war also angesagt. Wie andere Staaten vollzog Weimar einige (halb erzwungene) Bündniswechsel und trat in den Rheinbund Napoleons ein. Genauso überlebensnotwendig war der rechtzeitige Schwenk auf die andere Seite und die Teilnahme am Krieg gegen den Kaiser. Auf dem Wiener Kongress wurde Weimar zum Dank dafür zum Großherzogtum erhoben und ein wenig (weniger als erhofft) vergrößert. 1816 verkündete der Großherzog sogar als erster der deutschen Fürsten eine landständische Verfassung von liberalem Zuschnitt mit garantierter Pressefreiheit. Das Herzogtum wurde zum Hort des Liberalismus und war damit dem Restaurationssystem Metternichs ein Dorn im Auge.

*das Herzogtum im politischen Spannungsfeld*

*Liberalismus im Zeitalter der Restauration*

Weil es der patriotischen und liberalen Opposition und den Burschenschaften Unterschlupf bot, hatte Metternich den Weimarer Großherzog Carl August als einen „Altburschen" bezeichnet. Das politische Widerstandsfest auf der Wartburg von 1817, die zum Herzogtum gehörte, rückte den Landesherrn in Metternichs Augen in ein noch schieferes Licht, das vielleicht sogar das militärische Eingreifen ‚befreundeter' Nachbarn rechtfertigen würde. Unter dem Druck der Restauration musste auch Weimar die Karlsbader Beschlüsse durchführen, um so mehr, als der Student Sand, der den Dichter Kotzebue ermordet und damit die Maßnahmen ausgelöst hatte, in Jena studiert hatte.

*Bedrohungen*

Und immer stand Weimar vor der Gefahr, durch das politisch, vor allem aber wirtschaftlich übermächtige Preußen geschluckt zu werden. Insofern war Weimar nicht nur ein kulturelles Kunstprodukt des Willens seiner Schöpfer. Seine politische Randlage und seine Überschaubarkeit, die Veränderungsbereitschaft, die sich im Generationswechsel der Herrscherfamilie zeigte, machte Weimar auch als soziales und kulturelles Experimentierfeld geeignet. Goethe war nicht zum wenigsten auch deshalb aus der Großstadt Frankfurt hierher gekommen. Hier bestand Hoffnung, den hochfliegenden Plänen und philosophischen Entwürfen ohne reale Grundlagen, das konkrete Modell eines idealen Fürstenstaats entgegensetzen.

*Jena und seine Universität*

Den zweiten Brennpunkt des Herzogtums bildete die Universitätsstadt Jena mit nicht ganz 4 000 Einwohnern. Die seit ihrer Gründung 1158 heruntergekommene Universität erlebte durch finanzielle Verbesserungen und vor allem durch wichtige Berufungen unter Anna Amalia und Carl August, auch unter entscheidender Mitwirkung des beratenden Ministers Goethe, einen gewaltigen Aufschwung. Bis dahin unterschied sich die Universität von der Leipzigs, in der das Stutzertum des Rokoko und der Luxus zu Hause waren, durch die Rauflust seiner Studenten. Doch jetzt wurde Jena zum zweiten intellektuellen Zentrum des Herzogtums, das zeitweise der Residenz den Rang streitig machte. Der Philosoph Kant lehnte 1770 einen Ruf zwar ab, aber 1779 kam mit dem Ästhetikers und Kantianer Christian Gottfried Schütz die von diesem herausgegebene einflussreiche *Allgemeine Literaturzeitung* ins Herzogtum. 1787 folgte der noch bedeutendere Karl Leonhard Reinhold (1757–1822).

Durch die Berufung Schillers auf eine Geschichtsprofessur (1788), vor allem aber durch Naturwissenschaftler und Mediziner wie Johann Jakob Griesbach, Justus Christian Loder, August

Johann Karl Georg Batsch, Johann Georg Lenz, Johann Friedrich August Goettling, Christian Friedrich Mylius und des Juristen Johann Gottlieb Hufeland gewann die Universität rasch an Reputation. Dazu kam ein Rechtsstatus, der ihre eine relative Freiheit garantierte.

> **Zitat**
>
> Die unter 4 sächsische Herzöge verteilte Gewalt über die academie macht diese zu einer ziemlich freien und sichern Republik, in welcher nicht leicht Unterdrückung Statt findet [...] Die Profeßoren sind in Jena fast unabhängige Leute und dürfen sich um keine Fürstlichkeit kümmern. Diesen Vorzug hat Jena unter den academien voraus.
>
> *Brief Schillers an Christian Gottfried Körner vom 29. August 1787*

Mit der Berufung des provokanten Philosophen Johann Gottlieb Fichte (1762–1814) im Jahre 1794, 1798 von Friedrich Wilhelm Joseph Schelling (1775–1854) und 1801 von Georg Wilhelm Friedrich Hegel (1770–1831) hatte die Universität ihren Ruf als geistiges Zentrum durchgesetzt. Der rege geistige Austausch und die reiche Zeitschriftenpalette lockten auch junge Aufsteiger wie Friedrich Schlegel an, der sich seit 1769 in Jena aufhielt und mit Fichte ab 1799 zum Kern des Jenaer Romantikkreises (Friedrich, Caroline und August Wilhelm Schlegel, Dorothea Veit, Ludwig Tieck, Novalis, Schelling, Johann August Ritter u. a. →3.8) wurde.

## Was die Deutschen lasen, als ihre Klassiker schrieben 3.2

Die große Masse der Lesenden bevorzugte andere Lektürestoffe als klassische Dramen oder antikisierende Gedichte.

Daran waren die Klassiker nicht wenig selber schuld, wenn sie ausdrücklich das höchste Niveau der Kunst gegen den Geschmack breiter Publikumsschichten ausspielten und aggressiv verfochten. Die „ästhetische Erziehung des Menschengeschlechts", die Erziehung durch Kunst, hat nicht in die Breite gewirkt und widersprach dem Bedürfnis der Leser.

> **Zitat**
>
> Man wird sich, soweit kein edlerer Zweck darunter leidet, Mannigfaltigkeit und Neuheit zum Ziele setzen, aber dem frivolen Geschmacke, der das Neue bloß um der Neuheit willen sucht, keineswegs nachgeben.
>
> *Schiller bei der Ankündigung seiner* Horen *(1794)*

*Der Kupferstich zeigt eine turbulente Szene aus Johann Gottwerth Müllers komisch-realistischen Roman* Siegfried von Lindenberg *(1779).*

Reihen wie die *Bibliothek der Robinsone* (1805–1808) oder die *Bibliothek der Abentheurer* (1810) bedienten eher die wahren Lesebedürfnisse der großen Mehrheit nach „Gemälden des Herzens".

Die Romanautoren produzierten wie am Fließband, um den Lesehunger zu befriedigen. Ein Autor wie August Heinrich Julius Lafontaine verfasste allein 150 Romane, Heinrich Daniel Zschokke kam gar auf 160 Titel, der Spezialist für Räuber- und Schauerromane nach dem Vorbild der englischen *gothic novel,* Johann Andreas Karl Hildebrandt (1764–1848), lieferte 140 davon ab. Christian August Vulpius (1762–1827), der Schwager Goethes und Weimarer Bibliothekar, verfasste neben 60 anderen Romanen mit *Rinaldo Rinaldini der Räuberhauptmann. Eine romantische Geschichte unsers Jahrhunderts* (1799–1800) einen bleibenden Erfolgsroman. Die Geschichte um den edlen Räuber sparte nicht mit zugkräftigen Motiven und Zutaten aus allen Genres und befriedigte das Bedürfnis nach Spannung und Sentimentalität als unterhaltsamen Gegensatz zum bürgerlichen Alltag. Die ursprünglich kritischen Elemente waren schnell den Marktbedürfnissen angepasst.

*populäre Lesestoffe*

Massenhafte Konsumlektüre wie diese oder von Autoren wie Karl Gottlob Cramer (1758–1815), Leonhard Wächter (1762–1837), Carl Friedrich August Grosse (1768–1847) oder Julius von Voß (1768–1832) lief nicht über den Besitz dieser Romane, die trotz ihrer hohen Auflagen dennoch recht kostspielig waren, sondern über die Lesegesellschaften und Leihbibliotheken. Die Bedeutung der Leihbibliotheken als Distributionsorgan und als

*Für Hippels* Lebensläufe nach aufsteigender Linie *(1778–81) stach Chodowiecki eine wahrhaft rührende Szene, wenn sich nach der Hochzeit die Glücklichen ans Grab der verblichenen Freundin begeben: „wir weinten alle".*

Lesesteuerung war so entscheidend, dass viele Autoren und Verleger speziell für sie, nicht mehr für den individuellen Leser als Buchkäufer produzierten. Dickleibige und vielbändige Romane als Lesefutter waren begehrt. Dem Massenkonsum entsprach die serielle Herstellung. 1750 etwa erschienen 28 neue Romane, 1800 waren es schon 375. Eine bekannte Quelle für die Bedürfnisse des Publikums und ihre prompte Bedienung ist ein (schon ironisch gemeinter) Brief Heinrich von Kleists über ein Gespräch in einer Würzburger Leihbibliothek.

**Zitat**

„Wir wünschen ein paar gute Bücher zu haben." – Hier steht die Sammlung zu Befehl. – „Etwa von Wieland." – Ich zweifle fast. – „Oder von Schiller, Goethe." – Die möchten hier schwerlich zu finden sein. – „Wie? Sind alle diese Bücher vergriffen? Wird hier so stark gelesen?" – Das eben nicht. – „Wer liest denn hier eigentlich am meisten?" – Juristen, Kaufleute und verheiratete Damen. – „Und die unverheirateten?" – Sie dürfen keine fordern. – „Und die Studenten?" – Wir haben Befehl, ihnen keine zu geben. – „Aber sagen Sie uns, wenn so wenig gelesen wird, wo in aller Welt sind denn die Schriften Wielands, Goethes, Schillers?" – Halten zu Gnaden, diese Schriften werden hier gar nicht gelesen. – „Also Sie haben sie gar nicht in der Bibliothek?" – Wir dürfen nicht. – „Was stehn denn also eigentlich für Bücher hier an diesen Wänden?" – Rittergeschichten, lauter Rittergeschichten, rechts die Rittergeschichten *mit* Gespenstern, links *ohne* Gespenster, nach Belieben. – „So, so." –

*Heinrich von Kleist am 14. September 1800 an Wilhelmine von Zenge*

Auch die Realität des Theaterspielplans entsprach nicht den idealistischen Vorstellungen der Klassiker. Schillers Rede *Die Schaubühne als eine moralische Anstalt betrachtet* (1784) meinte sicherlich anderes, als die tatsächliche Theaterlandschaft bot. Natürlich führte das Weimarer Theater die Klassiker auf; aber dort und auf den anderen Theatern in Deutschland konnten sich nur Schillers Stücke und die Shakespeare-Übersetzungen August Wilhelm Schlegels durchsetzen. Goethe hatte nach der *Tasso*-Aufführung 1789 keinen Theatererfolg mehr, Tiecks und Brentanos Stücke wurden kaum, Kleist einmal gespielt. *Der zerbrochene Krug* war 1808 ein deutlicher Misserfolg, Hölderlins *Empedokles* wurde überhaupt nicht aufgeführt. Berühmte, gefeierte und viel gespielte Theaterdichter waren hingegen die Starschauspieler

*Theater: Anspruch und Wirklichkeit*

und seit 1796 Direktor des Berliner Nationaltheaters August Wilhelm Iffland (1759–1814) und der auch als Erzähler erfolgreiche August von Kotzebue (1761–1819), vom dem mehr als 200 Theaterstücke überliefert sind. Dabei zeichneten sich Ifflands Stücke durch das enge Milieu häuslicher Verhältnisse aus, während Kotzebues Bühnenwerke durch häufige Schauplatzwechsel auffielen.

Was die Klassiker in ihrer Sturm-und-Drang-Zeit selbst mitbegründet hatten, nämlich den Bühnenrealismus auszureizen und Zeitstücke aufzuführen, schlug jetzt, da sie sich selbst der Zeitlosigkeit, der Antike oder der Geschichte zugewandt hatten, auf sie zurück. Auf dem Theater dominierten Ritterstücke und Familiendramen, Lustspiele, Rührstücke oder Possen. Selbst unter Goethes Theaterleitung in Weimar spielte man nur 15 Stücke von Goethe und 10 von Schiller, jedoch 22 von Friedrich Ludwig Schröder, 31 von Iffland, 46 von Vulpius und 87 von Kotzebue. Dieses Spannungsverhältnis zwischen Anspruch und Wirklichkeit, wie es gerade im Bereich des Theaters besonders hoch war, thematisierte Goethe in seinem Theaterroman *Wilhelm Meisters theatralische Sendung*. Das Theater wurde vielfach

*Theatromanie* als Metapher für die Auseinandersetzung des Einzelnen mit seinem Lebensschicksal angesehen. Zahlreiche Romane der Epoche sind explizit oder implizit Theaterromane. Die →Theatromanie, die sie festhalten, galt freilich fast nur für das bürgerliche Publikum. Denn Hof und Adel bevorzugten das Singspiel oder die italienische Oper. Nur in wenigen geglückten Momenten ließen sich künstlerische Qualität und massenhafter Erfolg vereinen.

Gegen diesen Trend kämpften die Klassiker mit ihrer Verfremdungs- und Objektivierungskunst an, wie sie sie dem antiken Theater ablasen. Immer stärker setzte sich bei ihnen die Tendenz durch, die Kunst von der Darstellung der Tagesrealität möglichst strikt zu trennen.

**Zitat**

Goethe, Weimarisches Hoftheater

Man kann dem Publikum keine größere Achtung bezeigen, als, indem man es nicht wie Pöbel behandelt. Der Pöbel drängt sich unvorbereitet zum Schauspielhause, er verlangt, was ihm unmittelbar genießbar ist, er will schauen, staunen, lachen, weinen und nötigt daher die Direktionen, welche von ihm abhängen, sich, mehr oder weniger, zu ihm herabzulassen und von Einer Seite des Theaters zu überspannen, von der anderen aufzulösen.

Dazu gehörten u. a. Schillers Einführung des antiken Chors als der Verkörperung des Schicksals, Goethes Kunst- und Sprachnormen, z. B. seine *Regeln für Schauspieler* (1803), das strikte Festhalten beim Drama am Vers, das Unterbinden des bei Schauspielern und Zuschauern beliebten Extemporierens, die Wahl tragischer Stoffe aus der fernen Nationalgeschichte, die Entwicklung hin zum Lesedrama, beim späteren Goethe schließlich der Weg in die Allegorie.

*Normen für das Theater*

## Das Umfeld 3.3

### Der Herzog 3.3.1

Ohne den Herzog und späteren Großherzog Carl August von Sachsen-Weimar-Eisenach (1757–1828) hätte es sicherlich keine Weimarer Klassik gegeben.

*Herzog Carl August von Sachsen-Weimar-Eisenach in der neuen Uniform nach der Militärreform. Kolorierter Stich nach einem Gemälde von Georg Melchior Kraus, 1791.*

Viele Umstände kamen zusammen: ein kluger und neugieriger, Anregungen zugänglicher, sich um keine Standesschranken scherender, dennoch sich seines fürstlichen Standes bewusster junger Mann, dem seine Mutter die bestmöglichste und modernste Erziehung hatte zukommen lassen, der über eine sichere Menschenkenntnis verfügte und bei der Wahl seiner Mitarbeiter eine glückliche Hand bewies. Dies geschah in einer Zeit des Um- und Aufbruchs, die es erlaubte, ausgetretene Pfade zu verlassen. Auch Zufälle spielten eine Rolle. So besuchte der Herzog in Frankfurt, vermittelt durch seinen Erzieher Knebel, den Dichter des *Werther* genau in dem Moment, als Goethe an einem Entscheidungspunkt seines Lebens stand.

*Carl August*

Friedrich Sengle hat in seinem Buch *Das Genie und sein Fürst* die nicht ungefährdete, aber doch lebenslang gehaltene Gemeinschaft des Dichters mit seinem Herzog dargestellt. Er betont – bei allen sozialen Unterschieden zwischen beiden – die menschliche Gleichrangigkeit, die es dem Herzog gestattete, den Aufstieg Goethes zur Galionsfigur einer einmaligen Kultur anzuerkennen. Der Lebenswandel des jungen Herzogs, verstanden als Herrschaftsform der Repräsentation, war anstößig und erfrischend zugleich. Mit seinem bürgerlichen Minister bildete er eine freche, den Hof und das gesamte Land provozierende Jugendgemeinschaft, wenn die beiden in Wertherkleidung übers Land zogen, im Freien übernachteten, die Kneipen unsicher machten, den Dorfmädchen nachstellten, um die Gunst hübscher Schauspielerinnen des Theaters konkurrierten oder das Eislaufen als sportliche Mode für den Hof einführten. Daneben gab es die Ernsthaftigkeit der Amtsgeschäfte, die Goethe nicht ohne Murren übernahm, sich zum Hofmann seines Herzogs machte und sich später von den bürgerlichen Liberalen als Fürstenknecht verspotten lassen musste. Trotz seiner heimlichen Flucht nach Italien hielt ihn der Herzog in seiner Stellung und gewährte ihm bei voller Besoldung eine Art „Großurlaub". Nach Goethes Rückkehr aus Italien griff der Herzog in Goethes skandalöse Beziehung zu Christiane Vulpius nicht ein, obwohl der Hof Maßnahmen gegen die Sittenverlotterung bei Goethes forderte. Auch das nicht so schmeichelhafte Bild des Fürsten, wie es Goethe in seinem Hofdrama *Torquato Tasso* gemalt hatte, nahm der Großherzog offensichtlich nicht übel. Wenn König Ludwig I. von Bayern zu Goethe, nicht zu Carl August kam, ausländische Gäste nach Weimar wegen Goethe, nicht wegen Carl August reisten, wenn der Frankfurter Bundestag Goethe *als einzigem* Schriftsteller ein Privileg gegen den Nachdruck verlieh, wenn Carl August zu Goethe zu Besuch kam, nicht umgekehrt, wie es den höfischen Regeln entsprach, dann zeigte sich darin, dass der Fürst die Rolle seines Dichter*fürsten* anerkannte.

### 3.3.2 Die Frauen

Neben der Herzogin-Mutter Anna Amalia spielten die Frauen am Weimarer Hof eine größere Rolle als anderenorts. In die schöne Schauspielerin Corona Schröter (1751–1802), die Goethe nach Weimarer verpflichtete und die auf dem Liebhabertheater

*Kupferstich in Erinnerung an die legendäre Aufführung von Goethes Iphigenie 1779, bei der der Dichter neben Corona Schröter selbst den Orest spielte.*

die erste Iphigenie, Goethe selbst den Orest spielte, verliebten sich Dichter und Herzog gleichzeitig.

In der kleinen buckligen Louise von Göchhausen (1752–1807) erwuchs Goethe eine kunstsinnige und verständnisvolle Freundin.

Das Fräulein begleitete Anna Amalia auf ihrer Italienreise und hielt Goethe nicht nur über den Hofklatsch brieflich auf dem laufenden. In ihrem Nachlass entdeckte man 1886 die einzige Abschrift des *Urfaust*.

Charlotte von Kalb (1761–1843), geborene Marschalk von Ostheim, hatte früh ihre Eltern verloren und war in eine unglückliche Ehe geraten. Sie lernte Schiller 1784 in Mannheim kennen.

Ob die schwärmerische Seelenfreundschaft zwischen beiden mehr war, wie Schillers Gedichte *Freigeisterei der Leidenschaft* und *Resignation* vermuten lassen, mag dahingestellt bleiben. Seit 1787 in Weimar, war Charlotte von Kalb nicht nur geistige Anregerin und kluge Kritikerin in Gesprächen und Briefen.

*Luise von Göchhausen, schreibend, von Goethe um 1776 selbst gezeichnet.*

> **Zitat**
>
> Dadurch daß ich mit Schiller öfter über die weiblichen Charaktere in den Räubern und Fiesco sprach, ihm auch nicht vorenthielt, in welcher Hinsicht ich meiner Meinung nach, diesen und jenen Zug für verfehlt halte, mag ich einigen Einfluß auf die Charakterzeichnung im Don Carlos gehabt haben.

*aus den Erinnerungen von Charlotte von Kalb, überliefert durch Friedrich Christoph Förster.*

Noch im Alter versuchte sie sich als Übersetzerin. Vieles wie ihr Roman *Cornelia* blieb ungedruckt. Erst durch Schillers Heirat mit Charlotte von Lengefeld 1790 lockerte sich die Beziehung. Auf Schillers Empfehlung hin kam Hölderlin 1994 als Hauslehrer für ihren Sohn Fritz ins Haus. Seit 1796 nahm sie Kontakt zu Jean Paul auf, den sie schwärmerisch verehrte und der sie als Linda, die „Titanide" in seinem Roman *Titan* porträtierte.

Charlotte Ernestine Albertine Freifrau von Stein (1742–1827), die Ehefrau des herzoglichen Oberhofmeisters, erfüllte für Goethes Existenz in Weimar mehrere Funktionen.

*Charlotte von Stein*

*Goethe zeichnete Charlotte von Stein 1777 mit schwarzer Kreide im Profil und kommentierte es für Lavaters Physiognomik so: „Nachgiebige Festigkeit. Wohlwollen, Treubleibend, siegt mit Nezzen".*

Als ein paar Jahre ältere, im höfischen Umgang gewandte Dame war sie zunächst Goethes Ratgeberin, doch bald schon die Verehrte und Geliebte, zuletzt vor seiner fluchtartigen Abreise nach Italien sein Lebensmittelpunkt schlechthin. Ob Charlotte von Stein dabei mit dem jungen Genie ein erotisches Verhältnis eingegangen war oder aber dem stürmischen Drängen des jugendlichen Liebhabers widerstanden und ihn damit gleichsam erotisch erzogen und zum charakterfesten Mann geläutert hat, so die eher viktorianische Lesart des 19. Jahrhunderts, oder ihn nur hingehalten und damit ein sexuelles Problem Goethes gelöst hat, so dass das Italienerlebnis auch ein sexueller Aufbruch Goethes werden konnte, wie Kurt R. Eissler in seiner „psychoanalytischen Studie" *Goethe* (1983/85) vermutet, spielt für die Geschichte der Literatur keine große Rolle. Als Goethe nach seiner Rückkehr aus Italien sich die junge Christiane Vulpius ins Haus nahm und parallel dazu mit Charlotte von Stein den geistigen Verkehr wieder aufnehmen wollte, brach die Hofdame den Kontakt ab.

Angelika Kauffmann (1741–1807), die einzige Malerin des 18. Jahrhunderts mit internationalem Ansehen, traf Goethe in Rom.

Dort porträtierte "Miß Angel", wie Kauffmann wegen ihrer englischen Kontakte auch genannt wurde, nicht nur den Italienreisenden Goethe.

*Selbstporträt Angelika Kauffmanns, heute in der National Gallery London.*

**Zitat**

Angelika malt mich auch, daraus wird aber nichts. Es verdrießt sie sehr, daß es nicht gleichen und werden will. Es ist immer ein hübscher Bursche, aber keine Spur von mir.

*Brief Goethes an Charlotte von Stein vom 27. Juni 1787 aus Rom*

**Zitat**

Die Angelika ist lieb und hold: leider aber durch die fatale Kunst [...] auf ihrem Stamme vertrocknet. Sie ist eine Dichterin mit dem Pinsel [...]. Goethes Bild hat sie sehr zart ergriffen, zarter, als er ist; daher die ganze Welt über Unähnlichkeit schreiet, die doch aber wirklich im Bilde nicht existiert. Die zarte Seele hat ihn sich so gedacht, wie sie ihn gemalt [...]. Sie kann nicht anders und ist überhaupt eine zarte Engelsfrau oder vielmehr Jungfrau, das sie leider noch sein mag.

*Brief Herders an seine Frau vom 27. Februar 1789 aus Rom*

Auch zu seinen Dramen, etwa der *Iphigenie*, und für die Titelblätter der im Entstehen begriffenen ersten Ausgabe seiner Werke lieferte sie bekannte Illustrationen.

*Das Porträt, das Angelika Kauffmann 1787 von Goethe in Rom malte.*

Henriette Caroline Friederike Jagemann (1777–1848) stellte Goethe 1797 als Hofsängerin auf Lebenszeit mit dem Ziel ein, den Niedergang des Singtheaters in Weimar aufzuhalten.

Unter Goethes Leitung spielte sie bald die weiblichen Glanzrollen in allen klassischen Stücken. Ihre Liaison mit dem Herzog seit 1801 verschaffte ihr Einfluss auf die Gestaltung und Besetzung der Stücke. Nicht nur dadurch trübte sich das Verhältnis Goethes zum Herzog, so dass jener wiederholt die Leitung des Theaters aufgeben wollte. 1817 setzte sie durch, dass ein dressierter Pudel die Hauptrolle spielen dürfte. Goethe legte daraufhin die Theaterleitung nieder und betrat bis zu seinem Lebensende das Theater nicht mehr.

### 3.3.3 Mitarbeiter und Begleiter

#### Knebel

Klassische Bildung und abgebrochenes Jurastudium, gesuchte Nähe zu den zeitgenössischen anakreontischen Dichtern, selbst Verseschmied, dann 10 Jahre preußischer Berufsoffizier: Karl Ludwig von Knebel (1744–1834).

Als der schöngeistige Offizier mit spartanischem Vorleben 1773 seinen Abschied in Potsdam nahm, wurde er im Rang eines Hauptmanns Erzieher des zweiten Sohns der Anna Amalia, Constantin. Mit diesem zog er nach dem großen Weimarer Schlossbrand von 1774 nach Tiefurt hinüber, das er zu einer Art Kleinresidenz im Geist und Geschmack einer idyllischen Schäferkulisse ausbauen ließ.

*Knebel: Erzieher und Urfreund*

Die Europatour seines Zöglings und dessen älteren Bruders Carl August seit Oktober 1774 führte auch nach Frankfurt zum Bestsellerautor Goethe. Aus dem Besuch aus Neugier wurde eine lebenslange Verbindung. Als Goethes Urfreund, dem Weimar seinen Goethe schuldet, hat Knebel seinen Platz in der Literaturgeschichte der Klassik. In der berühmten, Theaterillusion und Lebenswirklichkeit mischenden ersten Weimarer *Iphigenie*-Aufführung spielte er, neben Corona Schröter als Iphigenie, dem Prinzen Constantin oder gar Carl August selbst als Pylades und Goethe als Orest, einen höchst achtbaren Thoas. Als „Goethes Affe und Pajazzo" beschrieben missgünstige Beobachter Knebel gehässig. Von seinem Nebenhof in Tiefurt aus spielte Knebel für den Weimarer Hofs die Rolle des verlässlichen Faktotums und getreulichen Beiträgers zum berühmten *Journal von Tiefurt*, einem handschriftlich verbreitetes Gemeinschaftswerk der galanten Weimarer Schäferkultur.

*Karl Ludwig von Knebel in einer Lithographie von C. F. Müller.*

Als 1780 eine Entfremdung zu seinem Zögling eintrat, zog sich Knebel ins heimatliche Franken zurück und beobachtete, immer in brieflichem Kontakt, das Weimarer Treiben aus der Ferne, während Anna Amalia jetzt Schloss und Park Tiefurt zu ihrer Sommerresidenz erwählt hatte. Als Frühpensionär ohne Amt lebte Knebel seit 1781 in Jena, griesgrämig, untätig, zurückgezogen, jedoch durch Besuche Goethes aufgemuntert und (gegenseitig) angeregt. „Bey Knebeln ist recht gut seyn", schrieb Goethe nicht nur am 8. März 1785 an Charlotte von Stein. Knebels kritischer Widerspruchsgeist fand Gehör bei Herder, der sich ebenso gering geschätzt fühlte und sich mit dem Freund, ein „lieber weiser Grämling", in Unzufriedenheit austauschen konnte. Aus seiner Zustimmung zu den Grundideen der Französischen Revolution, aus seiner Forderung nach der fälligen Neuinterpretation des Herrschaftsvertrags und aus seinen Zweifeln an der zukünftigen Gültigkeit des fürstlichen Absolutismus machte Knebel auch in Anwesenheit des Großherzogs kein Hehl.

*Knebels Entfremdung*

*Knebel vor Herzog Carl August nach: Böttiger, Literarische Zustände und Zeitgenossen, 1838*

### Zitat

Die Fürsten erhielten ihre Hochschätzung zuerst, weil sie die stärksten und klügsten im Volke waren. Diese Hochschätzung ist erblich unter der Voraussetzung geworden, daß der Nachkomme des Fürsten den Wechsel richtig bezahlen werde, den sein Vorahne auf ihn zog.

Ein so offenes Wort konnte sich Knebel erlauben, weil ihm der Herzog zu Dankbarkeit verpflichtet war. Denn Knebel heiratete 1798 die vom Herzog geschwängerte Hofdame und Sängerin Luise Rudorf und gründete mit ihr und dem Kind einen Hausstand in Ilmenau.

*Knebels Übersetzungen*

Literarischen Einfluss auf die klassische Literatur gewann Knebel durch seine Übersetzungen griechischer und lateinischer Dichtung. Besonders Properz und Lukrez, bei denen er auch seine eigenen Naturvorstellungen wiederfand, hatten es ihm angetan. Sein Übersetzungswerk erschien erst 1821.

### Merck

*Medaillon Mercks aus Lavaters* Physiognomischen Fragmenten *von 1775.*

Johann Heinrich Merck (1741–1791), der Sohn eines Apothekers, studierte in Gießen, Erlangen und an der Malerakademie Dresden, wurde Reisebegleiter, dann 1767 Beamter am Darmstädter Hof und trug seit 1774 den Titel Kriegsrat. Durch persönliche Schicksalsschläge getroffen und verzweifelt über die deutschen Verhältnisse – er hatte die Französische Revolution begeistert begrüßt – beging er Selbstmord.

*Merck und Goethe*

Für die Literaturgeschichte hat Merck als Freund und Förderer des jungen Goethe Bedeutung, den er in den Darmstädter → Sturm-und-Drang-Kreis einführte und mit dem er seit 1772 nach dem Vorbild von Lessings Rezensierstil die *Frankfurter Gelehrten Anzeigen* herausgab. In diesem richtungsweisenden

Rezensionsorgan des Sturm und Drang fanden sich Goethe und Herder zusammen, ohne noch persönlichen Kontakt zu haben. Später gehörte Merck zu den wichtigsten Mitarbeitern an Friedrich Nicolais *Allgemeiner Deutscher Bibliothek* und an Wielands *Teutschem Merkur*. Seine Fabeln und kleinen Romane wie *Geschichte des Herrn Oheims* (1778) oder *Lindor, eine bürgerlich-deutsche Geschichte* (1781) sind heute vergessen, nicht jedoch seine Bedeutung als Orientierungsfigur des jungen Goethe. Angeblich soll Merck das Vorbild für die Figur des Mephistopheles im *Faust* abgegeben haben. Und nur mündlich belegt ist Mercks Kommentar nach der Lektüre des *Werther*, der Goethe fast dazu gebracht haben soll, das Manuskript ins Feuer zu werfen: „Nun ja, es ist ganz hübsch."

**Böttiger**

Böttiger, wie ihn der Bildhauer Ernst Rietschel in einer undatierten Gipsbüste darstellte.

Karl August Böttiger (1760–1835), der nach dem Besuch der berühmten Fürstenschule Schulpforta klassische Philologie und Theologie in Leipzig studiert hatte, war sehr aktiv in der Freimaurerbewegung. Nach zwei Hofmeisterstellen wurde er 1784 Rektor des Gubener Lyzeums, 1790 Rektor in Bautzen; er kam 1791 durch die Vermittlung Herders nach Weimar, wo er zunächst Direktor des dortigen Gymnasiums und ab 1804 Oberkonsistorialrat und Hofrat (4. Klasse) war. Diese äußeren Lebensdaten oder seine profunden Kenntnisse des Altertums allein machten Böttiger noch wenig interessant, hätte er nicht nur als Zeitgenosse, sondern auch als genauer Beobachter, Mitarbeiter und bissiger Kritiker, als anstößiger Journalist und dauerhafter und heimlicher Aufzeichner des Weimarer Tratsches seinen Mitanteil an der Überlieferung des Bildes der Weimarer Klassik.

*Böttiger in Weimar*

Für den *Neuen Deutschen Merkur* und das *Journal des Luxus und der Moden* gaben seit 1794 Wieland und seit 1797 Bertuch nur noch ihre Namen her; der eigentliche Herausgeber war Böttiger. Da er mit allen Größen Weimars bekannt und befreundet war, in ihren Häusern ein- und ausging, enthalten seine Aufzeichnungen, die erst 1838 verstümmelt und geschönt publiziert wurden, viele Schattenseiten, persönliche Details und Hintergrundinformationen über Goethe, Schiller und Herder, Wieland und Voß, über die Verleger Bertuch und Göschen, Madame de Staël und den Maler Tischbein. Daher löste seine Person heftige Kontroversen und Aversionen aus. Goethe etwa fühlte sich am 30. Juli 1804 „wie im Himmel", als „der Böttigersche Kobold weggebannt" war und Böttiger nach Dresden ging. Wer wollte schon Szenen wie diese als „Weimarsches Geniewesen" lesen?

### Zitat

*Böttiger, Literarische Zustände und Zeitgenossen, 1838*

Einmal (bei Bertuchs Schwiegervater) machte man Einsiedeln, der gerne lange im Bett liegen blieb, aus geriebenen u. eingerührten Pfefferkuchen eine Sauce unter den Hintern ins Bettuch, weckte ihn nun, u. schrie auf ihn, als einen Bettverunreiniger, los. Er sprang auf, zog das besudelte Hemde aus, und verfolgte damit neckend alle Leute im Hause. *Göthe* warf unterdessen das Bettuch durch ein Loch in die Unterstube, u. brüllte: *seht die Sau!*

## Humboldt und andere

Während sein jüngerer Bruder Alexander (1769–1859) als Naturforscher durch die Welt reiste, war Wilhelm von Humboldt (1767–1835) ein bewährter Weggefährte der Klassiker in Fragen der Theorie. Als Vermittler zwischen Goethe und Schiller trat er auf, wenn es Differenzen gab.

Noch mehr als Goethe war Humboldt Weltmann und Diplomat und schwankte lebenslang zwischen der politischen und der gelehrten Tätigkeit. Als Botschafter in Paris, Rom, Wien, London und Berlin sorgte er für die europaweite Verbreitung des klassischen Gedankenguts. Er verfasste Aufsätze für Schillers *Horen*, führte Briefwechsel mit den Größen seiner Zeit und war als Übersetzer tätig.

*Wilhelm von Humboldt*

Aus den Erfahrungen der Französischen Revolution brachte er sich ganz in die Stein-Hardenbergschen Reformen ein. Als preußischer Kultusminister seit 1809 setzte er die Gründung der Berliner Universität 1810 durch. Vor allem aber bemühte er sich um ein übergreifendes Schulkonzept im Sinne des klassischen Bildungsbegriffs.

*Wilhelm von Humboldt als Staatsmann auf der Höhe seines politischen Einflusses.*

Aus der Idee, die Universalbildung über jede konkrete Berufsausbildung zu stellen, wurde jedoch bald Bildungsideologie. Die Einführung des humanistischen Gymnasiums (→ 2.1.4), das sich fast ausschließlich der Vermittlung der alten Sprachen widmete, legte den Grundstein für eine breite Basis „klassischer Bildung". Gerade die fehlende berufliche oder praktische Nutzbarkeit der Lehrinhalte sollte die universelle Bildung der zukünftigen Staatsdiener garantieren. Es wirkt wie eine Ironie der Geschichte, dass Humboldts ursprünglich stark staatskritisches Konzept später für die Ausbildung der Staatsdiener herangezogen werden sollte. Auch der mit Humboldt befreundete Friedrich Schiller hatte diesen Bildungsimpetus in seiner Schrift *Die Schaubühne als eine moralische Anstalt betrachtet* (1784) aufgegriffen und das zeitgenössische Theater einem hehren Erziehungsauftrag unterstellt. In *Über die ästhetische Erziehung des Menschen* (1795) weitete er solche Ansätze ganz im Geist dieses Neuhumanismus noch weiter aus. Das politische Ziel war hier wie dort, die Untertanen zu politisch mündigen Bürgern zu erziehen.

*klassische Bildung und humanistisches Gymnasium*

### Zitat

Der wahre Zweck des Menschen [...] ist die höchste und proportionierlichste Bildung seiner Kräfte zu einem Ganzen. Zu dieser Bildung ist Freiheit die erste und unerläßlichste Bedingung.

*Wilhelm von Humboldt, Ideen zu einem Versuch die Grenzen der Wirksamkeit des Staats zu bestimmen, 1792*

Friedrich Immanuel Niethammer (1766–1848) mag stellvertretend für eine Richtung dieses Umfelds stehen, das den ‚Geist' der Klassik aufsaugte, verformte, mit weiteren Inhalten anreicherte und weit verbreitete. Nach theologischen Studien in Tübingen, wo er der Mentor Hölderlins war, kam Niethammer 1790 nach Jena, wo er 1793 zuerst eine Professur an der philosophischen Fakultät erhielt. Seine Fähigkeit, Kants Philosophie und den Idea-

*Niethammer*

lismus allgemeinverständlich darzustellen, verschaffte ihm die Bekanntschaft von Goethe und Schiller, von Fichte, Schelling und Humboldt. Mit Goethe plante er sogar die Herausgabe eines Lesebuchs, Schiller schrieb Vorreden zu Niethammers Büchern. Ein größeres Forum schuf er sich in dem von ihm 1795–1798 herausgegebenen *Philosophischen Journal einer Gesellschaft deutscher Gelehrten*. Mit seinem Ruf 1804 an die Universität Würzburg, wohin aus Jena schon Schelling, Paulus und Hufeland gegangen waren, übernahm Niethammer Zug für Zug die Umorganisation des bayerischen Schulwesens im Geist des Humboldtschen Neuhumanismus, wie er ihn verstand. Diese bayerische Spielart des Neuhumanismus verschärfte das ursprünglich integrierende, nicht elitäre Schulsystem Humboldts in Richtung auf eine strikte Trennung nach sozialen Gruppen, so dass an die Stelle der bisherigen ständischen Schranken nun solche der Bildung traten. Im Unterschied zum Berliner Modell Humboldts zeichnete sich das bayerische durch einen ausgeprägten Protestantismus (im katholischen Altbayern) und durch ein kämpferisches Vorgehen gegen die sogenannten →„Realisten" aus, die den aufgeklärten Gedanken einer Reformpädagogik anhingen. Niethammer dokumentierte dies in seiner Kampfschrift *Der Streit des Philanthropismus und Humanismus in der Theorie des Erziehungs-Unterrichts unserer Zeit* (1808) und in seiner praktischen Tätigkeit als Zentralschulrat (1807), Oberkirchenrat (1808) und Oberkonsistorialrat (1818). In den von ihm vorgelegten Lehrplänen für die höheren Schulen, etwa im *Allgemeinen Normativ* von 1808, verankerte er im Deutschunterricht neben fast-zeitgenössischen Autoren wie Haller, Voß und Klopstock den Grundstock des bis heute gültigen Klassiker-Kanons: „In der Oberklasse a. Dramatische Poesie Leßings, Göthe's, Schillers Werke; b. Prosaiker: Winkelmanns Werke".

*Realisten und Humanisten*

Mit dieser Spielart des Neuhumanismus und weiteren Berufungen wie derjenigen des sächsischen Altphilologen Friedrich Thiersch nach München übertrug sich eine merkwürdige Ausprägung der Antikenverehrung nach Bayern, wo sie im Kronprinzen (und ab 1825 König) Ludwig I. noch weiter verengt rezipiert, im antikisierenden Goethekult idealisiert und im → Philhellenismus Ludwigs politisch instrumentalisiert wurde (vgl. Kap. 4.2).

### „Kunst-Meyer"

Den zum Künstler ausgebildeten Schweizer Kaufmannssohn Johann Heinrich Meyer (1760–1832) lernte Goethe in Rom kennen. Goethe schätzte ihn wegen seiner Kunstkenntnisse und konsultierte ihn als Berater bei Kunstkäufen. 1791 folgte Meyer der Einladung Goethes und zog als dessen Hausgenosse am Frauenplan ein.

Zwischen beiden entwickelte sich eine über vier Jahrzehnte hin ungetrübte Arbeitsgemeinschaft und Freundschaft. In Weimar wurde Meyer 1795 Lehrer an der Zeichenschule, 1802 deren Leiter. Daneben leitete er den klassizistischen Umbau des Goethehauses, lieferte anfangs noch eigene Bilder und dekorative Malerei bei der Ausgestaltung des Weimarer Schlosses. Er machte mit und für Goethe Kunstreisen und beförderte dessen Kunstsammlungen, die Teil seines Kunstprogramms waren. Erst nach seiner Verheiratung 1803 zog Meyer bei Goethe aus und siedelte nach Jena über.  *Meyer bei Goethe*

Als Herausgeber der im Geist des Klassizismus programmatisch gemeinten Zeitschriften *Die Propyläen* (1798–1800) und *Über Kunst und Altertum* (1816–1832) gemeinsam mit Goethe, durch die von den beiden „Weimarischen Kunstfreunden" zwischen 1799 und 1805 gestellten künstlerischen Preisaufgaben, durch vielfältige Rezensionen, gelegentlich auch als Goethes ghostwriter wie in *Winckelmann und sein Jahrhundert* (1805) oder bei der *Geschichte der Farbenlehre* hatte Meyer erheblichen Anteil an der Verbreitung und Durchsetzung der normativ gemeinten klassischen Kunstideale. *Mesers Leistungen*

Größere eigene Arbeiten waren die *Geschichte der bildenden Künste bei den Griechen und Römern* (1824–1836) und die erst 1974 aus dem Nachlass veröffentlichte *Geschichte der Kunst*. In dem Manifest *Neudeutsche religiös-patriotische Kunst* (1817) begann er als Sprachrohr Goethes heftige Angriffe auf die romantische Kunstauffassung, speziell auf die Malerschule der Nazarener und – in Anspielung auf die bekannten Werke der Romantiker Wackenroder und Tieck (→3.8) – auf das „klosterbrudrisirende, sternbaldisirende Unwesen", das sie seiner Ansicht nach trieben. Letztlich scheiterten Meyers (und Goethes) Bemühungen zur Durchsetzung klassizistischer Normen an der Weigerung der jungen, romantischen Künstlergeneration, den Vorbildern der Antike uneingeschränkt nachzufolgen. Die Verspottung Meyers als unorigineller Epigone, als „Goethe-Meyer" oder wegen seines alemannischen Idioms als „Kunscht-Meyer" verkennt sowohl seine Leistungen für die Rezeption und Würdigung klassischer Kunst als auch seinen persönlichen Beitrag im Umgang mit Goethe.

**Nachruhm zu Lebzeiten: Eckermann**

Goethes Sekretäre waren immer schon mehr als bloße „Schreiber", etwa Christian Georg Carl Vogel 1782–1786 oder Johann August Friedrich John, der von 1814 bis zu Goethes Tod als Sekretär Dienst tat.

*Das Gemälde von Johann Joseph Schmeller zeigt Goethe im Arbeitszimmer, seinem Schreiber John diktierend.*

Da Goethe wenig schrieb und viel diktierte oder erzählte, kam den aufschreibenden und festhaltenden Dokumentatoren eine wichtige Funktion bei der Erinnerungsspeicherung für die Nachwelt und die Legendenbildung zu. Schon Friedrich Ludwig Riemer (1774–1845) war von 1803–1812 nicht nur Goethes Sekretär. Als Altphilologe und Theologe wurde er zunächst geschätzter Gesprächspartner, sogar Goethes Trauzeuge und Berater in metrischen, rhetorischen und stilistischen Fragen. Für Goethe verfasste er Bearbeitungen, Überarbeitungen und eigene Beiträge bis hin zur namentlich nicht gezeichneten Zusammenarbeit. Selbst als Riemer seine Tätigkeit beendete, aus Goethes Haus auszog und Professor am Weimarer Gymnasium, dann Oberbibliothekar wurde, blieb die Verbindung aufrecht. Goethe bestellte ihn testamentarisch zu einem seiner beiden Nachlassverwalter und zum Herausgeber seines Briefwechsels mit Zelter.

*Goethes Sekretäre*

Mit Johann Peter Eckermann (1792–1854) gewann Goethe einen Sekretär, der in noch engerem Sinn Vertrauter, Gesprächspartner, Gesellschafter und Mitarbeiter wurde.

Eckermann stammte aus ärmlichen Verhältnissen und hatte sich autodidaktisch gebildet, bis zum Studium in Göttingen emporgearbeitet und sich nach abenteuerlichem Leben der Literatur verschrieben. 1821 veröffentlichte er erste *Gedichte*, die er dem von ihm bewunderten Goethe zusandte. Goethe, in einer Lebensphase des Sammelns und Ordnens, bediente sich des einfühlsamen, zutraulichen und verlässlichen Eckermann bald als Redaktor seiner Papiere zur Vorbereitung der *Ausgabe letzter Hand*. Von 1823 bis zu Goethes Tod 1832 orientierte Eckermann sein gesamtes Leben auf Goethe hin. Jetzt wurde er der „geprüfte Haus- und Seelenfreund", wie ihn Goethe in einem Brief vom 26. September 1830 an Willemer nannte. Seinen „getreuen Eckart", so Goethe am 14. Dezember 1830 an Zelter, benutzte er als ständigen Mitarbeiter, als Gesprächspartner, als Ansporner zum Abschluss unvollendeter Werke wie der *Wanderjahre* oder *Faust II*. Eckermann diente in selbstloser Aufopferung. Goethe bestimmte ihn zusammen mit Riemer zum Nachlassverwalter. Bezahlt wurde Eckermann nicht; Goethe verschaffte ihm zwar ein Ehrendoktorat, jedoch keine besoldete Stelle.

*Eckermanns Leben*

Eckermanns literaturgeschichtlich bleibende Leistung ist die Veröffentlichung der von Goethe autorisierten *Gespräche mit Goethe in den letzten Jahren seines Lebens 1823–1832* (1836). Eckermann schuf damit einen ganz neuen Texttyp. Aus dem Gedächtnis rekonstruiert und daher stilisiert, jedoch mit dem Anspruch der Aura des Authentischen wurden Erinnerungen, banale Alltagsäußerungen und tiefgründige Weisheiten durchmischt. In der durchaus spürbaren literarischer Gestaltung Eckermanns sollten sie ein verklärtes und verklärendes Bild Goethes der Nachwelt überliefern. Eckermann strebte daher keine protokollarische Fixierung an, sondern ein in sich ruhendes Kunstwerk, so dass es heute schwer ist, zwischen Goethes und Eckermanns Worten zu unterscheiden.

*Eckermanns Beitrag zur Literaturgeschichte*

**Zitat**

Wir saßen lange beisammen, in ruhiger liebevoller Stimmung. Ich drückte seine Knie, ich vergaß das Reden über seinem Anblick, ich konnte mich an ihm nicht satt sehen. Das Gesicht so kräftig und braun und voller Falten und jede Falte voller Ausdruck. Und in Allem solche Biederkeit und Festigkeit und solche Ruhe und Größe! Er sprach langsam und bequem, so wie man sich wohl einen bejahrten Monarchen denkt wenn er redet. Man sah ihm an, daß er in sich selber ruhet und über Lob und Tadel erhaben ist. Es

*Goethe im Gespräch mit Eckermann am 10. Juni 1823*

war mir bei ihm unbeschreiblich wohl; ich fühlte mich beruhigt, so wie es jemandem sein mag, der nach vieler Mühe und langem Hoffen endlich seine liebsten Wünsche befriedigt sieht.

Das historische Urteil über Eckermann ist gespalten. Während Heinrich Heine sich in seinen *Reisebildern* über Eckermann als Papagei Goethes lustig machte, bezeichnete Nietzsche in *Menschliches, Allzumenschliches* die *Gespräche* als das „beste deutsche Buch, das es gibt".

## 3.4 Die Klassiker

### 3.4.1 Johann Peter Hebel

**Kurzbiografie**

1760 Johann Peter Hebel als Sohn eines Webers in Basel geboren
1761 Tod des Vaters; ärmliche Verhältnisse; Besuch der Dorfschule in Hausen
1762 Besuch des Gymnasiums in Basel
1773 Tod der Mutter; Besuch des Pädagogikums in Lörrach
1774 Besuch des Gymnasiums in Karlsruhe
1778 Theologiestudium in Erlangen, durch Gönner ermöglicht
1780 Hauslehrer und Vikar in Hertingen
1783 Seminarlehrer in Lörrach, erste literarische Arbeiten
1791 Lehrer am Gymnasium Karlsruhe und Subdiakon der Hofkirche
1798 ebenda Professor der Dogmatik und der hebräischen Sprache
1808 ebenda Direktor, ab
1809 Mitglied der obersten protestantischen Schulbehörde
1819 Prälat und als solcher ab
1821 im badischen Landtag; Ehrendoktor der Universität Heidelberg
1826 Tod am 22. September in Schwetzingen

Wichtigste Werke

Alemannische Gedichte (1803)
Herausgabe von Landkalendern wie *Der rheinländische Hausfreund* (1808/11; 1813/15; 1819)
Sammlungen seiner Erzählungen wie *Schatzkästlein des rheinischen Hausfreundes* (1811) und *Rheinischer Hausfreund oder Allerlei Neues an Spaß und Ernst* (1814)

## 3.4 | Die Klassiker

*Johann Peter Hebel, gezeichnet und gestochen von Fr. Müller.*

Es mag zunächst überraschen, den badischen Volksschriftsteller und alemannischen Mundartdichter unter die Klassiker zu rechnen. Die Begründung liegt nicht allein in den Lebensdaten, die Johann Peter Hebel zum Zeitgenossen der Weimarer Dioskuren erheben.

Dass die starke regionale Bindung Hebels kein Hindernis gegen Klassizität sein muss, bestätigte sogar Goethe der Literaturlandschaft des Oberrheins.

**Zitat**

in Herrn *Hebel* einen Provinzialdichter zu besitzen, der von dem eigentlichen Sinne seiner Landesart durchdrungen, von der höchsten Stufe der Cultur seine Umgebungen überschauend, das Gewebe seiner Talente gleichsam wie ein Netz auswirft, um die Eigenheiten seiner Lands- und Zeitgenossen aufzufischen und die Menge ihr selbst zur Belustigung und Belehrung vorzuweisen.

*Goethe,* Über Kunst und Alterthum, 1. Heft 1816

Als Herausgeber von populären Kalendern und als Verfasser kurzer Erzählungen mit christlich-belehrender Tendenz ist Hebel der Erfinder der →Kalendergeschichte. Diese unterscheidet sich von der Anekdote weniger durch innerliterarische Merkmale als durch solche der Lesebedürfnisse und der Distribution. Der Kalender, also das Kalendarium war dabei mit praktischen Hinweisen aus dem Umfeld der Benutzer, die kleinstädtische und ländliche Bevölkerung an der Schwelle des Analphabetentums, angereichert. Dazu kamen kurze Texte zur Unterhaltung, Erbauung und Wissensvermittlung. Oft endeten sie mit einer knappen Belehrung, einer Lebensregel oder einer Moral. Solche Kalender wurden selten über den Buchhandel, sondern über Kolporteure, übers Land reisende Buchverkäufer, vertrieben. Die Kalendergeschichte orientierte sich also sprachlich und strukturell an der geringen Lesefähigkeit und der einfachen Auffassungsgabe seiner potentiellen Benutzer, die vom normalen Buchhandel nicht

*Hebels Kalendergeschichten*

erreicht wurden. Inhaltlich musste sie sich an den Lebens- und Arbeitskreisläufen von Bauern, Dienstboten und Handwerkern ausrichten. Selten waren diese Geschichten erfunden, meist aus Sprichwörtern und Redensarten, aus Legenden, Überlieferungen oder mündlichen Erzählungen übernommen. Hebel brachte es in dieser Gattung insofern zur Meisterschaft, als er nicht nur die Gattungsvorgaben der Kalendergeschichte genau erfüllte, dadurch bei den Zeitgenossen bekannt und beliebt wurde und mit seinen Texten schon bald in die Schullesebücher vordrang. Es gelang ihm darüber hinaus sowohl die sprachliche Qualität als auch die ästhetische Komplexheit auf literarische anspruchsvolle Höhen zu steigern. Seine Kunst bestand darin, zu erzählen, ohne zu belehren oder bloß mit Sensationen aufzuwarten oder sentimental zu werden. Seine Prinzipien formulierte Hebel selbst.

**Zitat**

*Hebel, Unabgefordertes Gutachten über eine vortheilhaftere Einrichtung des Calenders, 1806*

Auch der Bauer mag gerne wissen, was außer seiner Gemarkung vorgeht, und will, wenn er unterhalten und affiziert werden soll, etwas haben, von dem er glauben kann, es sei wahr. Mit erdichteten Anekdoten und Späßen ist ihm so wenig gedient als mit ernsten Belehrungen, und wenn wir doch, wie billig, edlere Zwecke mit der Kalenderlektüre erreichen wollen, welches Vehikel wäre zu den mannigfaltigsten Belehrungen geeigneter als die Geschichte?

*Hebels Bedeutung*

Hebel gelang dabei ein ganz eigener erzählerischer Tonfall, der Hebel-Ton, der seine Kalendergeschichten unverwechselbar machte, wenn sich etwa der Erzähler als „Hausfreund" in die Erzählhandlung kommentierend einmischte. Geschichten wie die vom Zundelheiner und Zundelfrieder, *Kannitverstan* oder die berühmteste, *Unverhofftes Wiedersehen*, für den Philosophen Ernst Bloch die „schönste Geschichte der Welt", gehören mittlerweile zum Kanon der deutschen Literatur. Von Jean Paul hoch geschätzt, wurde Hebel erst im 20. Jahrhundert von Schriftstellern wie Benjamin, Canetti, Kafka und Brecht als eigenständige dichterische Kraft gewürdigt. Auch die Literaturwissenschaft hat Hebel mittlerweile entdeckt. Sie findet in seinem Umgang mit der dargestellten Geschichte entweder eine konservative Bestätigung der bestehenden Verhältnisse oder eine versteckte Sympathie mit der Französischen Revolution und ihren Auswirkungen.

## Karl Philipp Moritz  3.4.2

*Karl Philipp Moritz nach einem Kupferstich von P. Has.*

### Kurzbiografie

1757  am 15. September als Sohn armer Eltern in Hameln geboren
1763  entbehrungsreiche Jugend
1771  Gymnasium in Hannover
1776  Vergebliche Versuche, Schauspieler zu werden; Studium der Theologie in Erfurt und Wittenberg
1778  Lehrer am Philanthropinum Basedows in Dessau
1779  Freimaurer
1780  Konrektor am Grauen Kloster in Berlin; daneben Redakteur der „Vossischen Zeitung"
1782  Fußreise nach England
1786  Reise nach Italien
1788  Aufenthalt in Weimar
1789  Professor für Altertumskunde in Berlin
1791  Hofrat und Mitglied der Berliner Akademie der Wissenschaften
1793  Tod am 26. Juni in Berlin

Wichtigste Werke

Romane
   wie *Anton Reiser, ein psychologischer Roman* (1785/90) und *Andreas Hartknopf. Eine Allegorie* (1786)

Reiseberichte,
  z. B. *Reisen eines Deutschen in England* (1783) und *Reise eines Deutschen in Italien in den Jahren 1786/88* (1792/93)
Herausgeber des *Magazin zur Erfahrungsseelenkunde* (1883–1893)
Arbeiten zur deutschen Sprache und Literatur
  wie *Kleine Schriften, die deutsche Sprache betreffend* (1781), *Versuch einer deutschen Prosodie* (1786), *Vorlesungen über den Stil* (1791) oder *Grammatisches Wörterbuch der deutschen Sprache* (1893)
Ästhetische Schriften
  z. B. *Über die bildende Nachahmung des Schönen* (1788), *Götterlehre oder Mythologische Dichtung der Alten oder Romas Altertum* (1791)

*Moritz und Anton Reiser*

Seinen mühevollen Aufstieg aus ärmlichsten Verhältnissen hat Karl Philipp Moritz nicht nur bitterlich durchlitten, er hat ihn auch in seinem autobiografischen Roman *Anton Reiser, ein psychologischer Roman* (1785/90) dargestellt. Der Roman ist freilich mehr als nur die Lebensgeschichte einer menschlichen Deformation durch Zurückgesetztsein und dauernde Niederlagen. Er gilt auch als die erste moderne Seelengeschichte. Sie erzählt von einem streng pietistischen Elternhaus, in dem Unterdrückung und psychische Gewalt vorherrschten. Anton Reiser sucht sein Heil in der Flucht aus der unerträglichen Wirklichkeit; zuerst führt ihn seine übersteigerte →Einbildungskraft in die literarische Schwärmerei; dann verfällt er der →Theatromanie. In dieser Zeittendenz berührte sich Moritz' Roman mit Goethes *Wilhelm Meister*, die dem Bürger den Ausbruch aus der unbefriedigenden Ständegesellschaft in die Freiheit der personalen Selbstfindung auf der Bühne vorgaukelte. Während jedoch Goethes Titelheld diese Theaterleidenschaft nur als Zwischenstufe zur weiteren Vervollkommnung nimmt und damit den Roman zum Bildungsroman werden lässt, bleibt *Anton Reiser* im Theatermilieu stecken.

*Moritz und Goethe*

Genau an dieser Stelle gehen Moritz' Roman und sein Leben auseinander. Denn der als Schauspieler gescheiterte Autor Moritz meisterte im Unterschied zu seinem Titelhelden seine sozialen und psychischen Behinderungen. Moritz, der es in seiner kurzen Lebenszeit immerhin bis zum Hofrat brachte, fand auf einem Seitenweg zur Klassik. Sein *Versuch einer deutschen Prosodie* (1786) ermunterte Goethe, der diese Arbeit als seinen „Leitstern" empfand, zur Umarbeitung seiner *Iphigenie* in Verse. Über das Studium der antiken Schriftsteller und der klassischen Kunst entwickelte Moritz ein ästhetisches Programm, das auch Goethe und Herder beeinflusste. In manchen Bereichen, etwa in der Auseinandersetzung mit Winckelmanns Auffassung der Antike und in Anschluss an deren Kritik durch Lessing, wagte Moritz sich sogar weiter. Radikaler als alle anderen Klassiker betonte er die subjektive Leistung des Künstlers als eine schöpferische „Tatkraft". In *Über die bildende Nachahmung des Schönen* formulierte er die Prinzipien der Kunstautonomie der Klassik.

### Zitat

Moritz ist ein tiefer Denker, der seine Materie scharf anfaßt und tief heraufholt. Seine Aesthetik und Moral sind ganz aus einem Faden gesponnen; seine ganze Existenz ruht auf seinen Schönheitsgefühlen.

*Schiller an Christian Gottfried Körner vom 2. Februar 1789*

Goethes machte die Bekanntschaft von Moritz in Rom und freundete sich mit ihm an. Für beide war es die jeweils wichtigste italienische Reisebekanntschaft. Als Moritz sich bei einem Reitunfall den Arm brach, pflegte ihn Goethe 6 Wochen lang.

In Moritz und seiner Persönlichkeitsentwicklung sah Goethe die Spiegelung seines eigenen Ich, freilich in charakteristischer Verzerrung durch das unterschiedliche Herkommen der beiden.

### Zitat

Moritz der an seinem Armbruch noch im Bette liegt, erzählte mir wenn ich bey ihm war Stücke aus Seinem Leben und ich erstaunte über die Ähnlichkeit mit dem Meinigen. Er ist wie ein jüngerer Bruder von mir, von derselben Art, nur da vom Schicksal verwahrlost und beschädigt, wo ich begünstigt und vorgezogen bin. Das machte mir einen sonderbaren Rückblick in mich selbst.

*Goethe, Brief an Charlotte von Stein am 14. Dezember 1786 aus Rom*

## Christoph Martin Wieland 3.4.3

### Kurzbiografie

1733 am 5. September als Sohn eines Predigers in Oberholzheim bei Biberach geboren; der Vater erzieht den Sohn selbst
1747 Schule zu Kloster Berge bei Magdeburg; Begeisterung für Klopstock
1750 Verhältnis mit der späteren Sophie von La Roche; Studium der Rechtswissenschaft in Tübingen
1752 Reise auf Einladung Bodmers nach Zürich; Beschäftigung mit mittelalterlicher Literatur

1754 Hofmeister in Zürich, ab
1759 in Bern
1760 Senator und Kanzleiverwalter in der Stadtrepublik Biberach
1762 Bekanntschaft mit dem kurmainzischen Staatsminister Graf Friedrich von Stadion
1765 Heirat mit der Augsburger Patriziertochter Dorothea von Hillenbrandt
1769 Ruf als Professor für Philosophie nach Erfurt
1772 Ruf als Prinzenerzieher an den Weimarer Hof; Beginn der Herausgabe von „Der Teutsche Merkur"; Übersetzungen, ab
1794 Erscheinen der Gesamtausgabe letzter Hand in 42 Bänden
1797 Kauf des Gutes Oßmannstedt bei Weimar
1803 Verkauf des Gutes; Rückkehr nach Weimar
1813 Tod am 20. Januar in Weimar

Wichtigste Werke

Zahlreiche epische Dichtungen und Verserzählungen,
    z. B. *Lobgesang der Liebe* (1751), *Musarion oder Die Philosophie der Grazien* (1768), *Idris und Zenide* (1768), *Der neue Amadis* (1771), *Oberon, ein Märchenepos* (1780), *Hermann* (1782) u. v. a. m.
Romane
    wie *Der Sieg der Natur über die Schwärmerey oder Die Abentheuer des Don Sylvio vom Rosalva. Eine Geschichte, worinn alles Wunderbare natürlich zugeht* (1764), *Geschichte des Agathon* (1766/67), *Der goldene Spiegel oder Die Könige von Scheschian* (1772), *Die Abderiten* (1774; 1781), *Geheime Geschichte des Philosophen Peregrinus Proteus* (1791), *Agathodämon* (1799), *Aristipp und einige seiner Zeitgenossen* (1800/01)
Theaterstücke
    wie *Lady Johanna Gray* (1758), *Aurora* (1772), *Alceste* (1773), *Rosamund* (1778), *Pandora* (1779)
Politische, ästhetische, religiöse Schriften
Übersetzungen,
    z. B. *Shakespeares Theatralische Werke* (1762/66), *Die Episteln und Satiren des Horaz* (1782/86), *Sämtliche Werke von Lukian* (1788/89), *Die Wolken des Aristophanes* (1798), *Xenophons Gastmahl* (1802), *Euripides: Jon* (1803), *Euripides: Helena* (1805), *Die Vögel des Aristophanes* (1806), *Ciceros Briefe* (1808/21)

*Wielands Bedeutung*

Als Goethe nach Weimar berufen wurde, war Wieland schon da. Der neben Lessing und Klopstock bedeutendste deutsche Autor war bereits eine feste Größe am entstehenden Musenhof Anna Amalias und der eigentliche Anfang der Weimarer Klassik. Der

*1794 schuf der Porträtmaler Anton Graff ein bekanntes Wieland-Bildnis.*

junge Stürmer und Dränger Goethe hatte sich 1773 mit einer bissigen Satire *Götter, Helden und Wieland* bei dem berühmten Dichter und einflussreichen Herausgeber unliebsam eingeführt. Doch Wieland reagierte souverän statt beleidigt; er besprach das Stück sogar positiv in seinem *Teutschen Merkur*. Der geistreiche und urbane Wieland entwickelte schnell eine herzliche, wenn auch immer kritische Beziehung zu dem jungen Genie, das umgekehrt daran interessiert war, den eine Generation Älteren freundschaftlich zu umgarnen. Für Goethe verkörperte Wieland das Ideal der geselligen Bildung.

Begonnen hatte Wieland, der seit seinem vierten Lebensjahr unterrichtet wurde, mit acht Jahren das Lateinische völlig beherrschte und mit vierzehn die wichtigsten antiken Autoren gelesen hatte, im Spannungsfeld von Vernunft und Liebe. Die Beziehung zur späteren Sophie von La Roche prägten seine Auffassung von der „göttlichen Macht der Liebe", die Kritik des →Pietismus aus der Perspektive der materialistischen Auffassungen eines Lukrez brachten seine Vorstellungen von Christentum und Religion ins Wanken. Beides war von der Initiation zum Dichter nicht zu trennen, wie Wieland noch im Alter an Sophie von La Roche (20. Dezember 1805) schrieb: „Nichts ist wol gewisser, als daß ich, wofern uns das Schicksals nicht im Jahre 1750 zusammengebracht hätte, kein Dichter geworden wäre".

Wielands Entwicklung

*Sophie von La Roche, geb. von Guttermann (1730–1807) auf einem Kupferstich von 1787.*

Das Verhältnis zu Kirche und Religion klärte sich in seiner Züricher Zeit unter dem Einfluss Bodmers. Die anschließende praktische politische Tätigkeit in Biberach verhalf Wieland zu Erfahrungen mit der konfessionellen Zersplitterung und der spießigen Enge des Kleinstädtischen. Mit ihnen legte er den Grundstock für seine ersten bedeutenden Werke.

*Wielands Arbeiten*

Durch seine Übersetzung von 22 Dramen Shakespeares, die seit 1762 erschienen, einer „GaleerenSclaven Arbeit", wie er es nannte, machte Wieland den englischen Dichter zum ersten Mal einem breiteren Publikum in Deutschland zugänglich. Das Bedürfnis danach war groß, hatte doch die Kritik an der französisierenden Aufklärung à la Gottsched, namentlich die Schweizer Bodmer und Breitinger oder Lessing, den englischen Dichter als das Muster eines natürlichen, nicht den klassizistischen Regeln folgenden und deshalb urwüchsigen Theatergenies gefeiert.

Mit der seit 1759 konzipierten, 1766/67 erschienenen *Geschichte des Agathon* legte Wieland den Grundstein für eine zukunftsträchtige Romanart, bei der die innere Entwicklung des Titelhelden der Mittelpunkt, das Ziel und der Handlungsantrieb zugleich war: dem → Bildungsroman. Wieland eröffnete damit die problematische Geschichte des Bildungsromans gleich durch ein vielschichtiges, mehrfach überarbeitetes und 1799 schließlich in der 4. Fassung vorliegendes Buch, das er selbst als sein „Hauptwerk" bezeichnete.

Die zeitgenössische Kritik erkannte diese Leistung sogleich an. Friedrich von Blanckenburg machte in seiner maßgeblichen Abhandlung von 1774, *Versuch über den Roman*, Wielands *Agathon* zum Demonstrationsmodell dafür, wie ein moderner, den Geist der bürgerlichen Epoche vollgültig spiegelnder Roman auszusehen habe. Von nun an hatte sich auch die bislang verachtete, bespöttelte oder der Unmoral geziehene Gattung Roman durchgesetzt; der Roman galt nicht länger mehr als „Halbbruder" der Poesie. Und Wieland war der meistgelesene Schriftsteller Deutschlands.

### Zitat

*aus einem Brief Friedrich Heinrich Jacobis vom 16. Juni 1771*

Der freimütige, heuchellose Wieland, dem der Himmel zu der Leiter des Apollo auch das erhabene Wohlwollen dieses Gottes gab, ist, seiner äußeren Gestalt nach, ein zarter, hagerer Mann von mittelmäßiger Größe. Beim ersten Anblicke scheint seine Physiognomie nicht sehr bedeutend, denn seine Augen sind klein und etwas trübe, und die Menge von Blatternarben, womit seine Haut überdeckt ist, machen, daß seine Züge nicht genug hervorstechen, um sich gehörig auszeichnen zu können. Nichtsdestoweniger drückt sich in seiner ganzen Gebärde das Feuer seines Geistes und der Charakter seiner Empfindungsart auf eine außerordentliche und eigentümliche Weise aus. Wenn er stark gerührt ist, so gerät sein ganzer Körper, doch auf eine fast unmerkliche Weise, in Bewegung; seine Muskeln dehnen sich aus, seine Augen werden heller und glänzender, sein Mund öffnet sich etwas, und so bleibt er in einer Art von Erstarrung, bis er einige Worte ausgesprochen oder einem Freunde die Hand gedrückt hat.

Mit dem Weg über die Zwischenstation Erfurt, während der zahlreiche Verserzählungen, Rezensionen, Abhandlungen und zwei Romane entstanden, unter anderem der Fürstenspiegel *Der goldene Spiegel*, in dem er einen Idealstaat aus dem aufgeklärten Absolutismus entwickelte und von dessen Wirkung er sich (vergeblich) eine Position im kaiserlichen (und katholischen) Wien hoffte, folgte Wieland im September 1772 dem Ruf als Prinzenerzieher ins Herzogtum Weimar. Seine zeitlich sehr reduzierte Erziehungsarbeit betrieb er nach eigener Einschätzung mit Ehrgeiz.

*Wieland in Weimar*

### Zitat

Ich habe das Vergnügen gehabt, in der Hoffnung bestätigt zu werden, welche ich mir von unserem jungen Fürsten mache. Wenn der Himmel ihn und ein paar gute Freunde, die er ja hat, leben läßt, so sollen Sie in sechs Jahren a dato einen kleinen Hof sehen, der verdienen soll, daß man von den Enden der Welt komme, ihn zu sehen.

*Brief Wielands an Friedrich Heinrich Jacobi vom 4. Dezember 1772*

Anna Amalia, die Wieland dafür angestellt hatte, sah dies allerdings ganz anders.

### Zitat

Er ist ein Mann von gefühlvollem Herzen und ehrenwerter Gesinnung, aber ein schwacher Enthusiast, viel Eitelkeit und Eigenliebe; ich erkenne leider zu spät, daß er nicht gemacht ist für die Stellung, in der er sich befindet; er ist zu schwärmerisch für die jungen Leute, zu schwach, um ihnen die Spitze zu bieten, und zu unvorsichtig, in seiner Lebhaftigkeit hat er das Herz auf der Zunge; wenn er sich verfehlt, so ist das mehr aus Schwachheit als aus bösem

*Anna Amalia an ihren Minister Fritsch*

Willen; so sehr er durch seine Schriften gezeigt hat, daß er das menschliche Herz im allgemeinen kennt, so wenig kennt er das einzelne Herz und die Individuen; er hört zu sehr auf Schmeichler und überläßt sich ihnen; daher stammt die große Freundschaft zwischen ihm und dem Grafen Görtz, der ihm in der unerhörtesten Weise schmeichelt; Wieland von seiner Seite schmeichelt wieder dem Grafen, und beide vereinigt schmeicheln meinem Sohne – so daß nicht als Schmeichelei oben bei meinen Kindern herrscht.

*Wieland als Erzieher*

Als seine Tätigkeit mit der Volljährigkeit Carl Augusts erlosch, konnte Wieland mit einer Rente von 1000 Talern im Jahr als freier Schriftsteller leben. Ab 1772 galt sein Hauptinteresse der Herausgabe des *Teutschen Merkur*, den Wieland von Anfang an nicht als rein literarisches Organ betrachtete, sondern mit ihm das gesamte Spektrum der Kultur abdecken wollte. In seinen Anschauungen, so hat die literaturwissenschaftliche Forschung herausgestellt, hatte Wieland klassische Positionen eingenommen, als Schiller und Goethe sich noch als Stürmer und Dränger gebärdeten. So hat Wieland schon Fragestellungen formuliert, die später das klassische Entwicklungs- und Erziehungsmodell ausmachten (→ Grazie; → Humanitätsidee).

**Zitat**

*Wieland, Beiträge zur geheimen Geschichte des menschlichen Verstandes und Herzens, 1770*

Der Mensch, so wie er der plastischen Hand der Natur entschlüpft, ist beinahe nichts als Fähigkeit. Er muß sich selbst entwickeln, sich selber ausbilden, sich selbst diese letzte Politur geben, welche Glanz und Grazie über ihn ausgießt – kurz, der Mensch muß gewissermaßen sein eigener zweiter Schöpfer sein.

Schiller, der gerade die Eischale des → Sturm und Drang abstreifte, beschwerte sich 1787 bei seinem Freund Körner, dass Wieland seine jugendlich-aufbegehrenden Arbeiten schon mit den Augen des Klassikers abschätzte.

**Zitat**

*Schiller in einem Brief an Körner vom 28. Juli 1787*

Mit meinen bisherigen Produktionen (den *Karlos* soll er erst lesen) ist er übel zufrieden [...] ich habe, sagte er, eine starke Zeichnung, große und weitläufige Kompositionen, ein lebhaftes Kolorit, aber nicht Korrektion, Reinheit, Geschmack. Delikatesse und Feinheit vermißt er auch in meinen Produktionen.

Der satirische Roman *Die Abderiten* geht auf Erfahrungen Wielands mit dem Biberacher Spießbürgertum zurück. Abdera ist ein in die Antike versetztes Schilda, dessen Bürger sich allen ihren Nachbarn überlegen dünken und daher die lächerlichsten Possen treiben. Hinter der Satire auf Intoleranz und Borniertheit steckte freilich auch die Kehrseite, die Sehnsucht nach einem vollkommenen Gemeinwesen. Durch die bei Wieland sehr häufige Verlegung der Handlung in ferne Zonen und Zeiten erreichte der Roman Zeitlosigkeit und Gleichzeitigkeit zugleich, und damit Allgemeingültigkeit. In der Tradition der Narrensatire spielte der Roman mit der Spannung zwischen freier erzählerischer Fiktion und der Nachprüfbarkeit an der Realität.

*Abderiten*

**Zitat**

Je närrischer ich sie mache, dacht' ich, je weniger habe ich zu besorgen, daß man die Abderiten für eine Satire halten und Anwendungen davon auf Leute machen wird, die ich doch wohl nicht gemeint haben kann, da mir ihr Dasein nicht einmal bekannt ist. – Aber ich irrte sehr, indem ich so schloß. Der Erfolg bewies, daß ich unschuldigerweise Abbildungen gemacht habe, da ich nur Phantasien zu malen glaubte.

Wieland, Schlüssel zur Abderitengeschichte, 1781

Mit *Oberon* (1780), den er sieben Mal überarbeitete (letzte Fassung 1792), schuf Wieland nicht nur die umfangreichste seiner Verserzählungen; in der Strophenform der Ottaverime gelang ihm auch die kunstvollste. Darin verknüpfe er den aus Shakespeares *Sommernachtstraum* bekannten, jedoch viel älteren Märchenstoff um das Elfenkönigspaar Oberon und Titania mit durchaus Gegenwärtigem.

*Oberon*

Darf man bei Wielands *Oberon* nicht nur eine zeitliche Nachbarschaft zu Goethes *Iphigenie* sehen, sondern auch eine solche der Auseinandersetzung mit Erfahrungen des Weimarer Hofes? In beiden Werken siegt jedenfalls edles Menschentum über tugendfeindliche Anfechtungen, bei Wieland sogar noch geläutert durch die Liebe. Mit der gegensätzlichen Parteinahme Oberons und Titanias in der Ehebruchsgeschichte von Gangolf und Rosette parodiert Wieland Ritterethos und →Empfindsamkeit; dem setzt er die Bewährung und Läuterung des Elfenpaars gegenüber. Immer aber geht es um eine Entmythologisierung des traditionellen Epos, eine Art Umfunktionieren des aus der Antike Überlieferten. Die mythologischen Figuren werden, auch das ist klassisches Prinzip, zu Sinnbildern der Kunst. Menschlichkeit geschieht nicht mehr durch Gott, sondern durch die Menschen selbst. Nach der Lektüre des *Oberon* hat Goethe Wieland einen Lorbeerkranz geschickt.

> **Zitat**
>
> *Brief Goethes an Lavater vom 3. Juli 1780*
>
> Oberon wird, solange Poesie Poesie, Gold Gold und Kristall Kristall bleiben wird, als ein Meisterstück poetischer Kunst geliebt und bewundert werden.

Als sich 1794 mit dem Erscheinen der *Sämtlichen Werke* bei Göschen – es gab verschiedene Ausgaben und Preislagen – auch der finanzielle Erfolg einstellte, stand Wieland auf der Höhe seines dichterischen Ruhms. Zugleich hatte er ihn aber schon überschritten. Der Kauf des Gutes Oßmannstedt band nun Wielands Interesse stärker als die Literatur, die zeitaufwändigen Zeitschriftenprojekte wurden (in seinem Namen) von anderen übernommen. Der Tod seiner Frau 1801, derjenige Herders 1803 und Schillers 1805, der von Sophie von La Roche und der Herzogin Anna Amalia 1807 und sogar eigener Kinder überschatteten Wielands Leben, das noch einmal durch eine denkwürdige Unterredung 1808 mit dem gefürchteten und zugleich bewunderten Weltherrscher Napoleon ein Glanzlicht erhielt.

*Wielands Ruhm*

Doch immer mehr fühlte sich Wieland, erst recht nach der Auflösung des alten Reichs (1806), als Vertreter einer absterbenden Zeit. Diese Empfindung war auch das Band seiner Altersfreundschaft mit Herder. Durch Goethes Bündnis mit Schiller war er längst an den Rand des Weimarer Literaturbetriebs geschoben. Die Romantiker polemisierten gegen ihn als typischen Vertreter der Spätaufklärung.

*Farbradierung von Johann Baptist Hössel nach einem Gemälde von Hans Veit. Friedrich Schnorr von Carolsfeld hielt die denkwürdige Begegnung Wielands mit Napoleon am 6. Oktober 1808 im Weimarer Schloss fest.*

Wenige Monate vor seinem Tod hielt Wieland noch eine Rede, die seine idealen Auffassungen und den utopischen Geist einer Klassik, wie er sie verstand, zusammenfasste.

### Zitat

Besteht das wahre Leben in dem, weswegen es den Namen eines Traums verdient? Oder nicht vielmehr in wohlgeordneter, und, soviel möglich, ununterbrochener Übung und Anwendung der edelsten Kräfte unseres Geistes und der schönsten Gesinnungen und Gefühle unseres Herzens, wodurch beide eine unverwandte Richtung auf die Beförderung des Guten außer uns, das ist auf solche Kraftäußerungen (von welcher Art sie auch sein mögen) erhalten, welche als Bestandteil des allgemeinen Wohls und der allseitigen Ausbildung und Vervollkommnung der Menschheit anzusehen sind? Lebt nicht jeder edelgesinnte Mensch weniger für sich selbst als für alle?

*Wieland, Über das Fortleben im Andenken der Nachwelt, 1813*

Wielands Nachruhm und seine heutige Wertschätzung durch die Leser steht in keinem Verhältnis zur Popularität, die er zu seinen Lebzeiten als deutscher Voltaire genoss. Unter dem Berg des viel Geschriebenen ist von Lesern wie Literaturwissenschaftlern ein Klassiker vielleicht neu zu entdecken.

*Wielands Nachruhm*

## Johann Gottfried Herder 3.4.4

### Kurzbiografie

1744 Johann Gottfried Herder am 25. August in Mohrungen (Ostpreußen) als Sohn eines Lehrers und Küsters geboren
1761 Schreiber beim Diakon der Stadtkirche von Mohrungen; Benutzung der dortigen umfangreichen Bibliothek
1762 Studium der Theologie in Königsberg; Freundschaft mit Hamann
1764 Lehrer und Prediger in Riga
1766 Erste Schriften
1769 Erscheinen der „Kritischen Wälder"; Seereise von Riga nach Nantes
1770 Aufenthalt in Hamburg: Bekanntschaft mit Lessing und Gleim; Verlobung mit Karoline Flachsland in Darmstadt; Bekanntschaft mit Goethe
1771 Oberprediger und Konsistorialrat in Bückeburg
1773 Heirat mit Karoline Flachsland
1775 ebenda Superintendent

1776 Berufung als Generalsuperintendent, Oberkonsistorialrat und städtischer Oberpfarrer nach Weimar
1783 Reise nach Halberstadt und Hamburg: Begegnung mit Gleim, Klopstock und Claudius
1785 1. Reise nach Karlsbad
1786 2. Reise nach Karlsbad
1787 Ehrenmitglied der Berliner Akademie der Wissenschaften
1788 Einrichtung des Lehrerseminars in Weimar; italienische Reise
1789 Vizepräsident des Oberkonsistoriums für das Herzogtum Sachsen-Weimar-Eisenach
1791 3. Reise nach Karlsbad
1792 1. Kuraufenthalt in Aachen
1796 Bekanntschaft mit Jean Paul
1798 Jean Paul wohnt in Weimar; Umgang mit Herder
1801 Adelstitel durch den bayerischen Kurfürsten; Ernennung zum Präsidenten des Oberkonsistoriums
1802 2. Kuraufenthalt in Aachen
1803 Badereise nach Eger und Franzensbad; Aufenthalt in Dresden, Tod am 18. Dezember in Weimar

Wichtigste Werke

*Kalligone* (1800), *Adrastea* (1801–03)
*Ueber neuere Deutsche Litteratur* (1767), *Abhandlung über den Ursprung der Sprache* (1770)
*Kritische Wälder. Oder Betrachtungen, die Wissenschaft und Kunst des Schönen betreffend, nach Maasgabe neuerer Schriften* (1767/68), *Auch eine Philosophie der Geschichte zur Bildung der Menschheit* (1774), *Ideen zur Philosophie der Geschichte der Menschheit* (1784/85/87/91), *Briefe zur Beförderung der Humanität* (1793–97), *Metakritik zur Kritik der reinen Vernunft* (1799)
*Auszug aus einem Briefwechsel über Ossian und die Lieder alter Völker* (1775), *Volkslieder* (1778)
Zahlreiche Rezensionen und Aufsätze in der *Allgemeinen Deutschen Bibliothek*, den *Frankfurter Gelehrten Anzeigen*, dem *Teutschen Merkur* oder im *Journal von Tiefurt*

Eine der ersten Amtshandlungen Goethes war die Berufung Herders nach Weimar, trotz der dortigen Widerstände gegen einen weiteren Stürmer und Dränger, noch dazu für das höchste geistliche Amt des Landes, das des Generalsuperintendenten.

> Lieber Bruder, wir habens von ieher mit den Scheiskerlen verdorben, und die Scheiskerle sizzen überall auf dem Fasse. Der Herzog will und wünscht dich, aber alles ist hier gegen dich. Indess ist hier die Rede von Einrichtung auf ein gut Leben und 2 000 tr Einkünfte. Ich lass nit los, wenns nit gar dumm geht.

*Brief Goethes an Herder vom 15. Januar 1776*

*F. A. Tischbein malte Herder 1795.*

Provokant wirkte Herder zunächst als Prediger in freier mündlicher Rede, dann als geistlicher Würdenträger durch die Vereinfachung der Liturgie und die Reduzierung der Anzahl der Predigten. Schon damit eckte er bei den Bewahrern des Überkommenen an. Erst recht seine Vorstellungen von Literatur mussten irritieren. Dabei sah sich Herder weniger als Dichter, obwohl er selbst lyrische Gedichte verfasst, Lieder gesammelt und übersetzt hatte, sondern eher als Literaturtheoretiker.

Begonnen hatte Herder am nordöstlichsten Rand der deutschen Kulturnation mit tastenden Versuchen im Geist der neuen Zeit des Aufbruchs.

> [...] Mich selber will ich suchen,
> daß ich mich endlich finde
> und denn mich nie verliere
> und denn mich Freunden schenke,
> bis ich ein Mädchen finde.
> Komm, sei mein Führer, Rousseau!

*Aus einem Gedicht des 19-jährigen Herder*

Die Denker Kant und Hamann, die Aufklärer Nicolai und Mendelssohn, der Kritiker Lessing, die Dichter Gleim, Claudius und vor allem Klopstock beeinflussten Herder; sein erstes literarisches Vorbild wurde Homer. Den Ausbruch aus seiner ostpreu-

*Herders Herkommen*

ßisch-baltischen Heimat in das westliche Europa empfand Herder als einen zentralen Lebenseinschnitt, den er im *Journal meiner Reise im Jahr 1769* festhielt. Über den aufgeklärten und empfindsamen Darmstädter Kreis um Merck, in dem er mit Karoline Flachsland eine Verlobte und seine spätere Frau fand, gelangte er nach Straßburg, wo er sich einer Augenoperation unterziehen wollte. Straßburg war für Herder eine mehrmonatige Episode, die er nicht nur aus gesundheitlichen Gründen verdrießlich und unzugänglich absolvierte. Für den Kreis der hier versammelten Stürmer und Dränger bedeutete Herders Erscheinen neue Impulse. In Straßburg entstanden seine ersten, wegweisenden Schriften wie *Über den Ursprung der Sprache*, womit er in eine damals aktuelle Diskussion um die Frage der Sprachentstehung eingriff, sowie der *Briefwechsel über Ossian und die Lieder alter Völker* und *Shakespeare*.

Goethe beurteilte die Wirkung Herders auf ihn im Rückblick des Alters.

**Zitat**

Goethe, Dichtung und Wahrheit, 2. Teil, 10. Buch

Was die Fülle dieser wenigen Wochen betrifft, welche wir zusammen lebten, kann ich wohl sagen, daß alles, was Herder nachher allmählich ausgeführt hat, im Keim angedeutet ward und daß ich dadurch in die glückliche Lage geriet, alles, was ich bisher gedacht, gelernt, mir zugeeignet hatte, zu komplettieren, an ein Höheres anzuknüpfen, zu erweitern. Wäre Herder methodischer gewesen, so hätte ich auch für eine dauerhafte Richtung meiner Bildung die köstlichste Anleitung gefunden; aber er war mehr geneigt, zu prüfen und anzuregen, als zu führen und zu leiten.

*Volkspoesie*

Herder erweiterte den Horizont vor allem durch einen historischen Blick auf die Literatur. Neben der Antike, auf die man sich immer schon berufen hatte, entdeckte er die echte oder vermeintlich echte Volkspoesie des Nordens und grub in der eigenen Geschichte nach den Ursprüngen des Volkslieds, die er bei den alten „schwäbischen", d. h. mittelhochdeutschen Dichtern zu finden glaubte. Hinter solchen Ausgrabungen und Entwürfen stand letztlich die Vorstellung einer alternativen Kultur im Gegensatz zur gegenwärtigen, rational-aufklärerischen. Hier wie da war sein Ansatz anthropologisch und historisch zugleich.

Die geistliche Tätigkeit, die er in Bückeburg antrat, empfand Herder als Beschränkung. Seine Hoffnungen auf eine Professur für Theologie in Göttingen zerschlugen sich. Die von ihm herausgegebenen *Blätter von deutscher Art und Kunst* und die in Straßburg verfassten Schriften erschienen 1773, ebenso die Sammlung der *Volkslieder* und anonym *Auch eine Philosophie der Geschichte zur Bildung der Menschheit* (1774). Hierin wandte er sich gegen das optimistische Geschichtsverständnis eines Voltaire, von dem der Begriff der Philosophie der Geschichte stammte. An dessen Stelle setzte Herder die Vorstellung, dass jede Epoche mit ihrem eigenen Maßstab gemessen werden müsse. Der Mensch sei Gestalter und Objekt der Geschichte zugleich. Die Menschheitsgeschichte verstand Herder als Teil der allgemeinen Naturgeschichte, beeinflusst von dem, was er „Klima" nannte. Für Herder entwickelte sich die Geschichte nicht nur linear in Richtung auf einen Fortschritt zu, sondern benötigte dazu auch revolutionäre Veränderungen, um sich gleichsam zu verjüngen.

Der Sinn der Geschichte war für Herder allein mit den Vorstellungen von Wachstum und Entwicklung nicht vollständig zu entschlüsseln. Als Theologe versuchte er, die Einheit des Christentums und der Humanitätsidee nachzuweisen. Dabei war die Theologie die unbestrittene Leitwissenschaft. Die „Schönen Wissenschaften" hatten zwar nur eine dienende Aufgabe zur Erweckung der Seelenkräfte. Diese waren jedoch Allgemeingut und damit für alle Menschen zugänglich: hier zeigte sich der republikanische Charakter von Herders →Humanitätsidee.

*Theologie und Geschichte*

Herders Einstand in Weimar schien vielversprechend. Gespannt warte man auf die erste Predigt, die der neu berufene oberste geistliche Würdenträger am 20. Oktober 1776 halten würde.

**Zitat**

Die ganze Predigt glich einem Diskurs, die ein Mensch allein führt, äußerst plan, volksmäßig, natürlich. Es war weniger eine Rede als ein vernünftiges Gespräch. Ein Satz aus der praktischen Philosophie, angewandt auf gewisse Details des bürgerlichen Lebens – Lehre, die man ebensogut in einer Moschee als in einer christlichen Kirche erwarten könnte. Einfach wie sein Inhalt ist auch der Vortrag, keine Gebärdensprache, kein Spiel mit der Stimme, ein ernster und nüchterner Ausdruck. Es ist nicht zu verkennen, daß er sich seiner Würde bewußt ist. Die Voraussetzung dieses allgemeinen Ansehens gibt ihm Sicherheit und gleichsam Bequemlichkeit, das ist augenscheinlich. Er fühlt sich als einen überlegenen Kopf, von lauter untergeordneten Geschöpfen umgeben. Herders Predigt hat mir besser als jede andre, die ich in meinem Leben zu

*Schiller an Körner vom 12. August 1787*

hören bekommen habe, gefallen – aber ich muß Dir aufrichtig gestehen, daß mir überhaupt keine Predigt gefällt.

*Herder und Goethe*

In Weimar trübte sich das ursprünglich rückhaltlose Verhältnis zwischen Herder und Goethe. Goethe distanzierte sich immer mehr von seiner Straßburger Vergangenheit und seinem Schüler-Verhältnis zu Herder; zudem schien er ohne Vorbehalt in seiner neuen Rolle als Hofmann aufzugehen; und schließlich wollte er als „alter Heide" Herders christliche Bindung des Humanitätsideals nicht mitvollziehen.

### Zitat

*Brief Herders an Hamann im Sommer 1782 über Goethe*

Er ist also jetzt wirkl. geh. Kammerpräs., Präsident des Kriegskollegii, Aufseher des Bauwesens bis zum Wegbau hinunter, dabei auch directeur des plaisiers, Hofpoet, Verfasser von schönen Festivitäten, Hofopern, Ballets, Redoutenaufzügen, Inscriptionen, Kunstwerken etc., Direktor der Zeichenakademie, in der er den Winter über Vorlesungen über die Osteologie gehalten, selbst überall der erste Akteur, Tänzer, kurz das fac totum des Weimarschen und, so Gott will, bald der maior domus sämtl. Ernestinischer Häuser, bei denen er zur Anbetung herumzieht. Er ist baronisirt u. an seinem Geburtstag (wird seyn der 28. Aug. a.c.) wird die Standeserhebung erklärt werden. Er ist aus seinem Garten in die Stadt gezogen u. macht ein adlich Haus, hält Lesegesellschaften, die sich bald in Aßembleen verwandeln werden etc. etc. Bei alle dem geht's in Geschäften, wie es gehen will u. mag: meine Gegenwart ist hier beinah unnütz u. wird mir von Tag zu Tag lästiger.

Dennoch betrachtete Goethe Herder in dieser Zeit als seinen engsten Freund. Ihm teilte er die Entdeckung des Zwischenkieferknochens am 27. März 1784 in Jena noch in derselben Nacht mit. Bei Herder unterstellte Goethe die gleiche Denkrichtung, von ihm erwartete er Bestätigung.

1784 verfasste Herder den ersten Teil seiner *Ideen zur Philosophie der Geschichte der Menschheit.* Indem er die Ideen der Aufklärung aufgriff und weiterführte, wollte er in geschichtsphilosophischem Wurf die Entwicklung der Menschheit darstellen. Zugleich versuchte er, seine bisherige geschichtliche Betrachtungsweise mit der naturwissenschaftlichen zu verbinden. Hier berührte er sich tatsächlich mit den gleichzeitigen morphologischen Arbeiten Goethes. Ihr gemeinsames Denken und Argumentieren in →Analogien reizte sogar Immanuel Kant zum Widerspruch, der mit seiner Schrift *Idee zu einer allgemeinen Geschichte in weltbürgerlicher Absicht* (1784) auf Herder reagierte. Herder führte in seinen *Ideen* die Entwicklung des Menschen, „ein Mittelgeschöpf unter den Tieren", auf seine Ursprünge zurück, ohne schon Darwins Evolutionstheorie zu antizipieren. Freilich war er ein Wegbereiter dazu, wie dann Ernst Haeckels *Die Welträtsel* (1899) demonstrierte.

Wie Goethe begab sich auch Herder auf eine Italienreise. Im Unterschied zu Goethe fuhr Herder nicht allein und empfand die Reise auch nicht als Befreiung oder als Aufbruch. Als protestantischer Begleiter des katholischen Trierer Domherrn Johann Friedrich Hugo von Dalberg, der seine Geliebte mitnahm, durchlitt er nur Verdruss und trennte sich von den Mitreisenden. Auch Rom erlebte Herder ganz anders als Goethe.

### Zitat

[...] ich kann mich, in dem was ich suchte und erwartete, des guten Glückes nicht so ganz rühmen [...] Ich will nur dagegen kämpfen, daß ich nicht in Deine Fußtapfen trete, und eine „Gleichgültigkeit gegen die Menschen" nach Hause mitbringe, die mir übel bekommen würde, als Dir, weil ich keine Kunstwelt wie Du, an die Stelle des Erloschenen zu setzen wüßte. [...] Auch sonst läßt die römische Welt meine Seele entsetzlich leer [...] Ich fürchte, ich fürchte, Du taugst nicht mehr für Deutschland; ich aber bin nach Rom gereist, um ein echter Deutscher zu werden.

*Brief Herders an Goethe aus Rom vom 27. Dezember 1788*

Im Unterschied zu Goethe wollte Herder nicht nach Weimar zurückkehren. Doch der Herzog machte Herder zu dessen Rückkehr am 9. Juli 1789 ein verlockendes Angebot.

### Zitat

1. Will ich seine Schulden bezahlen, und zwar auf eine Art, daß im Publico nichts davon eklatiere [= laut werde].
2. Ihn zum Vize Konsist. Präsidenten mit der Versicherung ernennen, daß er nach Abgang von Lynckern die wirkliche Präsidenten-Stelle erhalten solle.
3. Ihm vom Quartal seiner Rückkunft an 500 Rtlr. inklusive der 300, welche er schon jetzt von mir hat, jährl. zulegen.
4. Ihm die Versicherung geben, daß ich es bei denen Konnutritoren [= „Beschützer" der Universität] der Akademie Jena durch-

*Brief des Herzogs Carl August an Goethe vom 3. Mai 1789*

setzen wolle, daß ihm das Universitäts-Kanzelariat übertragen würde.
5. Seiner Wittib ein Versicherungsdekret eines Witwen-Gehalts von 200 Rtlr. geben.
6. Will ich für die Kosten des Studierens seiner Kinder und für deren Unterkommen sorgen.

*Herders Entfremdung*

Doch die Entfremdung von Weimar ließ sich nicht aufhalten. Vor allem was die Einschätzung der Französischen Revolution betraf, machte Herder aus seiner Meinung kein Hehl, wenn er den Hof als „Grindkopf und die Hofleute die Läuse, die sich darauf herumtummeln" bezeichnete. Was andere wie Goethe, der der Revolution äußerst skeptisch gegenüberstand, als Herders „Reizbarkeit und Bitterkeit im Urteil" bezeichneten, war für Herder selbst der Eindruck, vorsätzlich missverstanden zu werden und kaltgestellt zu sein. Während Goethe bald in Schiller einen ihm Gleichgesinnten fand, ging Herder zusehends eigene Wege. Er verstärkte nun andere Freundschaften wie die zu Wieland, der sich ebenfalls ins Abseits gestellt fühlte. Wieland bewunderte Herder. Auch die Beziehung zu dem für zwei Jahre in Weimar wohnenden, bei Hof nicht sehr geschätzten, aber sehr erfolgreichen Schriftsteller Jean Paul vertiefte sich.

Unter den vier Klassikern ist Herder bis heute der am wenigsten greifbare. Das liegt nicht so sehr daran, dass er als erster der vier schon 1803 starb, als vielmehr an den diffusen Umrissen seines Werkes.

*Wirkungen Herders*

Herders Spuren und Einflüsse reichten weit, ohne feste Form anzunehmen und auf eine konkrete Person projizierbar zu sein. *Fragmente, Wäldchen, Beiträge, Ideen, Sammlungen* und *Briefe* lauten die Titel seiner zahlreichen Publikationen. Sie enthalten vielfältige und tief gehende Anstöße, Anregungen und öffneten neue Perspektiven, ließen aber eine einheitliche Konzeption vermissen. Nicht nur die mangelnde Systematik, sondern auch die in provozierender und eigenwilliger Form vorgetragenen Ideen stießen oftmals auf Kritik. Dennoch darf die Wirkung Herders auf die Klassik nicht unterschätzt werden. Seine historische Betrachtungsweise ist aus der Klassik ebenso wenig wegzudenken wie seine Vorstellungen von Sprache und Erziehung für die Geschichtsphilosophie Schillers. So erscheinen die Gemeinsamkeiten der vier Weimarer größer als die Unterschiede zwischen ihnen. Dennoch steht am Ende von Herders Lebens die Entfremdung von den beiden jüngeren Klassikern, so dass im

Rückblick sogar seine gesamte Lebensleistung in Frage gestellt werden konnte.

> **Zitat**
>
> Herder verfällt wirklich zusehends, und man möchte sich zuweilen im Ernst fragen, ob einer, der sich jetzt so unendlich trivial, schwach und hohl zeigt, wirklich jemals außerordentlich gewesen sein mag.
>
> *Goethe an Schiller am 20. März 1801*

Dieser Einschätzung folgte auch meist die spätere Wirkungsgeschichte.

> **Zitat**
>
> Herder war alles das nicht, was er von sich wähnen machte (und selber zu wähnen wünschte): kein großer Dichter und Erfinder, kein neuer treibender Fruchtboden mit einer urwaldfrischen unausgenutzten Kraft. Aber er besaß in höchstem Maße den Sinn der Witterung, er sah und pflückte die Erstlinge der Jahreszeit früher als alle anderen, welche dann glauben konnten, er habe sie wachsen lassen: [...] aber er selber war der Frühling nicht! – Das ahnte er wohl zuzeiten, und wollte es doch sicher selber nicht glauben, er, der ehrgeizige Priester, der so gern der Geister-Papst seiner Zeit gewesen wäre! [...] So war er ein unruhiger Gast, der Vorkoster aller geistigen Gerichte, die sich die Deutschen in einem halben Jahrhundert aus allen Welt- und Zeitreichen zusammenholten. Nie wirklich satt und froh, war Herder überdies allzu häufig krank: da setzte sich bisweilen der Neid an sein Bett, auch die Heuchelei machte ihren Besuch. Etwas Wundes und Unfreies blieb an ihm haften: und mehr als irgendeinem unserer sogenannten „Klassiker" geht ihm die einfältige wackere Mannigfaltigkeit ab.
>
> *Friedrich Nietzsche, Menschliches, Allzumenschliches, 1886*

> **Zitat**
>
> Sein Werk?: Tragödie und Triumph der Polyhistorie: ein Großmeister unüberblickbarer Reihen von Mikro-, Nano-, Pico-Kunstwerken. Ermutigend für den Fachmann, das Sprachgefühl hochpeitschend, seine wilden Wort-Neubildungen. Gedanken weniger vermittelnd, als wachrufend, seine Technik des „unendlichen Aforismus" –
>
> *Arno Schmidt, 1956*

### 3.4.5 Goethe vor Schiller

**Kurzbiografie**

1749 Johann Wolfgang Goethe am Sonntag, den 28. August, mittags um 12 Uhr in Frankfurt a.M. geboren; sowohl Vater wie Mutter entstammen angesehenen Frankfurter Patrizierfamilien; die besten Hauslehrer sorgen für einen umfassenden Unterricht und eine künstlerische und musische Erziehung; die große Bibliothek und die Kunstsammlung des Vaters stehen zur Verfügung

1765 Jurastudium in Leipzig, das er kaum betreibt; statt dessen Zeichnen und Malen unter Anleitung Oesers; erste dichterische Versuche: anakreontische Gedichte (*Anette*) und Lustspiele (*Die Laune des Verliebten, Die Mitschuldigen*)

1768 gesundheitlicher Zusammenbruch („Blutsturz") und Rekonvaleszenz im Elternhaus; Betreuung durch Susanna Katharina von Klettenberg

1770 Fortsetzung und Abschluss des Studiums in Straßburg; Umgang mit Herder und dem Kreis der Stürmer und Dränger (Jung-Stilling, Lenz, Wagner, Salzmann u.a.); Bekanntschaft mit Friederike Brion in Sesenheim („Sesenheimer Lieder")

1771 Rückkehr nach Frankfurt, dort Zulassung als Anwalt; Rede *Zum Shäkspeers Tag*

1772 Bekanntschaft mit Johann Heinrich Merck in Darmstadt; Beiträge zu den *Frankfurter Gelehrten Anzeigen*; *Von Deutscher Baukunst*; Praktikant am Reichskammergericht in Wetzlar; Bekanntschaft mit Charlotte Buff

1772 im September Rückkehr nach Frankfurt; es entstehen das Drama *Götz von Berlichingen mit der eisernen Hand* (1773), die Farce *Götter, Helden und Wieland* (1773), *Die Leiden des jungen Werthers* (1774), Stücke wie *Clavigo* und *Stella*, Szenen des *Urfaust*, außerdem Entwürfe und Gedichte

1775 Verlobung mit Lili Schönemann; Schweiz-Reise mit den Brüdern Stolberg; Besuch bei Lavater in Zürich; erste Bekanntschaft mit dem soeben volljährig gewordenen Herzog Carl August von Sachsen-Weimar-Eisenach, der ihn nach Weimar einlädt

1775 Ankunft in Weimar; Bekanntschaft mit Charlotte von Stein

1776 Eintritt in den Staatsdienst, Bürgerrecht, Gartenhaus am Stern

1777 Harzreise (*Harzreise im Winter*); Tod der Schwester Cornelia

1778 mit Carl August in Postdam und Berlin (Bayerischer Erbfolgekrieg)

1779 Ernennung zum Vorsitzenden der Kriegs-, Wasserbau- und Wegebauverwaltung; Erstaufführung der *Iphigenie auf Tauris* (Prosafassung) mit Corona Schröter als Iphigenie und Goethe als Orest; 2. Schweizer Reise; bei Lavater in Zürich

1780 Prosafassung von *Torquato Tasso*, Eintritt in die Freumaurerloge „Amalia"

1782 Erhebung in den Adelsstand; Tod des Vaters; Einzug in das Haus am Frauenplan

1783    Aufnahme in den Illuminatenorden; 2. Harzreise
1784    *Über den Granit*, Entdeckung des Zwischenkieferknochens; 3. Harzreise
1785    Beginn der botanischen Studien; 1. Kuraufenthalt in Karlsbad
1786    Vertrag mit Göschen über die Ausgabe der *Schriften*; Karlsbad, dort am 3. September heimlicher Aufbruch nach Italien; 29. Oktober Ankunft in Rom, Unterkunft in der Wohnung des Malers Johann Heinrich Wilhelm Tischbein
1787    Versfassung der *Iphigenie*; Reise mit Tischbein nach Neapel und nach Sizilien
1788    Abschluss des *Egmont* in Rom; Rückkehr nach Weimar am 18. Juni; Oberaufsicht für die Anstalten der Kunst und Wissenschaft, Entlastung von den übrigen amtlichen Tätigkeiten; lernt Christiane Vulpius kennen und nimmt sie in sein Haus auf; *Römische Elegien*
1789    Abschluss des *Torquato Tasso*, Geburt des Sohnes Julius August Walter am 25. Dezember
1790    Venedigreise mit der Herzogin-Mutter Anna Amalia; *Venezianische Epigramme*; Rückkehr nach Weimar; *Über die Metamorphose der Pflanzen, Faust, ein Fragment*
1791    Leitung des Weimarer Hoftheaters; *Der Groß-Kophta*; der Schweizer Zeichenlehrer Johann Heinrich Meyer wird Hausgenosse; *Beyträge zur Optik*
1791    Teilnahme am Feldzug gegen das Revolutionsheer in Frankreich; Besuche in Frankfurt, Mainz, Trier, Koblenz, Düsseldorf
1793    Versepos *Reineke Fuchs, Der Bürgergeneral*; Teilnahme an der Belagerung von Mainz
1794    erhält das Haus am Frauenplan vom Herzog als Geschenk; am 20. Juli nach der Sitzung der Naturforschenden Gesellschaft in Weimar: Gespräch mit Schiller (*Glückliches Ereigniß*)

Als Goethe am 7. November 1775 in Weimar eintraf, war der Dichter schon eine Berühmtheit als Autor provokanter Rezensionen in den *Frankfurter Gelehrten Anzeigen*, vor allem aber als Verfasser des Sturm-und-Drang-Dramas *Götz von Berlichingen mit der eisernen Hand* (1773) und des Aufsehen erregenden Briefromans *Die Leiden des jungen Werthers* (1774). All das, woran sein Werther gescheitert war, sollte für den Autor zum Lebensinhalt werden. Konnte der Autor, was seiner Titelfigur nicht gelang, das Politische mit dem Gefühl, das Alltägliche mit dem Poetischen verbinden? Persönlich stand Goethe an einer Lebenswende. Die Anfang des Jahres geschlossene und im Herbst 1775 wieder aufgelöste Verlobung mit der Frankfurter Patriziertochter Lili Schönemann (1758–1817) hatte ihm die Möglichkeiten, aber auch die Grenzen einer vorhersehbaren großbürgerlichen Zukunft aufgezeigt.

*Goethe in Frankfurt*

*Goethe am Weimarer Hof*

Im Kleinstaat Weimar, an der Seite eines aufstrebenden Fürsten, der gerade volljährig geworden und die Regierungsgeschäfte von seiner Mutter übernommen hatte, sah Goethe die Chance, als Erzieher und Kumpan, als Hofmann und Politiker, Schöngeist und Dichter zugleich in größerem Kreise tätig werden zu können.

**Zitat**

*Goethe an Johann Heinrich Merck am 22. Januar 1776*

Meine Lage ist vortheilhaft genug, und die Herzogthümer Weimar und Eisenach immer ein Schauplatz, um zu versuchen, wie einem die Weltrolle zu Gesichte stünde. [...] Freiheit und Gnüge werden die Hauptconditionen der neuen Einrichtung seyn, ob ich gleich mehr als jemals am Platz bin, das durchaus Scheisige dieser zeitlichen Herrlichkeit zu erkennen.

*Die bescheidenene Ausmaße des Gartenhauses und die idyllische Lage am Rande der Residenz dürfen nicht darüber hinwegtäuschen, dass hier der Minister Goethe wohnte.*

Goethe lebte sich erstaunlich schnell in diese neue Welt ein. Wollte er erst nur eine Rolle spielen, so war er bald schon von voller Tätigkeit erfasst. Die Bindung zu seinen bisherigen Freunden Lavater, Klinger oder Lenz lockerte sich oder brach ab. Schon im nächsten Jahr begann er mit der (programmatischen) Führung seines Tagebuchs („Regieren"), erhielt vom Herzog das Gartenhaus am Stern als Geschenk und in der Folge dieser Ansiedlung das Weimarer Bürgerrecht, trat als Geheimer Legationsrat mit Sitz und Stimme ins dreiköpfige Geheime Consilium ein, dem obersten Regierungs- und Beratungsorgan des Herzogtums, gewöhnte sich ans Hofleben und vertiefte seine Beziehung zu Charlotte von Stein, nicht ohne Anklänge an literarische Traditionen vom Platonismus über die mittelalterliche Minnekultur bis zum → Petrarkismus. Beide gestalteten ihre Liebesbeziehung nicht als bürgerliches ‚Verhältnis', sondern als eine Form der Intimität, wie sie nur in der höfischen Welt möglich war. In ihrer erzieherischen Wirkung auf Goethe spielte diese Beziehung im persönlichen Bereich bereits die Forderungen der Klassik nach Mäßigung durch.

In diesen Kontext eingewoben, manchmal als Briefbeilage für Charlotte von Stein und in offener oder verdeckter Ich-Du-Ansprache, entstanden diejenigen Gedichte Goethes, die zu seinen bekanntesten gehören, wie *An den Mond* (1778/79), *Harzreise im Winter* (1777) mit ihren nach dem Vorbild → Pindars gesetzten harten Fügungen und der Schaustellung eines überlegenen Ich-Gefühls wie in *Seefahrt* (1777), *Grenzen der Menschheit* (1780), *Wanderers Nachtlied* (1776) oder *Ein Gleiches* (1780).

*Gedichte*

| Textbeispiel |
|---|

Warum gabst du uns die tiefen Blicke
Unsre Zukunft ahndungsvoll zu schaun
Unsrer Liebe, unserm Erdenglücke
Wähnend selig nimmer hinzutraun?
Warum gabst uns Schicksal die Gefühle
Uns einander in das Herz zu sehn,
Um durch all die seltenen Gewühle
Unser wahr Verhältnis auszuspähn?

*Briefeinlage an Charlotte von Stein vom 14. April 1776, 1. Strophe*

*Aufgehender Mond am Fluss. Eigenhändige Kreidezeichnung Goethes auf braunem Papier, um 1777.*

**Textbeispiel**

*Erste Strophe von An den Mond, 1. Fassung*

Füllest wieder's liebe Tal
Still mit Nebelglanz,
Lösest endlich auch einmal
Meine Seele ganz.

Aus der Spannung zwischen hochfliegender Aufbruchsstimmung und schwermutsvoller Erwartung stammten auch bekannte Balladen wie *Der Fischer* (1778) oder *Erlkönig* (1782), dessen Stoff Goethe aus einer nordischen Ballade in der Übersetzung Herders kennengelernt hatte. Die romantische Vertonung von Franz Schubert (1815) hat die naturmagische Handlung noch ins Schaurige erhöht.

**Textbeispiel**

*1. Strophe des* Erlkönig

Wer reitet so spät durch Nacht und Wind?
Es ist der Vater mit seinem Kind.
Er hat den Knaben wohl in dem Arm,
Er faßt ihn sicher, er hält ihn warm.

Doch im Vergleich zur fruchtbaren Produktion in Frankfurt traten die literarischen Arbeiten in den Hintergrund. Immer stärker wurde Goethe von den höfischen, politischen und verwaltungstechnischen Aufgaben seines neuen Wirkungskreises in Anspruch genommen. Einerseits gefiel Goethe der immer stärker werdende Einfluss auf den Herzog und damit die Politik des Thüringer Kleinstaats, wie das große Geburtstagsgedicht für den Herzog, *Ilmenau* (1783) zeigte, das ein Fürstenspiegel für Carl August war.

*Goethes Bleistift- und Pinselzeichnung der dampfenden Täler von Ilmenau vom 22. Juli 1776 kommentierte er selbst am Rand: „Ewiges Denkmal. An jedem Gegenstand suche erst die Art ihn auszudrücken. Keine allgemeine Art gilt".*

| Textbeispiel | |
|---|---|
| Stolz auf mich selbst, und herzliches Behagen<br>Erwarb ich mir der Menschen schöne Gunst.<br>Doch ach ein Gott versagte mir die Kunst<br>Die arme Kunst mich künstlich zu betragen.<br>Nun sitz ich hier zugleich erhoben und gedrückt<br>Unschuldig und gestraft, und schuldig und beglückt. | Ilmenau,<br>V. 116–121 |

Andererseits markierte das Gedicht eine deutliche Zäsur, die zugleich eine Wende war. Unbefriedigend war nicht nur, dass die angefangenen politischen Reformen stecken blieben, die Missgunst und die Intrigen der Höflinge überhand nahmen. Vor allem das Zurücktreten als Dichter vergrößerte die unüberbrückbare Kluft.

> **Zitat**
>
> *Brief an Knebel vom 21. November 1782*
>
> Ich habe mein politisches und gesellschaftliches Leben ganz von meinem moralischen und poetischen getrennt. [...] Der Wahn, die schönen Körner, die in meinem und meiner Freunde Dasein reifen, müßten auf diesem Boden gesät und jene himmlischen Juwelen könnten in die irdischen Kronen dieser Fürsten gefaßt werden, hat mich ganz verlassen, und ich finde mein jugendliches Glück wiederhergestellt. Wie ich mir in meinem väterlichen Hause nicht einfallen ließ, die Erscheinungen der Geister und die juristische Praxin zu verbinden, eben so getrennt laß ich jetzt den Geheimderat und mein andres Selbst.

*Konflikte zwischen Dichter und Minister*

Alle Werke Goethes aus dieser Zeit zeugten von diesem Spannungsverhältnis. In seinem Theaterroman *Wilhelm Meisters theatralische Sendung*, an dem er von 1777 bis 1785 arbeitete und der erst 1910 aus dem Nachlass von Barbara Schultheß in Zürich auftauchte, der Goethe diesen Entwurf zugesandt hatte, war schon das Spannungsverhältnis zwischen Bürgertum und Adel als Kernproblematik enthalten, wie es dann, in der Umarbeitung zu *Wilhelm Meisters Lehrjahre* seit 1791 (→3.4.7), in die →Bildungskonzeption der Klassik eingefügt wurde. Auch zwischen seinem Selbstverständnis als Dichter und seiner Stellung als Hofmann empfand Goethe eine nur schwer auszuhaltende Spannung.

Sein Schauspiel *Torquato Tasso*, 1780 in poetischer Prosa verfasst, in Italien in Verse gebracht und 1790 erschienen, darf man als Tragödie des Dichters lesen, der an einer Hofgesellschaft, die ihn nicht verstehen kann, zerschellt. Goethe stellte die historische Gestalt Torquato Tassos (1544–1595) als Hofdichter in die Dienste des Herzogs von Ferrara, so dass hinter aller zeitlichen und räumlichen Distanz die Spannungsverhältnisse am Weimarer Hof gespiegelt wurden. Zeitgenossen nahmen das Stück als Schlüsseldrama; schließlich hatte Goethe immer wieder wie im Gespräch mit Eckermann am 6. Mai 1827 darauf bestanden, *Tasso* sei „Bein von meinem Bein und Fleisch von meinem Fleisch".

> **Zitat**
>
> Die gute Kalbin [= Charlotte von Kalb] ... nimmt Goethes *Tasso* gar zu speziell auf Goethe, die Herzogin, den Herzog und die Steinin; ich habe sie aber ein wenig darüber berichtigt. Das will ja auch Goethe durchaus nicht so gedeutet haben. Der Dichter schildert den *ganzen Charakter*, wie er ihm in seiner Seele erschienen ist; einen solchen ganzen Charakter besitzt ja aber ein einzelner Mensch nicht allein. So ist es mit dem Dichtertalent selbst, so mit der Kunst zu leben, die er durch den Herzog oder Antonio darstellt. Daß er Züge von seinen Freunden, von den Lebenden um sich her nimmt, ist ja recht und notwendig. Dadurch werden seine Menschen wahr, ohne daß sie eben im ganzen Charakter lebend sein können oder dürfen.
>
> *Brief Karoline Herders an ihren Mann vom 20. März 1789*

Karoline Herder erkannte die „Disproportion des Talents mit dem Leben" als den „eigentlichen Sinn" des *Tasso*. Der Hofdichter Tasso reibt sich am Hofmann Antonio, bis er einsehen muss, dass seine dichterische Welt mit der wirklichen nicht in Einklang gebracht werden kann. So scheitert der Mensch Tasso im Bild eines gestrandeten Schiffers, dem am Ende ironischerweise keine andere Rettung bleibt, als bei dem Halt suchen zu müssen, den er für seinen Untergang verantwortlich macht.

> **Textbeispiel**
>
> Zerbrochen ist das Steuer, und es kracht
> Das Schiff an allen Seiten. Berstend reißt
> Der Boden unter meinen Füßen auf!
> Ich fasse dich mit beiden Armen an!
> So klammert sich der Schiffer endlich noch
> Am Felsen fest, an dem er scheitern sollte.
>
> *Schlussverse des Tasso*

Als Dichter ist Tasso nicht gescheitert. Sein (sozialer) Untergang erst hat im die Augen für seine dichterische Eigenheit und Befähigung geöffnet.

Auch Goethes Arbeit an der Prosafassung des Dramas *Iphigenie auf Tauris*, 1779 begonnen, spiegelte die ausbrechende Krise indirekt. Hinter dem griechischen Sagenstoff um die Geschichte der Tantaliden, vermittelt durch ein gleichnamiges Drama des Euripides, lugte nicht nur der →Humanitätsgedanke hervor. Man hat gezählt, dass das Wort „fremd" eines der am häufig-

> **Textbeispiel**
>
> *Tasso,*
> *V. 3425–3432*
>
> Nein, alles ist dahin! – Nur eines bleibt:
> Die Träne hat uns die Natur verliehen,
> Den Schrei des Schmerzens, wenn der Mann zuletzt
> Es nicht mehr trägt – Und mir noch über alles –
> Sie ließ im Schmerz mir Melodie und Rede,
> Die tiefste Fülle meiner Not zu klagen:
> Und wenn der Mensch in seiner Qual verstummt,
> Gab mir ein Gott zu sagen, wie ich leide.

sten vorkommenden Wörter des Anfangs darstellt. Berühmt ist auch die Stelle, die immer wieder als Beleg dafür genommen wird, dass Goethes →klassische Dramen keinesfalls den Blick vor der Alltagsrealität schließen, sondern im idealen Entwurf gegen diese anschreiben.

> **Zitat**
>
> *Brief an Charlotte von Stein vom 6. März 1779*
>
> Hier [= in Apolda, dem Strumpfmanufakturort des Herzogtums] will das Drama gar nicht fort, es ist verflucht, der König von Tauris soll reden, als wenn kein Strumpfwirker in Apolda hungerte.

Mit der italienischen Reise, heimlich und unter falschem Namen geplant und angetreten, versuchte Goethe eine existentielle Klärung seiner Position, für sich selbst, innerhalb der höfischen Gesellschaft und im Verhältnis zu Charlotte von Stein.

> **Zitat**
>
> *Brief Goethes an Charlotte von Stein vom 20. Januar 1787*
>
> ich habe nur *Eine* Existenz, diese habe ich diesmal *ganz* gespielt und spiele sie noch. Komme ich leiblich und geistlich davon, überwältigt meine Natur, mein Geist, mein Glück diese Krise, so ersetz ich dir tausendfältig was zu ersetzen ist. – Komm ich um, so komm ich um, ich war ohne dies zu nichts mehr nütze.

*italienische Reise*

Ohne gesellschaftliche Zwänge machte sich nicht der Weimarer Staatsminister offiziell auf Reisen, sondern der unbekannte Maler Moeller. In Rom wurde es genau deshalb von Habsburger Agenten beschattet, die verborgene politische Aktivitäten vermuteten. Goethe selbst empfand, wie er im Brieftagebuch seiner italienischen Reise für Charlotte von Stein schrieb, seine Italienreise als Beginn eines neuen Lebensabschnitts, als Verjüngung und Wiedergeburt zugleich. Zunächst dokumentierte sich die ausbrechende Lebensfreude in ekstatischen Ausrufen wie beim Anblick eines Seeigels in der Lagune Venedigs: „Was ist doch ein Lebendiges für ein köstliches, herrliches Ding! Wie abgemessen in seinem Zustand, wie wahr, wie seiend!" Das letzte Wort war dreimal unterstrichen. Goethe genoss durch sein Inkognito ein elementares, leichtes, unbeschwertes, von allen ständischen Bindungen freies Leben eines Künstlers.

Der Karneval in Rom (*Beschreibung des Römischen Karnevals*), die Figuren der Commedia dell'arte und des einfachen Volks traten vor seine Augen und fanden sich in den Briefen, die er an Charlotte von Stein und ins erstaunte Weimar schrieb. Dies alles geschah freilich in verklärter Form: Armut und Elend der Unterschichten nahm Goethe nicht zur Kenntnis. Als Goethe ab 1813 die italienischen Briefe als Teil seines umfassenden Autobiographie-Projekts (→4.1) zur *Italienischen Reise* (1816) überarbeitete, wurden die entscheidenden Eindrücke abgedämpft und aus der Distanz des Rückblicks stilisiert. Goethe bildete dann und erst recht mit der Darstellung in der →*Ausgabe letzter Hand* (1829) ein Italien ab, das es längst nicht mehr gab.

*Rom*

Vor allem in Rom meinte Goethe durch die direkte Anschauung der antiken Kunstwerke und die neue Naturerfahrung die Übereinstimmung von Naturgesetzen mit künstlerischen Gesetzmäßigkeiten zu entdecken.

### Zitat

Diese hohen Kunstwerke sind zugleich als die höchsten Naturwerke von Menschen nach wahren und natürlichen Gesetzen hervorgebracht worden. Alles Willkürliche, Eingebildete fällt zusammen, da ist Notwendigkeit, da ist Gott.

*Italienische Reise, 6. September 1787*

Natürlich folgte Goethe auch der Spur seines Vaters, der 1739/40 selbst eine Italienreise unternommen und einen Reisebericht auf Italienisch (*Viaggio per l'Italia*) verfasst hatte.

### Zitat

Es ist alles, wie ich mir's dachte und alles neu. Ebenso kann ich von meinen Ideen sagen. Ich habe keinen ganz neuen Gedanken gehabt, nichts ganz fremd gefunden, aber die alten sind so bestimmt, so lebendig, so zusammenhängend geworden, daß sie für neu gelten können.

*Italienische Reise, 1. November 1786*

Doch seine Rezeption antiker Kunst war eigenständig. Auf den Spuren Winckelmanns gelangte Goethe, den der Maler Tischbein bei sich aufgenommen hatte, zu selbständigen Entdeckungen, etwa die Architektur Palladios (1508–1580).

In Rom warf Goethe die letzten Reste vom Stürmer und Dränger von sich, hier wandelte er sich nach eigenem Bekunden zum Klassiker. Nachdem er lange unschlüssig zwischen seinen Begabungen als Zeichner und als Dichter geschwankt hatte, entschied er sich für die Literatur. Seine neue Lebensperspektive war nun die der persönlichen Vervollkommnung, die Anwendung der in Italien bestätigt gefundenen →Bildungskonzeption auf sich selbst: in Stufen der Entwicklung (→ Steigerung) voranschreitend, →Metamorphosen durchlaufend, die →Polaritäten des Lebens beobachtend.

*Wirkungen der italienischen Reise*

Noch in Italien hatte Goethe unter dem Einfluss von Moritz die Manuskripte der *Iphigenie* und des *Tasso* in klassische →Blankverse gebracht. *Iphigenie auf Tauris* wird gerne als das Musterbeispiel eines →klassischen Dramas gelesen, folgte es doch den französischen Regeln mit der Einhaltung der drei →Einheiten und der geschlossenen Bauform. Dabei hatte ausgerechnet Schiller darauf hingewiesen, dass *Iphigenie* „durch das Vorwalten der Empfindung, keineswegs so klassisch und im antiken Sinn sei, als man vielleicht glauben möchte", wie Goethe Eckermann am 21. März 1830 mitteilte. Das Drama setzte Mythos und Menschenopfer einem aufgeklärten und humanen Bewusstsein auf der anderen Seite gegenüber. Iphigenie fordert vom Skythenkönig Thoas auf Tauris, was Generationen von griechischen Sagenhelden und ihre eigene Sippe nicht leisten konnten: auf Rache und Recht, Menschenopfer und Todesstrafe zu verzichten, die Artemis-Priesterin Iphigenie, die er liebt, und ihren Bruder Orest, der zum Raub des Göttinnenbildes gekommen war, freizulassen.

Durch ihre radikale Offenheit zwingt Iphigenie Thoas, auf Rache zu verzichten und Großmut zu üben.

*Iphigenie*

Nur so kann die Kette des ewig weiterwirkenden Fluchs gebrochen werden. Als Verfechterin des →Humanitätsideals meldet sich Iphigenie mit dem Vers „Ich bin so frei geboren als ein Mann" (V. 1858) auch als Frau zu Wort, freilich nicht im Sinne einer Vorläuferin der Frauenemanzipation. Iphigenies Position als Königstochter und als Mitglied des Tantalidensippe ist nicht übertragbar, auch bleibt ihr Verhältnis als jungfräuliche Priesterin zur Götterwelt unverändert. Im „Parzenlied" erscheint diese

> **Textbeispiel**
>
> IPHIGENIE:
>   Uns beide hab ich nun, die Überbliebnen
>   Von Tantals Haus, in deine Hang gelegt:
>   Verdirb uns – wenn du darfst.
> THOAS:
>   Du glaubst, es höre
>   Der rohe Skythe, er Barbar, die Stimme
>   Der Wahrheit und der Menschlichkeit, die Atreus,
>   Der Grieche, nicht vernahm?
> IPHIGENIE:
>   Es hört sie jeder,
>   Geboren unter jedem Himmel, dem
>   Des Lebens Quelle durch den Busen rein
>   Und ungehindert fließt. –

*Iphigenie, V. 1934–1942*

Götterwelt nur mehr in der Vorstellung lebendig; ihre Existenz besetzt aber die Rettung des gesamten Tantalidengeschlechts mit Zweifel und lässt für das Ende des Dramas die Frage offen, was von der autonomen sittlichen Entscheidung des Einzelnen im Sinne des →Humanitätsideals zu halten ist.

> **Textbeispiel**
>
> Es fürchte die Götter
> Das Menschengeschlecht!
> Sie halten die Herrschaft
> In ewigen Händen
> Und können sie brauchen,
> Wie's ihnen gefällt.

*1. Strophe des Parzenlieds, V. 1726–1731*

Das Trauerspiel *Egmont*, das Goethe noch in Frankfurt begonnen und ebenfalls in Italien beendet hatte, wirkte wie das Gegenstück zum klassischen Drama. Der realhistorische Stoff stammte aus der Zeit des niederländischen Freiheitskampfes, das Stück war in Prosa abgefasst, die Handlung hielt sich gerade shakespearisch nicht an die klassischen drei →Einheiten. Die politische Botschaft, Revolution im Namen des Alten Rechts gegen Herrscherwillkür gutzuheißen, war so nahe an den Zeitereignissen, dass Goethe fürchtete, man werde darin Parallelen zu den Weimarer Verhältnissen suchen. Der opernhafte Schluss zeigte frei-

*Herzog Carl August schenkte Goethe 1792 das repräsentative Stadtpalais am Frauenplan, auch als äußerliches Zeichen für den Wandel des Dichters.*

lich, wie weit das Stück bei seinem ersten Erscheinen (1788) von der politischen Gegenwart entfernt war.

Bei seiner Rückkehr nach Weimar zeigte sich Goethe seiner Umgebung verwandelt.

Vom Großherzog erreichte er bei beibehaltener Besoldung die Befreiung von den lästigen Amtspflichten. Zum äußeren Zeichen des Wandels zog er endgültig aus seinem idyllischen Gartenhaus an der Ilm in das repräsentative Haus am Frauenplan.

Als er die 20-jährige Blumenbinderin Christiane Vulpius als „Bettschatz" ins Haus nahm, entfachte er einen Skandal in der Hofgesellschaft; die intime Freundschaft mit Charlotte von Stein war damit beendet.

*Bleistiftzeichnung Goethes von Christiane Vulpius.*

Aus Italien brachte Goethe auch eine neue Ausrichtung seiner naturwissenschaftlichen Interessen mit; er wollte Naturwissenschaft nicht mehr länger nur als Liebhaberei betreiben; über viele Jahre hinweg wurde sie sogar seine Hauptbeschäftigung. Mit seinem *Versuch die Metamorphose der Pflanzen zu erklären* (1790) wählte er die Form der didaktischen Beschreibung zur Darstellung der „Urpflanze", aus dem sich alle Formen entwickeln konnten (→ Metamorphose).

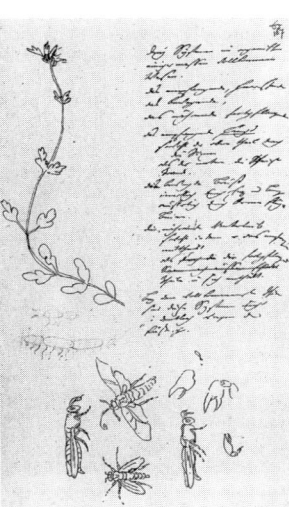

*Pflanzenstudie Goethes um 1790 zur Typisierung von Pflanzen und Insekten.*

Die Beobachtung passte zu seiner Entdeckung des Zwischenkieferknochens beim Menschen und schloss an die Idee an, alles auf einen gemeinsamen Ursprung zurückzuführen. Noch zielstrebiger ging Goethe bei seinen Forschungen zur Optik vor. Auch die *Beiträge zur Optik* (1791) bis hin zur mehrbändigen *Farbenlehre* (1810) suchten nach dem Urgrund der Farbwahrnehmung, den Goethe analog zu seiner sonstigen Naturwahrnehmung auf den Unterschied von Hell und Dunkel zurückführen wollte. Bis zur Wahnidee verrannte sich Goethe in seinem Kampf gegen Isaac Newtons Schrift *Optick* (1704), in der dieser die Lichtzerlegung nachgewiesen hatte.

Goethe, der sich der Mathematisierung der Naturwissenschaften, dem Gebrauch von Instrumenten und Experimenten widersetzte, beharrte dagegen auf der unmittelbaren Anschauung, wonach es unmöglich zu sein schien, dass im weißen Licht alle Farben enthalten sein sollten. Ohne es zu wissen, entdeckte Goethe bei seinen Untersuchungen die subjektiven Farben als eine Leistung des Auges.

**Zitat**

Wenn das Auge die Farben erblickt, so wird es gleich in Tätigkeit gesetzt, und es wird seiner Natur gemäß, auf der Stelle eine andere, so unbewußt als notwendig, hervorbringen, welche mit der gegebenen die Totalität des ganzen Farbenkreises enthält.

*Farbenlehre, § 805, Didaktischer Teil*

Erst durch die Begegnung mit Schiller schränkte Goethe diese Dominanz der Naturwissenschaften ein.

> **Zitat**
>
> *Brief Goethes an Schiller vom 6. Januar 1798*
>
> Sie haben mir eine zweite Jugend verschafft und mit wieder zum Dichter gemacht, welches zu sein ich so gut wie aufgehört hatte.

Was Goethe nach seiner Italienreise dichtete, war ganz anders, als das Publikum gewohnt war. Die *Römischen Elegien*, seit 1789 entstanden und 1795 in Schillers *Horen* erschienen, hießen ursprünglich *Erotica Romana*; sie riefen Erstaunen und Entrüstung hervor.

> **Zitat**
>
> *Johann Baptist Alxinger an Karl August Böttiger vom 25. März 1797*
>
> Properz durfte es laut sagen, daß er eine glückliche Nacht bei seiner Freundin zugebracht habe. Wenn der Hr. v. Goethe mit seiner italienischen Mätresse vor dem ganzen Deutschland in den Horen den concubitum exerziert, wer soll das billigen?

*aus Italien zurück*

Der Vorwurf der Unmoral bei der literarischen Darstellung sinnlicher Liebe verkannte, dass Goethe an die Tradition der Liebesdichtung seit Petrarcas *Canzoniere* (→Petrarkismus) oder Shakespeares Sonette anknüpfte. Die entrüsteten Leser suchten vor allem die Spiegelung im Biographischen und übersahen das schon im Titel angegebene Thema der Trauer und Entsagung, die trotz aller Sinnesfreude mitschwang. Dabei hielt Goethe die wirklich anstößigen Gedichte und seine Sammlung phallischer Kunstobjekte unter Verschluss; sie wurden erst im 20. Jahrhundert veröffentlicht.

Mit dem neuen Tonfall dieser nun klassischen Lyrik hatte sich nicht nur die bisherige Lebensordnung umgekehrt; der Staatsmann trat hinter den Dichter zurück. Inhaltlich vollzog Goethe die Abkehr von seiner bisherigen →Erlebnislyrik.

Auch die Arbeit am *Faust* nahm Goethe wieder auf. Der Stoff stammte aus dem Volksbuch *Historia von D. Johann Fausten* (1587) und war über verschlungene Wege von Christopher Marlowes Drama *Tragical History of Doctor Faustus* (1595) über englische Komödianten als Puppenspiel nach Deutschland zurückgekehrt.

*Faust*

Der Stoff war attraktiv. Lessing (1759), Maler Müller (1776/78) und Klinger (1791) hatten sich daran versucht. Zahlreiche Fortsetzungen und Umschreibungen des 19. Jahrhunderts setzten diese Linie bis zu Michail Bulgakows *Der Meister und Margarita*

(1928/40), Paul Valérys *Mon Faust* (1940) und Thomas Manns *Doktor Faustus* (1947) ins 20. Jahrhundert international fort.

1772 hatte Goethe in Frankfurt mit dem *Urfaust* begonnen. Nach der Rückkehr aus Italien begann die zweite Phase, in der Goethe sein Geniedrama neu strukturierte und wichtige Gelenkszenen wie z. B. die „Hexenküche" einführte. Mit der Veröffentlichung als letzter Band seiner *Schriften* 1790 blieb *Faust, ein Fragment*, das noch vor Gretchens Einkerkerung abbrach.

Die weltpolitischen Ereignisse drangen zunächst nur indirekt, in abgeschwächter Form und kaum kommentiert in die neue Lebensform. Schon vor dem Ausbruch der Französischen Revolution hatte Goethe das gehäufte Auftreten von Scharlatanen, Magiern, Okkultisten und Spiritisten beobachtet und sie als Krisenphänomene für das baldige Zusammenbrechen des maroden und korrupten →Ancien Régime gewertet. Der berühmteste Betrüger war der angebliche italienische Graf Caliostro, der auch 1785 in die berühmte Halsbandaffaire des französischen Hofs verwickelt war. Goethe spielte darauf in seinem Stück *Der Groß-Kophta* (1791) oder in dem Fragment *Die Aufgeregten* (1793) an. Auf die Ereignisse der Französischen Revolution reagierte er nicht unmittelbar, sondern durch die Entwicklung eines Gegenbildes der Erziehung und →Humanität. Hier berührte er sich, zunächst noch ohne es zu wissen, mit vergleichbaren Bestrebungen Schillers. Erst mit dem Feldzug gegen das französische Revolutionsheer, an dem er auf Wunsch des Herzogs teilnahm und den er später in der *Kampagne in Frankreich* (1822) zum weltgeschichtlichen Ereignisse stilisierte, schlugen sich die Ereignisse nach der jakobinischen Terrorherrschaft auch in seinen Texten nieder.

*Französische Revolution und Literatur*

## Schiller vor Goethe 3.4.6

**Kurzbiografie**

1759   Johann Christoph Friedrich Schiller am 10. November als Sohn eines Wundarztes in Marbach am Neckar geboren
1768   Lateinschule in Ludwigsburg
1773   Aufnahme in die militärische Pflanzschule, später herzogliche Militär-Akademie genannt, in Stuttgart auf Befehl Herzogs Carl Eugen von Württemberg
1776   Medizinstudium
1780   Annahme der Dissertation im 2. Versuch
1781   *Die Räuber. Ein Schauspiel* im Selbstverlag

1782 Heimliche Reise nach Mannheim zur Uraufführung der *Räuber*; *Anthologie auf das Jahr 1782*; Verhaftung, Bestrafung und Verbot literarischer Betätigung; Flucht nach Mannheim, Frankfurt, Oggersheim; zum Deserteur erklärt; Arbeit an *Die Verschwörung des Fiesco zu Genua* und *Don Carlos*

1783 Aufführung von *Fiesco* und *Kabale und Liebe*; Theaterdichter in Mannheim

1784 *Die Schaubühne als eine moralische Anstalt betrachtet*; Entlassung als Mannheimer Theaterdichter

1785 bei Christoph Georg Körner zuerst in Leipzig, dann in Dresden; Arbeit am *Don Carlos*

1786 *Der Verbrecher aus verlorener Ehre*

1787 *Der Geisterseher*; Buchausgabe des *Don Carlos*; Ankunft am 21. Juli in Weimar, Abreise am 21. November, Rückkehr am 7. Dezember

1788 *Geschichte des Abfalls der Vereinigten Niederlande von der Spanischen Regierung*; *Briefe über Don Carlos*; Abreise nach Rudolstadt, Rückkehr nach Weimar

1789 außerordentlicher Professor der Philosophie (mit Lehrauftrag Geschichte) in Jena; Eheversprechen mit Charlotte von Lengefeld; Übersiedelung nach Jena; *Was heißt und zu welchem Ende studiert man Universalgeschichte?*; Übersetzungen *Die Phönizierinnen* und *Iphigenie in Aulis* von Euripides

1790 der Herzog gewährt ein Jahresgehalt von 200 Talern; Heirat mit Charlotte von Lengefeld; erster förmlicher Besuch Goethes

1791 Lebensgefährliche Erkrankung; Rezension der Gedichte Bürgers (anonym); Meldung von Schillers Tod, Totenfeier in Dänemark; dänisches Stipendium für drei Jahre

1792 Ehrenbürger der Französischen Republik; Beschäftigung mit der Philosophie Kants; Herausgabe der *Neuen Thalia*; *Geschichte des Dreißigjährigen Krieges*

1793 *Über Anmut und Würde*; Reise nach Heilbronn, Ludwigsburg und Stuttgart

1794 Wilhelm von Humboldt in Jena; Reise nach Tübingen und Stuttgart; Bekanntschaft mit dem Verleger Cotta; am 20. Juli nach der Sitzung der Naturforschenden Gesellschaft in Weimar: Gespräch mit Goethe; Geburtstagsbrief an Goethe am 23. August

*Schiller, der Flüchtling*

Eigentlich war Schiller, als er am 21. Juli 1787 in Weimar ankam, immer noch auf der Flucht. Der Sohn eines württembergischen Militärarztes war vom dortigen Landesherrn zum Eintritt in seine Militärakademie gepresst worden, eine rigide Disziplinierungsanstalt, keine Bildungsstätte für Intellektuelle oder Schöngeister. Der Zögling schlug freilich aus der Art; er hatte mit *Die Räuber* ein revolutionäres Theaterstück verfasst, es heimlich außerhalb Württembergs zur Aufführung bringen und auf eigene Kosten drucken lassen. Schiller wurde, als er sich dem Verbot weiterer literarischer Betätigung widersetzte und durch die Flucht entzog, bis zum Tod des Herzogs 1792 als Deserteur verfolgt. Mittlerweile war der seit seiner Kindheit Dauerkranke ruhelos von Gönner zu Gönner gezogen. Die nächsten beiden Stücke, *Die Verschwörung des Fiesco zu Genua* und das bürgerliche Trauerspiel *Luise Millerin*, das auf Vorschlag des Starschauspielers Iffland schließlich in *Kabale und Liebe* umbenannt wurde, hatten zwar erhebliches Aufsehen gemacht und Schiller die Anerkennung seines dramatischen Talents eingebracht, aber kaum Einkünfte und keine Zukunftsperspektive.

Schiller in einem Stich von 1782, mit einer zeitgenössischen Szene aus den Räubern.

Am Weimarer Hof missfiel die Vorlesung des *Don Carlos*, seines neuesten Stücks, obwohl Schiller diesmal einen historischen Stoff gewählt und sich für die hohe Tragödie entschieden hatte. Der Zusammenprall von tiefer Empfindung mit der Machtpolitik des absolutistischen Staates, verkörpert im Vater, König Philipp II., erhob die Bühne zum Tribunal für die Menschlichkeit. Wer genau hinhörte, konnte schon die Ansätze des klassischen Bildungs- und →Humanitätsideals erkennen.

### Zitat

Mit offenen Sinnen, mit allen Kräften der Jugend, allem Drange des Genies, aller Wärme des Herzens in das weite Universum geworfen, sieht er den Menschen im großen wie im kleinen handeln; er findet Gelegenheit, sein mitgebrachtes Ideal an den wirkenden Kräften der ganzen Gattung zu prüfen. Alles, was er hört, was er sieht, wird mit lebendigem Enthusiasmus von ihm verschlungen, alles in *Beziehung* auf jenes Ideal empfunden, gedacht und verarbeitet. Der Mensch zeigt sich ihm in mehrern Varietäten; ihn mehrern Himmelsstrichen, Verfassungen, Graden der Bildung und Stufen des Glückes lernt er ihn kennen. So erzeugt sich in ihm allmählich eine zusammengesetzte und erhabene Vorstellung des

*Schiller über den Marquis Posa in Briefe über Don Carlos, 1788.*

Menschen im *großen* und *ganzen*, gegen welches jedes einengende kleinere Verhältnis verschwindet. Aus sich selbst tritt er jetzt heraus, im großen Weltraum dehnt sich seine Seele ins Weite. –

Im Ausruf von Marquis Posa, dem Freund des Thronfolgers, vor dem spanischen König, „Geben Sie Gedankenfreiheit", war das Freiheitsideal eingefordert, im tragischen Ausgang schien es zusammen mit der enttäuschten Liebe unterzugehen.

*Schiller als Historiker*

Schiller suchte weiter nach einer angemessenen Stellung, während der einflussreiche Minister und Dichterkollege Goethe in Italien weilte. Zustimmung fand in Weimar jedoch Schillers *Geschichte des Abfalls der Vereinigten Niederlande*, so dass man auf den Einfall kam, den dramatischen Dichter nach anderthalb Jahren zum außerordentlichen Professor für Geschichte (ohne Gehalt) in Jena zu berufen. Erst nach einem Jahr gewährte der Herzog ein bescheidenes Gehalt, der Nachbarherzog (von Sachsen-Meiningen) ernannte Schiller zum Hofrat. Als Geschichtswissenschaftler ist Schiller nur bedingt, als Universitätslehrer kaum hervorgetreten. Seine Antrittsvorlesung *Was heißt und zu welchem Ende studiert man Universalgeschichte?* vom 26. Mai 1789 erregte zwar Aufsehen; der Reiz der Neuheit (und Schillers Vortragstalent) ließen jedoch bald nach. In seiner programmatischen Antrittsvorlesung trennte Schiller den Wissenschaftler als Brotgelehrten vom philosophischen Kopf, der die Geschichte als Quelle zum Verständnis der Gegenwart benutzte. Die Vernunft der Geschichte zeige sich in der Rekonstruktion des Betrachters. Zudem seien die Grenzen zwischen Geschichtsschreibung und Poesie fließend. So durften Schillers bisherige und weitere historische Arbeiten wie seine *Geschichte des Dreißigjährigen Krieges* (1792) sowohl Geschichtsschreibung als auch Quellenstudien für seine historischen Dramen sein. Gelegentliche historiographische Arbeiten konnten neben der wissenschaftlichen Reputation zusätzlich „einen ökonomischen Ruhm" einbringen, wie Schiller am 17. März 1788 an Körner schrieb. Auch die Heirat mit Charlotte von Lengefeld 1790 verlangte nach regelmäßigen Einkünften, um eine bürgerliche Existenz führen zu können.

*auf dem Weg zum Klassiker*

In dieser Zeit entstand neben den *Briefen über den Don Carlos* die Fortsetzung des einzigen Romans, den Schiller schrieb: *Die Geisterseher*. Das bis heute unterschätzte Werk, das Fragment blieb, erzählt die Geschichte eines deutschen Prinzen, der in ein Netz von Intrigen und Verbrechen gerät. Geheimnisvolle Zufälle und unerklärliche Begebenheiten, Prophezeiungen und

Gespenstererscheinungen erzeugen eine Spannung, die nicht wie bei den Unterhaltungsromanen der Zeit um ihrer selbst willen existierte. Schiller stellte darin die Rolle der Vernunft, wenn sie von ihren moralischen Begründungen abgelöst wird, zur Diskussion. Letztlich mündeten alle Fragen nach Illusion, Täuschung und falschem Schein in eine Ästhetik, die noch zu entwickeln war.

Die beiden programmatischen Gedichte *Die Götter Griechenlands* (1788) und *Die Künstler* (1789) markierten, noch vor seiner systematischen Kant-Lektüre, Schillers Wendung zur antiken Kunst. Die Wirkung dieser Klagen Schillers über eine entgötterte Welt der Gegenwart war groß, wie die Ablehnung vom christlichen Standpunkt aus (F. L. Stolberg) und Zustimmung (etwa durch Georg Forster) bezeugten.

Mittlerweile war Goethe aus Italien als ein Gewandelter zurückgekommen, der den Stürmer und Dränger Schiller, wie er ihn aus dessen frühen Stücken zu kennen meinte, mied. Ein ähnliches Beispiel einer solch verspäteten und daher falschen Rezeption war 1792 die Ernennung Schillers zum Bürger Frankreichs durch die revolutionäre Nationalversammlung. Vermutlich hatten die Franzosen wie auch Goethe das Drama *Die Räuber* mit dem Ausruf „in tyrannos", der gar nicht von Schiller stammte, in Erinnerung. Erst zum Jahresende 1790 stattete Goethe, der später bekannte, dass ihn *Die Räuber* damals „äußerst anwiderten", Schiller einen förmlichen Besuch ab. Schiller arbeitete trotz seiner wiederholten gesundheitlichen Zusammenbrüche und chronischen Krankheiten – Goethe hat später von einem 14-jährigen Sterben gesprochen – an den Anfängen einer Theatertheorie, deren erste Resultate er 1791 in *Über die tragische Kunst* und *Über den Grund des Vergnügens an tragischen Gegenständen* niederlegte. Anknüpfend an den aus der europäischen Rhetoriktheorie stammenden Begriff des Erhabenen entwickelte Schiller das Tragische als die Erregung von Furcht und Schrecken. Dadurch grenzte er sich von der → Empfindsamkeit und namentlich von Lessings Begriff des Mitleids ab, der für Schiller die Gefahr in sich barg, dass das Drama, wie er an den rührenden Schauspielen der vergangenen Epoche ablas, ins Sentimentale verfalle.

**Zitat**

Die Tragödie fordert, daß wir leiden; durch den Schmerz führt sie uns zur Freiheit.

*Aus dem Nachlass Schillers*

Schon zuvor hatte er in der Besprechung *Über Bürgers Gedichte* (1791) die Absage an die →Erlebnislyrik des →Sturm und Drang, die Goethe nach seiner Italienreise praktisch vollzogen hatte, theoretisch formuliert. Mit unerwarteter Härte geißelte Schiller die Verse des bekannten *Leonore*-Dichters als in falscher Weise volkstümlich.

### Zitat

*Schiller, Über Bürgers Gedichte*

Hr. Bürger *vermischt* sich nicht selten mit dem Volk, zu dem er sich nur herablassen sollte, und anstatt es scherzend und spielend zu sich hinaufzuziehen, gefällt es ihm oft, sich ihm gleich zu machen.

Von der Höhe des klassischen Bildungsideals fordert Schiller vom Dichter nicht nur eine Erziehung seines Publikums, sondern auch den Anspruch der Lyrik, die Ästhetik auf einem bestimmten philosophischen Niveau und in Distanz zur Gefühlslage des Dichters zu halten. Lyrik solle keine Empfindungen des Dichters ausdrücken; dem wahren Dichter sei es untersagt, „mitten im Schmerz den Schmerz zu besingen". Es sei für den Dichter beim Dichten sogar nötig, „sich selber fremd zu werden". Sie gipfelte in der Forderung, dass jede Lyrik, wenn sie etwas tauge, „mit dem Zeitalter fortschritte".

### Zitat

*Brief Schillers an Körner vom 3. März 1791*

In Weimar habe ich durch die Bürgerische Recension viel Redens von mir gemacht; in allen Circeln las man sie vor, und es war ein guter Ton, sie vortrefflich zu finden, nachdem Goethe öffentlich erklärt hatte, er wünschte Verfasser davon zu seyn.

*Schillers theoretische Schriften*

Das Jahr 1793 brachte den Beginn der Auseinandersetzung mit der Philosophie Kants, was in einer Universitätsstadt, in der die Kantianer dominierten, kaum verwundert. In den *Kallias*-Briefen an Körner arbeitete Schiller mit der Verbindung ästhetischer und ethischer Kategorien. Zentral war dabei der Begriff der „Anmut" als „Schönheit der Gestalt unter dem Einfluß der Freiheit", wie er dann im Titel der Abhandlung *Über Anmut und Würde* auftauchte. In Briefen an den Herzog von Augustusburg, die dann als *Über die ästhetische Erziehung des Menschen in einer Reihe von Briefen* 1795 in den *Horen* erschienen, verfasste Schiller schließlich die theoretische Grundsatzschrift der Weimarer Klassik. Es erscheint wie ein Paradox, dass Schiller ausgerechnet in Briefen an einen fürstlichen Mäzen, der ihm die Freiheit dichterischer

Arbeit ermöglichte, von der Freiheit der Kunst und des Künstlers handelte.

> **Zitat**
>
> In einer schönen Seele ist es also, wo Sinnlichkeit und Vernunft, Pflicht und Neigung harmonisieren, und Grazie ist ihr Ausdruck in der Erscheinung.
>
> *Schiller, Über die ästhetische Erziehung des Menschen*

Schiller verstand, zahlreiche Anspielungen auf die Zeitereignisse wiesen darauf hin, sein Modell der →ästhetischen Erziehung als Gegenentwurf zu radikalen Phase der Französischen Revolution. Diese ästhetische Erziehung sollte die alte Staatsordnung evolutionär, nicht revolutionär überwinden und den Bürger zur Freiheit führen. Dies geschehe, so Schiller, indem der sinnliche Aspekt des Menschen, der „Stofftrieb" mit dem „Formtrieb" durch den „Spieltrieb" vermittelt werde.

> **Zitat**
>
> Denn, um es endlich auf einmal herauszusagen, der Mensch spielt nur, wo er in voller Bedeutung des Worts Mensch ist, und er ist nur da ganz Mensch, wo er spielt.
>
> *Schiller, Über die ästhetische Erziehung des Menschen*

Schiller war also längst kein Stürmer und Dränger mehr. Doch Goethe hielt sich immer noch fern und beschäftigte sich anderweitig; später sagte er: „und so lebten wir eine Zeitlang nebeneinander fort."

## Goethe und Schiller  3.4.7

**Kurzbiografie**

1794  Schiller im Herbst häufig Gast in Goethes Haus; Beginn des Erscheinens der *Horen*

1795  *Musen-Almanach für das Jahr 1796* mit 23 Gedichten Schillers; Goethes *Literarischer Sansculottismus* in den *Horen*; Entwicklung des gemeinsamen *Xenien*-Plans; gegenseitige Besuche

1796  gemeinsame *Xenien*-Produktion; häufige gegenseitige Besuche; Goethe übersendet das letzte Buch von *Wilhelm Meisters Lehrjahre*, Schiller antwortet mit ausführlichen Briefen; Goethes *Unterhaltungen deutscher Ausgewanderten* in den *Horen*; *Musen-Almanach für das Jahr 1797*; *Über naive und sentimentalische Dichtung*

1797 Diskussion über poetische Gattungen; Goethe in Jena; gemeinsames Balladenjahr; *Musen-Almanach für das Jahr 1798* mit Balladen Schillers, Goethes *Hermann und Dorothea*
1798 Goethe in Jena; Gespräche über *Faust* und *Wallenstein*; Goethes Zeitschrift *Propyläen*; Uraufführung von *Wallensteins Lager*; *Musen-Almanach für das Jahr 1799* mit Balladen Schillers
1799 Uraufführung der *Piccolomini* und *Wallensteins Tod*; Goethe in Jena, Schiller in Weimar; *Lied von der Glocke* und *Nänie*; Schiller und Goethe wiederholt beim Herzog
1800 Schillers *Macbeth*-Bearbeitung aufgeführt; Uraufführung der *Maria Stuart*; Schillers *Gedichte* und *Kleinere prosaische Schriften*
1801 Wegen Goethes Erkrankung übernimmt Schiller die Leitung verschiedener Theaterproben; Schillers Reise nach Sachsen: Uraufführung der *Jungfrau von Orleans* in Leipzig
1802 Schillers Bühnenbearbeitung von Goethes *Iphigenie*; Uraufführung von Schillers *Turandot*-Bearbeitung; Schiller erwirbt ein Haus in Weimar; Wilhelm von Humboldt besucht Schiller; Schillers Adelsdiplom
1803 Uraufführung der *Braut von Messina*; Schillers Reise nach Lauchstädt; Aufführung von *Wallensteins Tod* in Weimar in Anwesenheit des schwedischen Königs, der Schiller dafür einen Brillantring schenkt; Ankunft Madame de Staël in Weimar
1804 Uraufführung des *Wilhelm Tell*; Schillers Reise nach Berlin; nach der Rückkehr: Verdoppelung des Gehalts für Schiller; Arbeit am *Demetrius* und *Die Huldigung der Künste*; Zarentochter Maria Paulowna in Weimar: Brillantring für Schiller; Schiller übersetzt in Auftrag des Herzogs die *Phèdre* von Racine; Verkauf des russischen Brillantrings für 500 Taler
1805 Uraufführung der *Phädra*; schwere Fieberanfälle Schillers; Kauf eines Pferdes; letzte Begegnung mit Goethe; heftige Fieberanfälle Schillers; Tod Schillers am 9. Mai; Beisetzung am 11. Mai im Landschaftskassengewölbe; Trauerfeier am 12. Mai
1826 Zusammentragen von Schillers Gebeinen und Schädel zur Aufbewahrung in der Großherzoglichen Bibliothek; Goethe hat Schillers Schädel vom 24.–26. September zuhause: *Bei Betrachtung von Schillers Schädel*; Beisetzung von Schädel und Gebeinen auf Wunsch des bayerischen Königs Ludwig I. in der Weimarer Fürstengruft

### „Glückliches Ereigniß"

Im Frühsommer 1794 hatte Schiller Goethe, wie übrigens auch Kant, brieflich um Mitarbeit an seiner neuen Zeitschrift *Die Horen* gebeten; Goethe hatte höflich zugesagt. Am 20. Juli 1794, als beide an einer Sitzung der Naturforschenden Gesellschaft in Jena teilgenommen hatten, fand jenes *Glückliche Ereigniß* statt, von dem Goethe später der Nachwelt berichtete.

### Zitat

Wir gelangten zu seinem Hause, das Gespräch lockte mich hinein; da trug ich die Metamorphose der Pflanzen lebhaft vor, und ließ, mit manchen charakteristischen Federstrichen, eine symbolische Pflanze vor seinen Augen entstehen. Er vernahm und schaute das alles mit großer Theilnahme, mit entschiedener Fassungskraft; als ich aber geendet, schüttelte er den Kopf und sagte: das ist keine Erfahrung, das ist eine Idee. Ich stutzte, verdrießlich einigermaßen: denn der Punkt der uns trennte, war dadurch aufs strengste bezeichnet. Die Behauptung aus Anmuth und Würde fiel mir wieder ein, der alte Groll wollte sich regen, ich nahm mich aber zusammen und sagte: das kann mir sehr lieb seyn daß ich Ideen habe ohne es zu wissen, und sie sogar mit Augen sehe.

*Goethe, Glückliches Ereigniß, 1817*

Gemeinsamkeiten wie Unterschiede der beiden wurden deutlich. Mit seinem Geburtstagsbrief an Goethe vom 23. August 1794 warb Schiller förmlich um die geistige Auseinandersetzung. Auf getrennten Wegen, Goethe über die empirischen Arbeiten der Naturwissenschaft, der studierte Mediziner Schiller über die philosophische Analyse, waren beide zu demselben Erkenntnisziel gelangt. Beide standen zur selben Zeit an einem Wendepunkt ihres Schaffens. Goethe hatte sich in seine naturwissenschaftlichen Studien und vor allem seine Farbenlehre verrannt, Schiller hatte seit seinem *Don Carlos* fast nur noch philosophische Abhandlungen verfasst. Jetzt, im gegenseitigen Austausch, begann bei beiden die dichterische Produktion wieder zu sprudeln. Goethe, aber auch Schiller, erst recht die Verehrer des 19. Jahrhunderts haben dieses Bündnis zum Gipfelpunkt der Klassik erhoben, es gehörig stilisiert und auf die beiden Personen reduziert. In Wirklichkeit war die Annäherung wohl ein länger dauernder Prozess, in dem beidseitige Freunde wie Körner, Wilhelm von Humboldt, Schillers und Humboldts Frau nicht unbeteiligt waren. Erst heute sieht man, dass Goethes zahlreiche Arbeitsaufenthalte in Jena nicht nur Schiller geschuldet sind, sondern dem bewegteren geistigen Klima der zweiten Stadt im Herzogtum. War in Weimar die politische Macht zu Hause, so in Jena der Geist. Das klassische Jahrzehnt des Bündnisses zwischen Goethe und Schiller war auch machtpolitisch eine her-

*Schiller und Goethe: Annäherung*

ausgehobene Friedenszeit in Weimar. Durch den Sonderfrieden von Basel 1795 zwischen Preußen und Frankreich und die Neutralität in den Koalitionskriegen konnte der Herzog sein Fürstentum bis zum Krieg mit Frankreich und der Niederlage bei Jena und Auerstedt aus allen Konflikten heraushalten. Goethe und Schiller waren zwar angesagte Feinde der Revolution, die geistigen Folgen nutzten sie aber gerne zum Ausbau ihrer klassischen Vorstellungen.

**Zitat**

*Brief Goethes an Knebel aus Jena vom 2. März 1797*

Es ist übrigens hier meist in allen Fächern ein so schnelles literarisches Treiben, daß einem der Kopf ganz drehend wird, wenn man drauf horcht. Es ist aber sehr merkwürdig zu sehen wie in unserer Zeit nichts, auch nur einen Augenblick, an seiner Stelle bleiben kann und alle sich wo nicht verbessert doch immer verändert. Die literarische Welt hat das Eigne, daß in ihr nicht zerstört wird ohne daß etwas Neues daraus entsteht, und zwar etwas Neues derselben Art. Es bleibt in ihr dadurch eine ewiges Leben, sie ist immer Greis, Mann, Jüngling und Kind zugleich, und da wo nicht alles, doch das meiste bei der Zerstörung auch noch erhalten wird, so kommt ihr kein anderer Zustand gleich.

*Unterschiede der beiden*

Im Gegensatz zur kritiklosen Verklärung nachfolgender Epochen sieht man heute auch die Unterschiede zwischen beiden. Goethe erkannte sehr wohl, dass ihm in dem deutlich jüngeren, beim größeren Publikum erfolgreicheren und im literarischen Geschäft erfahreneren Schiller ein poetischer Konkurrent erwuchs. Umgekehrt erkannte Schiller den dichterischen Rang aller Arbeiten Goethes, die er in seine Zeitschriften und Projekte aufnahm. Ganz unterschiedlich war auch das Verhältnis der beiden zum Weimarer Hof. Auf *Wallenstein* reagierte der Herzog, wie auf alles, was von dem feudal verdächtigen Schiller kam, mit fader Anerkennung der dichterischen Qualität und sparte nicht mit nachhaltiger Kritik.

**Zitat**

*Brief des Herzogs an Goethe vom 31. Januar 1799*

Über den gestrigen Wallenstein – die außnehmend schöne Sprache abgerechnet, die wirklich vorzüglich, vortrefflich ist –, aber über seine Fehler möchte ich ein ordentliches Programm schreiben; indeßen muß mann den zweyten Theil erst abwarten. Ich glaube wirklich, daß aus beyden Theil ein schönes Ganze könnte außgeschieden werden; es müste aber mit vieler Herzhaftigkeit davon abgelöset und anderes eingeflickt werden. Der Charackter des Helden, der meiner Meynung nach auch seiner Verbeßerung bedürfte, könnte gewiß mit wenigen Strichen ständiger gemacht werden.

**Gemeinsame Arbeiten**

In ihrem Briefwechsel, von Goethe nach Schillers Tod zum Dokument einer nie wieder zu erreichenden Arbeitsgemeinschaft erhoben, lieferten die beiden Klassiker die Grundlage ihrer späteren Verehrung. In mehr als 1000 Briefen diskutierten sie gemeinsame und parallele Projekte, solche in denen sich ihre Individualbeiträge bis zur Ununterscheidbarkeit durchmischten, aber auch solche, in denen sie konkurrierten.

*Briefwechsel*

Mit dem Geburtstagsbrief vom 23. August 1794 begann Schiller eine Charakteristik Goethes aus seiner Sicht. Goethe erkannte sich in dieser „Summe meiner Existenz" erstaunt und zustimmend wieder und schlug in seiner Antwort vom 27. August vor, gerade auf der Basis der Unterschiede in Zukunft „desto ununterbrochener gemeinschaftlich arbeiten" zu wollen. Schiller antwortete am 31. August mit einer Art Selbstcharakteristik „als eine ZwitterArt" zwischen Dichter und Philosoph, zwischen „Begriff und Anschauung". Die Dichtertypen, die damit gegenübergesetzt wurden und in denen er auch Goethe und sich meinte, enthielten schon den Keim dessen, was Schiller in seiner Schrift *Über naive und sentimentalische Dichtung* (1796) dann systematisierte. Mit „naiv" bezeichnete Schiller die ungekünstelte gegenständliche „Nachahmung des Wirklichen", als „sentimentalisch" (nicht: sentimental) verstand er ein reflexives Element während der Darstellung, die durch die historische Erfahrung des Zivilisationsprozesses hindurchgegangen war. Auf der Grundlage dieser Polarität entwickelte er drei literarische Grundgattungen. In der Satire „wird die Wirklichkeit als Mangel dem Ideal als der höchsten Realität gegenübergestellt". Die Elegie beziehe sich auf „die Natur und das Ideal"; sie wirkt als „Gegenstand der Trauer, wenn jene als verloren, diese als unerreichbar dargestellt wird". Die Idylle schließlich sei der „Gegenstand der Freude, indem sie als unwirklich dargestellt" werde.

naive und sentimentalische Dichtung

Der Briefwechsel *Über epische und dramatische Dichtung* (1797) setzte diese Gegenüberstellung fort, als handle es sich um als Reinformen verstandene Gegensätze. Während das Drama die Tendenz hatte, auf ein Ziel zuzustreben, galt das Epos als in sich selbst ruhend, das sich Vor- und Rückgriffe im Erzählkontinuum leisten konnte.

Im *Dilettantismus*-Projekt (1799), das über Aufzeichnungen Goethes mit Anmerkungen Schillers nicht hinauskam, ging es um die Abgrenzung des wahren Künstlers von dem, der nur einer zu sein scheint oder es nur sein will.

**Zitat**

*Goethe, Dilettantismus-Aufzeichnungen*

Weil der Dilettant seinen Beruf zum Selbstproduzieren erst aus den Wirkungen der Kunstwerke auf sich empfindet, so verwechselt er diese Wirkungen mit den objektiven Ursachen und Motiven, und meint den Empfindungszustand, in den er versetzt ist, auch produktiv und praktisch zu machen.

Im von Schiller 1796–1800 herausgegebenen *Musen-Almanach* standen die Arbeiten beider nebeneinander.

*Mit dünnen Feder- und Bleistiftstrichen skizzierte Goethe zwischen 1800 und 1812 seine bildlichen Vorstellung vom „Prolog im Himmel" des Faust.*

Das Miteinander konnte auch ein Nebeneinander werden, ohne die Freundschaft zu gefährden. Gegenseitige Besuche und gemeinsame Arbeitsperioden mit mündlichem Austausch dienten auch der Abgrenzung der Arbeitsgebiete. Während Schiller im Jahresrhythmus ein Drama nach dem anderen fertigstellte, nahm Goethe alte Pläne auf (*Faust*) oder begann neue (*Achill*-Fragment). Durch Schiller inspiriert arbeitete Goethe seit 1797 wieder an *Faust*. Diese dritte Phase erbrachte die drei Prologe und schachtelte die eigentliche *Faust*-Handlung in einen theatralischen und einen himmlischen Rahmen.

*gemeinsame Arbeiten*

Auch der Teufelspakt sowie diejenigen Elemente wie die Walpurgisnacht kamen hinzu, in denen die Wirklichkeit verlassen wurde.

Zwischen 1800 und 1812 ist eine lavierte Federzeichnung datiert, in der Goethe in zerfließenden Formen die „Walpurgisnacht" des Faust skizzierte.

Mit dem Erscheinen von *Faust, der Tragödie erster Teil* (1808) war diese Phase beendet. Goethe folgte in der Zeit des Austauschs mit Schiller lieber seinem „realistischen Tic", wie er am 9. Juli 1796 an Schiller schrieb, und konzentrierte sich auf das Erzählen, obwohl es Schiller war, der den Romanautor nur als Halbbruder des Dichters anerkannte und Goethe am 20. Oktober 1797 geschrieben hatte: *Wilhelm Meisters Lehrjahre*, „wie überhaupt jede Romanform, ist schlechterdings nicht poetisch."

**Unterhaltungen**  Mit seinem nach dem Vorbild von Boccaccios *Decamerone* zum Erzählzyklus geordneten Roman *Unterhaltungen deutscher Ausgewanderten* (1795) regierte Goethe auf die Zeitereignisse, verweigerte sich jedoch einer konkreten Parteinahme. Dennoch war der Ausgangspunkt politisch: eine „edle Familie" war auf der Flucht aus linksrheinischen Gebieten. Erzählt wurde unter den Flüchtlingen nicht nur aus Zeitvertreib, sondern auch zur Vermeidung politischer Streitereien.

---

**Textbeispiel**

„Die bürgerliche Verfassung", sagte sie, „scheint wie ein Schiff zu sein, das eine große Anzahl Menschen, alte und junge, gesunde und kranke, über ein gefährliches Wasser auch selbst zu Zeiten des Sturms hinüberbringt; nur in dem Augenblick, wenn das Schiff scheitert, sieht man, wer schwimmen kann, und selbst gute Schwimmer gehen unter solchen Umständen zugrunde."

*Goethe,* Unterhaltungen deutscher Ausgewanderten

---

Auch damit entsprachen die *Unterhaltungen* der Ankündigung von Schillers *Horen*, dessen ersten Band sie einleiteten. Abgeschlossen wurde der Erzählzyklus mit dem *Märchen*, das eine rätselhafte Traumwelt mit symbolischen Bezügen verband. Es entzog sich als „offenbares Geheimnis" allen Entschlüsselungen, wie es in den *Unterhaltungen* angekündigt wurde: „ein Märchen, durch das Sie an nichts und an alles erinnert werden sollen!"

**Wilhelm Meisters theatralische Sendung**  Am Theaterroman *Wilhelm Meisters theatralische Sendung* hatte Goethe von 1777 bis 1785 festgehalten. Er war jetzt nicht mehr als Theaterroman denkbar. Bei den Umarbeitungen seit 1793 erhöhte Goethe den Helden vom Kleinbürgerstand ins Bildungs- und Besitzbürgertum; die Bedeutung des Adels wurde gesteigert. Mit *Wilhelm Meisters Lehrjahre* (1795/96) sollte Goethe das Muster des →Bildungsromans schaffen, auch wenn der Begriff dafür erst im 19. Jahrhundert erfunden wurde.

**Lehrjahre**  Figuren mit Eigenleben wie Mignon oder der Harfner sowie die Liedeinlagen wurden schnell populär und in zahlreichen Romanen des 19. Jahrhunderts nachgeahmt. *Wilhelm Meister* wuchs über einen Theaterroman nicht nur durch die größere Welthaltigkeit der Handlung hinaus, sondern auch durch einen souveränen Erzähler, der die Fäden der strengen Komposition jederzeit in der Hand behielt. Mit den als 6. Buch eingeschobenen *Bekenntnissen einer schönen Seele* schilderte er die empfindsamen Grundlagen des klassischen →Bildungskonzepts, im sog. Bildungsbrief seines Titelhelden formulierte er sie im Handlungsverlauf des Romans.

**Zitat**

Daß ich Dir's mit *einem* Worte sage: mich selbst, ganz wie ich da bin, auszubilden, das war dunkel von Jugend auf mein Wunsch und meine Absicht. Noch hege ich eben diese Gesinnungen, nur daß mir die Mittel, die es mir möglich machen werden, etwas deutlicher sind. [...]
  Wäre ich ein Edelmann, so wäre unser Streit bald abgetan; da ich aber nur ein Bürger bin, so muß ich einen eigenen Weg nehmen, und ich wünsche, daß Du mich verstehen mögest. Ich weiß nicht, wie es in fremden Ländern ist, aber in Deutschland ist nur dem Edelmann eine gewisse allgemeine, wenn ich so sagen darf, personelle Ausbildung möglich. Ein Bürger kann sich Verdienst erwerben und zur höchsten Not seinen Geist ausbilden; seine Persönlichkeit geht aber verloren, er mag sich stellen wie er will.

*Goethe,* Wilhelm Meisters Lehrjahre

Der Bildungsweg des Bürgers Wilhelm Meister begann zwar über das Theater, blieb dort aber nicht stehen. Am Ende des Romans gelangte Wilhelm in die Turmgesellschaft, einen Kreis edler und adliger Menschen, die seine bisherige Laufbahn beschirmend begleitet hatten, fand nach einigen Fehlentscheidungen seine adäquate Partnerin und bekannte sich zu seinem Sohn. So bot der Roman ein glückliches und für manchen Zeitgenossen ein fatales Ende. Novalis, der Goethe ansonsten bewunderte, charakterisierte 1800 den *Wilhelm Meister* als „Wallfahrt nach dem Adelsdiplom". Auch für Goethe war damit die Fragestellung keineswegs endgültig abgeschlossen und dies nicht nur, weil er das Projekt mit *Wilhelm Meisters Wanderjahre* fortsetzen würde. Schiller war wie nie zuvor an der Entstehung des Romans beteiligt. Durch Kritik und Kommentare gab Schiller eine Menge Anregungen, die Goethe freilich nur zum Teil berücksichtigte.
  Mit seinem Versepos *Hermann und Dorothea* (1797), nach der Zahl der antiken Musen in neun Gesänge eingeteilt, erreichte Goethe seine größte Volkstümlichkeit.
  Vorausgegangen waren die theoretischen Diskussionen mit Schiller über das Epos und die Gattung der Idylle, vor allem aber Johann Heinrichs Voß' *Luise* (seit 1783) und seine Homer-Übersetzungen, an denen sich Goethe orientierte (→ 2.2.6). Mit *Reineke Fuchs* hatte er sich 1794 schon einmal am Vers-

epos versucht. Jetzt begann er, in →Hexametern und in der bei Homer typischen Figurenkennzeichnung durch feststehende Beiordnungen, die Spannung zwischen Idylle und Weltereignissen als „letzter Homeride" der Antike nachzubilden.

> **Zitat**
>
> *Brief an Johann Heinrich Meyer vom 5. Dezember 1798*
>
> Ich habe das rein Menschliche der Existenz einer kleinen deutschen Stadt in dem epischen Tiegel von seinen Schlacken abzuscheiden versucht, und zugleich die großen Bewegungen und Veränderungen des Welttheaters aus einem kleinen Spiegel zurück zu werfen getrachtet.

*Hermann und Dorothea*

Der Stoff entstammte eigentlich aus den Salzburger Religionsvertreibungen Anfang des 18. Jahrhunderts, doch Goethe versetzte ihn die unmittelbare Gegenwart. Die einfache Handlung um das sich findende Paar ließ, nicht ohne Ironie, die Enge der deutschen Kleinstadt und die kleinbürgerliche Lebenswelt sichtbar werden. In dieser Darstellung war Goethe für Schiller der lebende Beweis eines ‚naiven' Dichters.

> **Zitat**
>
> *Schiller an Johann Heinrich Meyer über Hermann und Dorothea*
>
> Während wir anderen mühselig sammeln und prüfen müssen, um etwas Leidliches langsam hervorzubringen, darf er nur leis an dem Baume schütteln, um sich die schönsten Früchte, reif und schwer, zufallen zu lassen.

Obwohl es ihm gesundheitlich schwer fiel, produzierte Schiller in erstaunlicher Geschwindigkeit und Regelmäßigkeit ein Drama nach dem anderen. Mit seiner *Wallenstein*-Trilogie, an der er bis zur Fertigstellung im Frühjahr 1799 arbeitete, wandte er sich von den bürgerlichen Familienszenen seiner früheren Dramen ab und den großen historischen Stoffen zu. Schiller setzte jetzt die Geschichte an die Stelle des Mythos; es war der Versuch, die antike Schicksalstragödie in die ‚Moderne' zu übertragen.

> **Zitat**
>
> *Brief Schillers an Körner vom 28. November 1796*
>
> Der Stoff ist, ich darf wohl sagen, im höchsten grade ungeschmeidig für einen solchen Zweck; er hat beynahe alles, was ihn davon ausschließen sollte. Es ist im Grunde eine Staatsaction und hat, in Rücksicht auf den poetischen Gebrauch, alle Unarten an sich, die eine politische Handlung nur haben kann, ein unsichtbares

abstraktes Objekt, *kleine* und *viele* Mittel, zerstreute Handlungen, einen furchtsamen Schritt, eine [...] viel zu kalte trockene Zweckmäßigkeit, ohne doch diese biß zur Vollendung und dadurch zu einer poetischen Größe zu treiben; denn am Ende mißlingt der Entwurf doch nur durch Ungeschicklichkeit.

Aus den Ereignissen des Dreißigjährigen Krieges wählte sich Schiller die Figur des historischen Feldherrn Albrecht Wallenstein (1583–1634) aus, ein dunkler und ehrgeiziger Charakter, der selbst Ansprüche auf die politische Herrschaft des Reiches erhob. Im Vorspiel *Wallensteins Lager* wurden neben der Atmosphäre des Kriegslagers auch die Interessen der einfachen Bürger und Bauern wie im Brennspiegel gesammelt, bevor die eigentliche Tragödie begann.

Wallenstein

Wallensteins Lager *in der Weimarer Aufführung vom 11. Dezember 1805. Aquatinta nach einem Gemälde von Georg Melchior Kraus.*

Im Teil *Die Piccolomini*, der Vater und Sohn in den Mittelpunkt stellt, wird der Knoten der dramatischen Handlung gleichsam geschürzt. Während der Vater Oktavio als Vertreter der alten Ordnung im Auftrag des Kaisers gegen die Rebellionspläne Wallensteins intrigierte, um dessen Abfall zu vereiteln, verliebte sich der Sohn Max in Wallensteins Tochter Thekla. Im Konflikt zwischen seiner Liebe und der Bewunderung für Wallenstein dort und seiner Sohnesrolle und der Verpflichtung auf das gewachsene Recht des Kaisers hier scheiterte der weltfremde Idealist bei dem Versuch, im Geist der Aufklärung und der →Humanität den wirren Knoten aufzudröseln.

Weniger rührend als vielmehr tragisch endete in *Wallensteins Tod* die Titelfigur. Wallenstein ist kein Tugendheld. Wallenstein ist als Machtmensch eine Spielernatur, aus deren Gedankenspielen plötzlich Realitäten geworden sind. Zwischen Zögern und dem Entschluss zum Abfall von seinem Kaiser durch Anlage zur Melancholie hin- und hergerissen, verpasst Wallenstein den Zeitpunkt für seine Aktion, wird zurückgedrängt, von Truppen entblößt und schließlich aus persönlicher Rachsucht ermordet.

*Wallensteins Tragik*

Schiller strukturierte sein Drama als tragische Analyse der großen Persönlichkeit und deren Entscheidungsüberlegungen. Es ging um die Psychologie der Macht auf der einen Seite und die verbürgte Legitimation der Herrschaft durch Tradition. Wallenstein verkaufte seinen Machtanspruch als Sorge um Deutschland und als neue europäische Friedensordnung. Dabei spielten Täuschung und Selbsttäuschung, das Wegschieben von Verantwortung und Selbstbetrug, eine entscheidende Rolle. Gedrängtwerden, Zaudern und Abwarten des richtigen Zeitpunkts bestimmten das Bühnengeschehen. Das erklärte auch die entscheidende Rolle der Astrologie, für Schiller im Grund eine „Fratze" (an Goethe, 4. Dezember 1797), die nicht nur für den historischen Wallenstein von Bedeutung war, sondern auch für Schillers wirkungsästhetische Orientierung der Tragödie Bedeutung hatte: „Das Orakel hat einen Anteil an der Tragödie, der schlechterdings durch nichts andres zu ersetzen ist" (an Goethe, 2. Oktober 1797). Moralische Entscheidungsfreiheit und notwendiges geschichtliches Handeln im Widerspruch – das war Wallensteins Tragik und Schillers Geschichtspessimismus.

### Zitat

*Schiller, Geschichte des Dreißigjährigen Krieges, 1792*

Größe für sich allein kann sowohl Bewunderung und Schrecken, aber nur durch *legale* Größe Ehrfurcht und Unterwerfung erzwingen. Und dieses entscheidenden Vorteils beraubte er sich selbst in dem Augenblick, da er sich als einen Verbrecher entlarvte.

Wallensteins Ränkespiele waren gegen die überlieferte Ordnung gerichtet. Mit der Frage nach Recht und Gerechtigkeit stellte sich auch die Frage nach der Geschichtlichkeit und Umstürzbarkeit historisch gewachsener Ordnungen. Die darin enthaltene Frage

| Textbeispiel | |
|---|---|
| Und was ist dein Beginnen? Hast du dirs<br>Auch redlich selbst bekannt? Du willst die Macht,<br>Die ruhig, sicher thronende erschüttern,<br>Die in verjährt geheiligtem Besitz,<br>In der Gewohnheit festgegründet ruht,<br>Die an der Väter frommem Kinderglauben<br>Mit tausend zähen Wurzeln sich befestigt.<br>Das wird kein Kampf der Kraft sein mit der Kraft,<br>Den fürcht ich nicht. Mit jedem Gegner wag ichs,<br>Den ich kann sehen und ins Auge fassen,<br>der, selbst voll Mut, auch mir den Mut entflammt.<br>Ein unsichtbarer Feind ists, den ich fürchte,<br>Der in der Menschen Brust mir widersteht,<br>Durch feige Furcht allein mir fürchterlich –<br>Nicht, was lebendig kraftvoll sich verkündigt,<br>Ist das gefährliche Furchtbare. Das ganz<br>Gemeine ists, das ewig Gestrige,<br>Was immer war und immer wiederkehrt<br>Und morgen gilt, weils heute hat gegolten! | *Schiller,<br>Wallensteins<br>Tod, I. Akt<br>4. Aufzug* |

nach der Legitimität von Herrschaft war freilich kein Problem zur Zeit des historischen Wallensteins, sondern eines zur Zeit Schillers. Hinter dem alle Widerstände brechenden Wallenstein ließ Schiller ungenannt die Gestalt Napoleons hervorlugen.

In *Maria Stuart*, 1800 uraufgeführt und das am meisten gespielte Stück Schillers, widmete sich der Dichter dem englischen Religionskrieg der Tudorzeit (1485–1603), einer Zeit, in der sich zugleich der Aufstieg Englands zur Weltmacht anbahnte.

Den Streit um die Herrschaft in England personalisierte Schiller auf einen Zweikampf zwischen der katholischen Maria Stuart von Schottland und der protestantischen Elisabeth, die beide einen Anspruch auf den englischen Thron erhoben. Im Staatskonflikt sollte sich die Psychologie spiegeln. Dahinter verbarg sich der Ausbruch unterdrückter Triebe bei Elisabeth sowie ihr Neid auf die Schönheit und Attraktivität ihrer Konkurrentin.

Maria Stuart

Die dramatische Handlung um das Zusammentreffen der beiden Königinnen strukturierte Schiller als eine Gerichtsverhandlung, bei der das Urteil schon vorher feststand.

Beide Frauen waren Gefangene ihrer politischen Situation, beide waren tragisch auf einander bezogen. Am Ende des Stückes triumphierte Elisabeth zwar politisch über Maria, als Königin und Frau jedoch blieb sie, als der Vorhang fiel, isoliert zurück. Hier waren nicht bloß die Fürstinnen der klassischen →Tragödie miteinander konfrontiert, sondern auch die Menschen der bürgerlichen Familienordnung getroffen. Bertolt Brecht hatte dies erkannt, als er den Konflikt der Königinnen 1939 als *Übungsstücke für Schauspieler* zu einem Streit unter Fischweibern umschrieb, um sein episches Theater zu demonstrieren, jedoch auch, um das zeitlose „Interesse an den Vorgängen" wiederherzustellen.

---

**Textbeispiel**

*Schiller, Maria Stuart, III. Akt, 4. Auftritt*

ELISABETH:
    Bekennt Ihr endlich Euch für überwunden?
    Ists aus mit Euren Ränken? Ist kein Mörder
    Mehr unterwegs? Will kein Abenteurer
    Für Euch die traurge Ritterschaft mehr wagen?
    – Ja, es ist aus, Lady Maria. Ihr verführt
    Mir keinen mehr. Die Welt hat andre Sorgen.
    [...]
MARIA *von Zorn glühend, doch mit einer edeln Würde.*
    Ich habe menschlich, jugendlich gefehlt,
    Die Macht verführte mich – ich hab es nicht
    Verheimlicht und verborgen, falschen Schein
    Hab ich verschmäht mit königlichen Freimut.
    Das Ärgste weiß die Welt von mir, und ich
    Kann sagen: ich bin besser als mein Ruf.
    Weh Euch, wenn sie von Euren Taten einst
    Den Ehrenmantel zieht, womit Ihr gleißend
    Die wilde Glut verstohlner Lüste deckt.

---

Mit dem Untertitel „romantische Tragödie" bemächtigte sich Schiller in *Die Jungfrau von Orleans* (1801) einem historischen Stoff um das Hirtenmädchen Jeanne d'Arc, das während des Hundertjährigen Krieges zur Befreierin und Nationalheldin Frankreichs geworden war. In Johanna verkörperte er eine ihren Visionen, Gesichten und Stimmen wie schlafwandlerisch folgenden Träumerin, die eben dadurch Geschichte lenken und beeinflussen konnte.

Kaum ein Drama Schillers wurde häufiger parodiert, aber auch nachgeahmt; aus keinem anderen Stück wurden so viele Zitate zur Rechtfertigung patriotischer Opferbereitschaft herausgebrochen.

*Zeitgenössische Illustration der 10. Szene des 3. Akts der* Jungfrau von Orleans, *in der Johanna erkennt, dass sie ihren besiegten Gegner Lionel liebt und daher nicht töten kann.*

Als „Trauerspiel mit Chören" bezeichnete Schiller sein Stück *Die Braut von Messina* (1803), in dem er eine Familientragödie aus dem Geist des →Sturm und Drang durch die Einführung des Chors zur öffentlichen Angelegenheit erhob. Hier sah sich Schiller am stärksten im erfolgreichen Wettstreit mit den griechischen Tragikern.

Der Zwist zweier ungleicher Brüder war mit dem Wirken eines Fluchs, der Handlung und Erkenntnis bannte, gekoppelt. Am Ende hat sich, nach Brudermord und Selbstmord, das Herrscherhaus von Messina selbst ausgerottet. Der Chor diente dabei wie in der antiken Tragödie als Öffentlichkeitsinstanz und als Reflexionsmedium; so beschrieb es Schiller in seiner Vorrede *Ueber den Gebrauch des Chores in der Tragödie*.

1797 plante Goethe eine epische Bearbeitung des Tell-Stoffes im homerischen Stil.

**Zitat**

[Tell] als einen urkräftigen, in sich selbst zufriedenen, kindlich-unbewußten Heldenmenschen, der als Lastträger die Kantone durchwandert, überall gekannt und geliebt ist, überall hülfreich, übrigens ruhig sein Gewerbe treibend, für Weib und Kind sorgend, und sich nicht kümmernd, wer Herr und Knecht sei.

*Goethe zu Eckermann am 6. Mai 1827*

Die Parallelen zu Goethes *Egmont* waren offensichtlich. Hier wie dort stellte sich die Frage nach der Legitimation des alten Rechts im Kampf gegen die moderne Tyrannei. Ebenso offensichtlich zielte die Gegenüberstellung von Rütli-Schwur und Ballhaus-Schwur auf die Französische Revolution. Als Schiller den Stoff übernahm und seinen *Wilhelm Tell* 1804 vollendete, hatte er die Idee der Volkssouveränität verstärkt, die Problematik des Tyrannenmords zugespitzt und die Geburt des revolutionären Staats

*Wilhelm Tell*

dargestellt. Herrschaftsgewalt wirkte sich nicht als ökonomische Ausbeutung, sondern als Verletzung natürlicher Bindungen und der Familie aus. Der tapfere Einzelne Tell kämpfte in einer Übergangszeit für sich und die Seinen. Moralisches Handeln wie die Ermordung des Tyrannen Geßler wurde politisch, weil mit dem Mord keine persönliche Rache (wie beim dadurch abgegrenzten Fall des Tyrannenmörders Parricida) verbunden war, sondern weil es die Rechtsordnung wiederherstellte. Die historischen Fakten wirkten dabei eher störend. Mit dem Freiheitsdrama um eine historisch nicht verbürgte Gestalt, das Elemente eines nationalen Festspiels in sich barg, erreichte Schiller seine höchste Popularität und stiftete der realen Schweiz ein Identifikationssymbol und einen kollektiven Wunschtraum bis heute.

*Wilhelm Tells Wirkung*

Die Geschichte der Entstehung der Eidgenossenschaft wurde in den Heldentaten des Tell als Freiheitsidee personalisiert und dadurch als Heilsgeschichte interpretiert. Schiller hatte sich darum bemüht, Tells „Privatsache", die es bis zum Ende blieb, „am Schluß mit der öffentlichen Sache" zusammenzuführen, wie er am 5. Dezember 1803 an Iffland schrieb. Tell konnte zum Idol des biederen Hausvaters werden, aber auch zum Sinnbild des Kampfes für republikanische Tugenden aufsteigen. In Deutschland wurde ab 1941 sowohl die Aufführung des *Tell* als auch die Lektüre in der Schule verboten.

## Balladen

*Balladenstoffe*

Im Rahmen der Entwicklung einer Gattungspoetik wandten sich Goethe und Schiller auch den Balladen zu, die sie zwar getrennt verfassten, jedoch miteinander diskutierten und sogar gelegentlich die Stoffe tauschten. Für Goethe war die Ballade eine Art Urtyp des Poetischen, wie er sie in ‚nordischen' Stoffen, etwa in der *Faust*-Einlage *Der König in Thule*, benutzt hatte. Ihn interessierte an den Stoffen das Verborgene und Hintergründige, während Schiller Stoffe des antiken Mythos bevorzugte und die Balladen als Prüfstein seiner poetologischen Theorie benutzte, wie er sie in der Rezension von Bürgers Gedichten vorgestellt hatte. In der Ballade hoffte Schiller die klassische Höhe mit echter Popularität verbinden zu können. Bei ihm waren der Übergang zur Versparabel wie in *Die Teilung der Erde* oder *Pegasus im Joche* (1795) oder zu den philosophischen Gedichten wie *Das Ideal und das Leben* oder *Der Spaziergang*, der Hymne *Die Macht des Gesanges* (1795) oder der Totenklage *Nänie* (1800) fließend.

Im *Lied von der Glocke* (1799) wurde der Vorgang des Glockengießens episch breit erzählt. In den Schilderungen fand sich die hausbackene Bürgerlichkeit so feierlich ins Bild gesetzt, dass sie zur Ideologie werden konnte, aber auch den Spott und zahllose Parodien hervorrief.

> **Zitat**
>
> [Ich bin] jetzt an mein Glockengießerlied gegangen und studiere seit gestern in Krünitz' Encyclopädie, wo ich sehr viel profitiere. Dieses Gedicht liegt mir sehr am Herzen; es wird mir aber mehrere Wochen kosten, weil ich so vielerlei verschiedene Stimmungen dazu brauche und eine große Masse zu verarbeiten ist.

*Schiller an Goethe vom 7. Juli 1797*

> **Zitat**
>
> Schillers Musencalender ist auch da, das Gedicht von der Imhof eben weiter nicht viel als ein Rudel Hexameter, aber über ein Gedicht von Schiller, das Lied von der Glocke, sind wir gestern Mittag fast von den Stühlen gefallen vor Lachen, es ist a la Voss, a la Tiek, à la Teufel, wenigstens um des Teufels zu werden.

*Caroline Schlegel an ihre Tochter Auguste vom 21. Oktober 1799*

Das „Balladenjahr" wie es Schiller in einem Brief an Goethe vom 22. September 1797 selbst nannte, war ein schmales Zeitfenster. Es erbrachte bei Schiller Balladen wie *Ring des Polykrates, Der Handschuh, Der Taucher, Die Kraniche des Ibykus, Die Bürgschaft* und *Der Graf von Habsburg*, bei Goethe *Der Schatzgräber, Der Gott und die Bajadere, Die Braut von Korinth,* eine Vampyrgeschichte, *Der Zauberlehrling, Hochzeitslied, Der Totentanz* und die *Ballade*, die schon durch die Gattungsbezeichnung als alleinigem Titel ihre Mustergültigkeit zu erkennen gab. Goethe tendierte eher zur Naturballade, Schiller zur Schicksalsballade und zu reißerischen Themen, die er mit allem rhetorischen Aufwand und erheblichen Anleihen bei der Trivialliteratur mit ihren sensationellen Effekten ausstattete.

„Balladenjahr"

> **Textbeispiel**
>
> ‚Wer wagt es, Rittersmann oder Knapp,
> Zu tauchen in diesen Schlund?
> Einen goldnen Becher werf ich hinab,
> Verschlungen schon hat ihn der schwarze Mund.
> Wer mir den Becher kann wieder zeigen,
> Er mag ihn behalten, er ist sein eigen.'

*Schiller, Der Taucher, 1797, erste Strophe*

## Die Kunstdiktatur der Klassiker

Der Anspruch einer →ästhetischen Erziehung der Menschen, wie Schiller ihn in seiner gleichnamigen Schrift geäußert hatte, enthielt im zwangsweisen Vorschreiben des guten und richtigen Geschmacks eine diktatorische Note. Schillers vertrat dieses Konzept einer ästhetischen Erziehung offensiv. Es enthielt in seiner Forderung, dem herrschenden Zeitgeist zu widerstehen, neben dem Erziehungsanspruch auch eine politische Positionierung.

### Zitat

*Schiller, Ankündigung der Horen, 1794*

Zu einer Zeit, wo das nahe Geräusch des Kriegs das Vaterland ängstiget, wo der Kampf politischer Meinungen und Interessen diesen Krieg beinahe in jedem Zirkel erneuert und nur allzuoft Musen und Grazien daraus verscheucht, wo weder in den Gesprächen noch in den Schriften des Tages vor diesem allverfolgenden Dämon der Staatskritik Rettung ist, möchte es ebenso gewagt als verdienstlich sein, den so sehr zerstreuten Leser zu einer Unterhaltung von ganz entgegengesetzter Art einzuladen.

Dass dabei unter der Flagge des Unpolitischen massiv politische Ziele verfochten wurden, war schon von Zeitgenossen bemerkt worden.

### Zitat

*Christian Laukhard, Rezension der Horen, 1799*

Dieß ist wahrlich eben so viel, als wenn man behaupten wollte, man müsse keinem erlauben, eher gehen zu lernen, bis er tanzen gelernt hätte, oder sich nicht eher ins Wasser zu wagen, bis er schwimmen könnte; oder einen Fieberkranken kuriren zu wollen, ohne für die Wegschaffung der pestilenzialischen Luft und erhitzender Nahrungsmittel gesorgt zu haben. [...] Auf eben diesem verkehrten und der Natur widersprechendem Wege finden wir auch den Herausgeber und die Verfasser der *Horen*.

*Weimarer Rezensionen*

Schon Schillers Rezension *Über Bürgers Gedichte* von 1791 war in seinem Gestus der Vernichtung mehr als bloß eine Setzung von klassischen Normen und eine Abrechnung mit dem →Sturm und Drang, dessen Eischale Schiller gerade selbst entschlüpft war. Mit dem Anspruch eines poetologischen Gesetzgebers trat Schiller auch als Herausgeber und Beiträger der *Neuen Thalia* (1792–1793), der *Horen* (1795–1797) und der *Musen-Almanache* (1796–1800) auf. Schiller wählte nicht nur die Autoren aus, die des Drucks für würdig befunden wurden; er legte auch die Standards fest, nach denen zu dichten war. Oft waren es nicht Texte bester Qualität, wie Schiller Goethe gegenüber am 7. Dezember 1795 eingestand, ging es doch um „literarische Tagespolitik".

Mit ihren *Xenien*, von Bertolt Brecht als „hochgesinnte Verschwörung gegen das Publikum" bezeichnet, schlugen beide gegen ihre Kritiker los.

*Karikatur von 1797 zu Goethes und Schillers „Xenienkampf".*

Die aus dem Griechischen stammende Bezeichnung bedeutete ursprünglich „Gastgeschenke" und war aus den Epigrammen des 40 n. Chr. geborenen römischen Satirikers Martial entlehnt. Goethe und Schiller verfassten fast tausend bissige, satirische und manchmal auch beleidigende Epigramme, in denen sie ihre Gegner verspotteten. Die dankbarsten Ziele boten die in ihren Augen rückständigen Spätaufklärer und die Anhänger des kirchlichen Irrationalismus, aber auch Weimarer Bekannte, Trivialschriftsteller oder die Brüder Schlegel. Ihre geistesaristokratische Abrechung mit dem Volk verstanden die beiden Klassiker auch als eine Befreiung aus den Fesseln des Weimarer Hofs. Dort wurden die *Xenien* allerdings, besonders vom Herzog, nicht sehr freundlich aufgenommen. Parodien und Gegenxenien der Angegriffenen,

Xenien

Schmähungen und Kritik an den beiden Dichtern wurden dagegen hämisch oder gar teilnehmend registriert.

> **Textbeispiel**
>
> *Xenien*
> Distichen sind wir. Wir geben uns nicht für mehr noch für minder.
> Sperre du immer, wir ziehn über den Schlagbaum hinweg.
>
> *Verfehlter Beruf*
> Schade, daß ein Talent hier auf dem Katheder verhallet,
> Das auf höherm Gerüst hätte zu glänzen verdient.
>
> *Das deutsche Reich*
> Deutschland? Aber wo liegt es? Ich weiß das Land nicht zu finden;
> Wo das gelehrte beginnt, hört das politische auf.
>
> *Nicolai* [Berliner Aufklärer]
> Nicolai reiset noch immer, noch lang wird er reisen,
> Aber ins Land der Vernunft findet er nimmer den Weg.
>
> *Xenien*
> Nicht doch! Aber es schwächen die vielen wäßrichten Speisen
> So den Magen, daß jetzt Pfeffer und Wermut nur hilft.
>
> *Richter* [gemeint ist Jean Paul]
> Richter in London! Was wär er geworden! Doch Richter in Hof ist
> Halb nur gebildet, ein Mann, dessen Talent euch ergötzt.
>
> *Aus den Xenien Goethes und Schillers.*

**Medienmacht Weimar** Die ästhetische Diktatur der Klassik reichte noch weiter und bezog ganz Weimar in ein System der Mediensteuerung mit ein. Dazu gehörte auch die für damalige Verhältnisse Riesenbibliothek der Herzoginmutter von 30 000 Bänden, die seit 1766 mit dem neuen Gebäude einer großzügigen öffentlichen Benutzung zur Verfügung standen. Mit der *Allgemeinen Literatur-Zeitung*, die Schütz in Jena herausgab und die nach dessen Weggang 1804 als *Jenaische Allgemeine Literatur-Zeitung* weitergeführt wurde, hatten die Weimarer auf eines der wichtigsten kulturellen Publikationsorgane Zugriff. Wielands *Teutscher Merkur* hatte allein 2 500 Abonnenten und eine weitaus größere Leserschaft. Er machte die Ereignisse in Weimarer zum überregionalen Gesprächsstoff.

Friedrich Justin Bertuch (1747–1822), Schriftsteller, Herausgeber zahlreicher Zeitschriften, Verleger und ab 1775 Geheimsekretär und Schatulier des Herzogs, bediente mit seinem *Journal des Luxus und der Moden* die populäreren Ansprüche der Leser. Bertuch widmete sich auch in einem 24-bändigen *Bilderbuch für Kinder* massenhafter, populärer und einträglicher Literatur. Der Hofbildhauer Martin Gottlieb Klauer trug als ein früher Vermarkter des Klassikmythos bei, indem er das Abbild der Weimarer in unendlicher Vervielfältigung verbreitete. In seiner „Kunstfabrik" wurden die Büsten der Klassiker in allen Größen und Materialien quasi-industriell gefertigt.

Einige der Klassiker waren frühzeitig mit Gesammelten Werken herausgekommen und hatten damit selbst die Grundstein für ihre kanonische Gültigkeit gelegt. Schiller und Herder gelang dies erst postum. Goethe hingegen ließ gleich mehrfach seine Dichtungen als Werksammlungen erscheinen, zuerst als *Schriften* (1787–1790), dann als *Neue Schriften* (1792–1800) und zuletzt mit dem Anspruch des gültigen Vermächtnisses in der → *Ausgabe letzter Hand* (1827–1832). Wieland war schon seit 1794 mit seinen *Sämmtlichen Werken* in 39 Bänden auf dem Markt, eine Ausgabe, die als mustergültige Klassiker-Ausgabe gefeiert wurde und die in verschiedenen Formaten und Preisklassen als „wohlfeile Ausgabe", als „Taschenausgabe" und als „Pracht- oder Fürstenausgabe" erhältlich war. Entgegen ihren eigenen Klagen, sie würden von den Verlegern ausgebeutet, wechselten die Klassiker ihre Verleger und drückten dabei erkleckliche Honorare durch.

*Werkausgaben*

*Johann Friedrich Freiherr von Cotta, der Verleger der Klassiker.*

> **Zitat**
>
> *Schiller an Johann Friedrich Cotta vom 18. Mai 1802*
>
> Es ist [...] kein guter Handel mit *Göthe* zu treffen, weil er seinen Werth ganz kennt und sich selbst hoch taxiert, und auf das Glück des Buchhandels, davon er überhaupt nur eine vage Idee hat, keine Rücksicht nimmt. [...] Liberalität gegen seine Verleger ist seine Sache nicht.

Für Goethes *Werke* (1806–1810) bot Cotta unbesehen 10 000 Taler, für die → *Ausgabe letzter Hand* zahlte er 65 000 Taler Vorschuss; Goethe hatte „imperativisch" 100 000 Taler gefordert. Zum Vergleich: Ein gehobener preußischer Beamter verdiente damals 300 Taler jährlich.

Ergänzend zu dieser medialen Steuerung des öffentlichen Kunstgeschmacks versuchten die Klassiker die ästhetische Meinungsbildung durch selbst verfasste oder gesteuerte Rezensionen zu beeinflussen. Vor allem aber prägten die Inszenierungen des Weimarer Theaters unter Goethes Direktion das Bild. Schillers Dramen setzten hier Maßstäbe auf einer Bühne, die de facto die Funktion eines deutschen Nationaltheaters übernommen hatte. Hier gastierten die besten Schauspieler wie Iffland. Wer hier durchfiel (wie Kleist), hatte kaum Chancen mehr. Weder Goethe noch Schiller schreckten vor der offener Bedrohung missliebiger Rezensenten zurück wie nach der (schlecht besprochenen) Uraufführung von Friedrich Schlegels *Jon* (1801). Berühmt geworden ist eine Theatervorstellung des gleichen Jahres, als das Publikum eine gravitätische Darstellung mit Lachen quittierte und Goethe ins Parkett donnerte: „Man lache nicht!"

*Weimarer Theater*

*Weimarer Kunstaufgaben*

Auch im Bereich der bildenden Kunst wollte Weimar den Kunstgeschmack bestimmen. Goethes und Meyers Preisaufgaben förderten (oder verhinderten) junge Künstler, in Kampagnen gegen ästhetische Gegner machten sich die Klassiker selbst die Finger schmutzig. Zuletzt versuchte der alte Goethe die Kunstvorstellungen der Romantiker, die er anfangs gefördert hatte und die ihm huldigten, zu bekämpfen, indem er einen grobschlächtigen Gegensatz, Klassik sei das „Gesunde" und Romantik das „Kranke", wirkungsvoll aufbaute. Die Ratschläge, die Goethe und Schiller den jungen Schriftstellern auf den Weg gaben, hatten den Status von Anweisungen, wenn diese in die Weimarer Publikationsorgane aufgenommen werden wollten. Dem Hymnendichter Hölderlin riet Schiller, es doch mit kurzen Gedichten zu versuchen; Goethe verstümmelte Heinrich von Kleists Lustspiel *Der zerbrochene Krug* so sehr, dass die Aufführung in Weimar zu einem durchschlagendem Misserfolg führte und zu Kleists Lebzeiten keines seiner Dramen mehr aufgeführt wurde.

## Goethe nach Schiller  3.4.8

*Das vermutlich bekannteste Porträt Goethes schuf der bayerische Hofmaler J. Stieler 1828 für König Ludwig I von Bayern.*

### Kurzbiografie

1806 Niederlage der preußischen Armee bei Jena und Auerstedt; französische Armee in Weimar; Ende des Heiligen Römischen Reiches deutscher Nation; Goethe heiratet Christiane Vulpius
1807 Beginn der Arbeit an *Die Wahlverwandtschaften* und *Wilhelm Meisters Wanderjahre*; Tod Anna Amalias
1808 Aufenthalt in Karlsbad; Goethes Mutter stirbt; Begegnung mit Napoleon, der Goethe das Kreuz der Ehrenlegion verleiht und den Goethe „mein Kaiser" nennt; *Faust. Der Tragödie erster Teil* erscheint
1809 *Die Wahlverwandtschaften*; Festspiel *Pandora*
1811 Besuch von Sulpiz Boisserée; Abschluss des 1. Teils von *Dichtung und Wahrheit*
1813 Tod Wielands; Reise nach Böhmen; Niederlage Napoleons in der Völkerschlacht bei Leipzig; Beginn der Befreiungskriege; Schopenhauer bei Goethe; Arbeit an der *Italienischen Reise*
1814 *Des Epimenides Erwachen*; die Alliierten erobern Paris; Abdankung Napoleons; Reise an Rhein, Main und Neckar; Beziehung zu Marianne von Willemer; Eröffnung des Wiener Kongresses

1815   2. Gesamtausgabe der *Werke* in 20 Bänden; Sachsen-Weimar-Eisenach wird Großherzogtum; Napoleons Herrschaft der 100 Tage endet in Waterloo; 2. Reise an Rhein, Main und Neckar
1816   *Über Kunst und Altertum*; Tod Christianes; Arbeit an *Faust II*
1817   Niederlegen der Leitung des Weimarer Hoftheaters; Sohn August heiratet Ottilie von Pogwisch; *Urworte.Orphisch*; Wartburgfest der Burschenschaften
1819   *West-östlicher Divan*; Ermordung Kotzebues löst Karlsbader Beschlüsse aus
1821   Reise nach Marienbad und Eger; Napoleon stirbt auf St. Helena; *Wilhelm Meisters Wanderjahre oder die Entsagenden*, 1. Teil
1823   Schwere Erkrankung; Tod Bertuchs; Eckermann bei Goethe; Marienbad, Karlsbad, Eger: Leidenschaft für Ulrike von Levetzow; *Marienbader Elegie*
1826   Schillers Schädel in der Weimarer Bibliothek; Anzeige der *Ausgabe letzter Hand*; Arbeit an der *Novelle*
1827   Schillers Gebeine in der Fürstengruft beigesetzt; *Chinesisch-deutsche Jahres- und Tageszeiten*
1828   Tod des Großherzogs; Goethe in Dornburg
1829   Abschluss der *Wanderjahre*
1830   Juli-Revolution in Paris; Sohn August stirbt in Rom
1831   Testament; Abschluss von *Faust II* und *Dichtung und Wahrheit*
1832   Tod am 22. März ; Bestattung in der Fürstengruft

*Goethe bei Schillers Tod*   Als Schiller am 9. Mai 1805 gestorben war, hatte er jedem Nachbarland Deutschlands ein nationales Identitätsdrama hinterlassen. Abgerungen hatte er es einem Körper, bei dessen Obduktion der Leibarzt des Herzogs bis auf Blase und Magen kein Organ in gesundem Zustand fand und den Befund kommentierte: „Bei diesen Umständen muss man sich wundern, wie der arme Mann so lange hat leben können." Schiller war auf dem Gipfelpunkt seines Schaffens und seiner öffentlichen Wertschätzung gestorben; durch diesen Tod schien er gegen jede spätere Demontage durch den Zeitgeist gefeit. So bot er die besten Voraussetzungen, zur Kultfigur zu werden.

*Schillers Apotheose, „in den Räumen des Lichts" von Shakespeare empfangen. Kupferstich von Ramberg.*

Goethe, bei Schillers Tod schwer erkrankt, förderte diese Entwicklung in seinem *Epilog zu Schillers Glocke*, später *Bei Betrachtung von Schillers Schädel*. Auch für sich selbst verstand Goethe Schillers Tod als einen Epocheneinschnitt, von dem aus er sich historisch zu sehen begann. Auch die politische Friedensepoche war nach dem Sieg Napoleons über Preußen bei Jena und Auerstedt für das Herzogtum Weimar zu Ende.

### Zitat

Ich dachte mich selbst zu verlieren, und verliere nun einen Freund und in demselben die Hälfte meines Daseyns. [...] Eigentlich sollte ich eine neue Lebensweise anfangen; aber dazu ist in meinen Jahren auch kein Weg mehr.

*Goethe an Zelter vom 1. Juni 1805*

Diese Empfindung war der lebhafteste Antrieb für sein großes Autobiographie-Projekt (→ 4.1), das er als Erinnerungsarbeit und historische Spurensuche zugleich verstand. Goethe versuchte eine Art Geschichtsschreibung seiner selbst im Spannungsverhältnis von Ich und Welt, im Bewusstsein der Bedeutung der eigenen Individualität. Er begründete damit einen ganz neuen Typ der Autobiographie. Seine Würdigung *Winckelmann und sein Jahrhundert* (1805) trug schon im Titel den Hinweis auf die umfassendere historische Perspektive. Seit der zweiten Gesamtausgabe seiner Werke bei Cotta ab 1806 und dem Schema einer Autobiographie von 1809 begann Goethe 1811 mit Diktaten zum ersten Teil von *Dichtung und Wahrheit*.

*historische Perspektive*

### Zitat

die Geschichte meiner Bildung, meines ersten Privat- und Autorlebens zu vollenden, bis zu welcher Epoche ich mir noch ganz selbst angehöre

*Goethe am Cotta vom 12. November 1812*

Nach Unterbrechungen durch die Arbeiten an *Divan* und *Faust* folgte 1816 die *Italienische Reise*, die Überarbeitung seiner Briefe und Notizen seines Italienaufenthalts von 1786/88. 1822 erschien die *Kampagne in Frankreich*. Diese war keine offizielle Kriegsberichterstattung, sondern wollte aus der Distanz eines nachträglich reflektierenden Betrachters die geschichtlichen Ereignisse bewerten.

Bei seiner Beschäftigung mit den Naturwissenschaften verrannte sich Goethe nicht nur wie in seinem Kampf gegen Newtons Optik. Aus ihr erwuchsen auch Anregungen wie die zum

Roman *Die Wahlverwandtschaften* (1809), ursprünglich als novellenartige Einlage für die späteren *Wanderjahre* geplant.

### Zitat

*Goethe, Selbstanzeige der Wahlverwandtschaften, 1809*

Es scheint, daß den Verfasser seine fortgesetzten physikalischen Arbeiten zu diesem seltsamen Titel veranlaßten. Er mochte bemerkt haben, daß man in der Naturlehre sich sehr oft ethischer Gleichnisse bedient, um etwas von dem Kreise menschlichen Wesens weit Entferntes näher heranzubringen; und so hat er auch wohl, in einem sittlichen Falle, eine chemische Gleichnisrede zu ihrem geistigen Ursprunge zurückführen mögen, um so mehr, als doch überall nur *eine* Natur ist und auch durch das Reich der heitern Vernunftfreiheit die Spuren trüber, leidenschaftlicher Notwendigkeit sich unaufhaltsam hindurchziehen, die nur durch eine höhere Hand, und vielleicht auch nicht in diesem Leben, völlig auszulöschen sind.

*Die Wahlverwandtschaften*

Den Affinitätswechsel chemischer Elemente untereinander übertrug Goethe auf menschliche Beziehungen. Zu Riemer sagte er am 28. August 1814, er habe mit dem Roman „soziale Verhältnisse und die Konflikte derselben symbolisch gefaßt darzustellen" versucht. So entstand, im Austausch der Partnerschaften, ein tragischer Roman und eine politische Allegorie, ein ironisches Sozialmodell und ein ehekritischer Liebesroman zugleich. Der Schöpfer des →Bildungsromans hatte sich hier vom Strukturmodell der individuellen Lebensgeschichte abgewandt. Mit der Überkreuz-Beziehung der Paare inszenierte der Roman einerseits die Personenkonstellation einer Komödie, andererseits ging die Wirkung des tragischen Endes noch über die des *Werther* hinaus. Man hat gemeint, Goethe habe mit seinen *Wahlverwandtschaften* gegen Schillers Theorie den Beweis erbringen wollen, dass das Tragische auch in einem Roman seinen Platz haben könne. Goethe hatte am 6. Januar 1809 Zelter gegenüber auf das „offenbare Geheimnis" hingewiesen, dass er in seinen Roman „viel hineingelegt, manches hinein versteckt" habe.

Die zeitgenössischen Leser reagierten mit Unverständnis oder Empörung auf die vermeintliche Sittenlosigkeit des Romans mit Partnertausch und aufgelöster Ehe. Nicht nur die gesellschaftlichen Konventionen, alle menschlichen Haltungen stellte der vielschichtige Roman in Frage; er betrieb das „böse Wühlen in den *Eingeweiden* des menschlichen Herzens", wie Sulpiz Boisserée am 24. Mai 1811 an Goethe schrieb.

Auch in der Lyrik beschritt Goethe neue Wege. Sein Interesse für das „Altdeutsche" in der bildenden Kunst, geweckt und gefördert durch die rheinischen Brüder Boisserée, erstreckte sich auch auf die Literatur. Parallel zu dieser Öffnung, 1807 war die erste kritische Ausgabe des *Nibelungenlieds* von Friedrich von der Hagen erschienen, weitete sich Goethes Blick auf unvertraute Formen lyrischen Sprechens. Seine Alterslyrik wie die *Sonette* (1815) verabschiedeten endgültig die Erlebnislyrik seiner Jugendzeit. Jetzt herrschten zyklische Verknüpfungen zwischen den einzelnen Gedichten, sinnige Bezugnahmen und gegenseitige Spiegelungen. 1819 überraschte Goethe das Publikum mit seinem *West-östlichen Divan*, einem umfangreichen Zyklus von Rollengedichten im Stil der persischen Liebeslyrik.

*neue Wege in der Lyrik*

### Zitat

auf heitre Weise den Westen und den Osten, das Vergangene und Gegenwärtige, das Persische und Deutsche zu verknüpfen und beiderseitige Sitten und Denkarten übereinandergreifen zu lassen.

*Goethe an Cotta vom 16. Mai 1815*

Wechselnde Stimmen in Rede und Gegenrede erklangen in verschiedenen, auch exotischen Gedichtformen, Themen und Gattungen. Goethe präsentierte die Auflösung des Erstarrten und unternahm spielerische Versuche, Experimente und Variationen im Umgang mit der Liebesthematik. Er redete in Masken und Rollen, er versteckte sich hinter Zweideutigkeiten, Verschlüsselungen und Arabesken. All dies war für ihn Ausdruck eines höchst durchbildeten Spieltriebs, an den Schiller bei seiner theoretischen Bestimmung nicht gedacht hatte. Marianne von Willemer, die Goethe bei seinen Rheinlandbesuchen kennen- und liebengelernt hatte, antwortete in der orientalischen Kostümierung als Suleika mit Dialog- und Gegengedichten bis zur Ununterscheidbarkeit der Autorschaft.

*West-östlicher Divan*

In *Noten und Abhandlungen zum Verständnis des Divans* lieferte Goethe die Leseanweisung gleich mit, indem er die fremden Denk- und Lebensformen des Orients erläuterte, die er selbst erst wenige Jahre zuvor durch die Übersetzungen des Orientalisten Joseph Freiherr von Hammer-Purgstall (1774–1856) kennengelernt hatte. Dabei stand der persische Dichter Hafis als Identifikationsfigur Goethes im Mittelpunkt.

Zu den bedeutendsten Leistungen von Goethes Alterslyrik zählten die Dornburger Gedichte (1828), vor allem aber die *Trilogie der Leidenschaft* (1823/24). Goethe umrahmte mit den beiden kürzeren Stanzengedichten *An Werther* und *Aussöhnung* seine *Marienbader Elegie*, in der er das tragisch-peinliche Liebeserlebnis während seines Badeaufenthalts mit Ulrike von Levetzow verarbeitete: Der 74-jährige wollte das junge Mädchen tatsächlich heiraten.

> **Textbeispiel**
>
> *Goethe*, Selige Sehnsucht, letzte Strophe
>
> Und so lang du das nicht hast,
> Dieses: Stirb und werde!
> Bist du nur ein trüber Gast
> Auf der dunklen Erde.

*Mustergültiges*

Auch mit der *Novelle* (1828), die wie schon *Märchen*, *Ballade* oder *Sonett* nur die Gattungsbezeichnung als Titel trug, wollte Goethe Mustergültiges liefern. Die Erzählung spielte in adliger Jagdgesellschaft, deren Ordnung durch einen Brand und einen ausgebrochenen Löwen gestört wird. Der Schluss der *Novelle* wirkte legendenhaft und melodramatisch. Goethe formulierte in diesem Zusammenhang am 29. November 1829 gegenüber Eckermann seine berühmte Gattungsdefinition der Novelle als „eine sich ereignete unerhörte Begebenheit".

> **Zitat**
>
> *Goethe an Eckermann am 18. Januar 1827*
>
> Zu zeigen, wie das Unbändige, Unüberwindliche oft besser durch Liebe und Frömmigkeit als durch Gewalt bezwungen werde, war die Aufgabe dieser Novelle.

*Wilhelm Meisters Wanderjahre*

Seit 1807 plante Goethe eine Fortsetzung seines →Bildungsromans *Wilhelm Meisters Lehrjahre*. Zeitgleich mit dem ersten Teil dieser Fortsetzung, nämlich *Wilhelm Meisters Wanderjahre oder Die Entsagenden*, erschien 1821 anonym die Parodie der *Lehrjahre* des Pfarrers Friedrich Wilhelm Pustkuchen unter dem Titel *Wilhelm Meisters Wanderjahre*. Pustkuchens Roman war erheblich erfolgreicher als der Goethes. Goethe verstieß gegen alle Regeln der herkömmlichen Romanpoetik. Gegenüber Kanzler Müller nannte er am 18. Februar 1830 den Roman ein „Aggregat", aus dem sich kein „Ganzes systematisch konstruieren" lasse. Zwar tauchte in den *Wanderjahren* das Personal der *Lehrjahre* wieder auf, doch bildeten sich neue Konstellationen, in denen nicht mehr der Individualheld Wilhelm im Mittelpunkt stand. Eingelagerte Erzählungen, Märchen, Schwänke und Novellen,

Briefe, Tagebuchauszüge, Lied- und Gedichteinlagen sprengten die geschlossene Romanform. Dazu kam eine disparate Erzählerfunktion, die die einheitliche Erzählerfigur verdrängte, und Goethes Altersneigung zum Aphorismus, die er im Abschnitt „Aus Makariens Archiv" mit einer Aphorismensammlung auskostete. Immer mehr schien das lehrhafte und unsystematische Sprechen der Aphoristik die für Goethe ideale Mitteilungsform, weil sie sich gegen die systematische Argumentation sträubte und in →Analogien dachte. Dem Unverständnis der Zeitgenossen gegenüber der universellen Vielfalt symbolischer Lesarten des Romans steht die heutige Einsicht entgegen, die in den *Wanderjahre* deren Modernität als utopischen Roman und als offenes Rezeptionsangebot sieht.

**Zitat**

Eine Arbeit wie diese, die sich selbst als Kollektiv ankündigt, indem sie gewissermaßen nur zum Verband der disparatesten Einzelheiten unternommen zu sein scheint, erlaubt, ja fordert mehr als eine andere, daß jeder sich zueigne, was ihm gemäß ist.

*Goethe an Johann Friedrich Rochlitz am 28. Juli 1828*

Seit 1825 drängte Eckermann auf die Fortsetzung des *Faust* und eröffnete damit die vierte Arbeitsphase an Goethes lebensumspannendem Werk. Nach der Vorveröffentlichung des Helena-Akts in der *Ausgabe letzter Hand* erschien *Faust. Der Tragödie zweiter Teil* erst 1832 in den *Nachgelassenen Werken*. Goethe hatte das Manuskript abgeschlossen und versiegelt; es sollte erst nach seinem Tod erscheinen.

*Faust II*

Goethe betrachtete alle Arbeitsphasen als Einheit an einem Werk, „das immer ein Fragment bleiben wird", wie er am 27. Juni 1797 an Schiller geschrieben hatte. Mit der Fertigstellung des zweiten Teils war ein erweiterter Bezugsrahmen entstanden. Beide Teile waren nicht nur aufs engste miteinander verwoben; sie konnten sich, vergleichbar dem Alten und dem Neuen Testament, wechselseitig ineinander spiegeln. Der zweite Teil des *Faust* zeigte in Aktgliederung und Verssprache zwar das Gerüst eines Dramas, war aber eher durch Goethes Vorstellung des Epischen von der Selbständigkeit der Teile und der Mischung vielfältiger Formen geprägt. Alles, was ein Drama ausmachte, war zurückgenommen. Dem Titelhelden Faust gab Goethe mehr noch als im ersten Teil die Fähigkeit bei, Schuld und Fehlverhalten einfach zu verdrängen oder gar wie nach der →Gretchen-Tragödie im Heilschlaf zu vergessen. „Mozart hätte den *Faust* komponieren müssen", sagte Goethe am 12. Februar 1829 mit Blick auf Mozarts *Don Giovanni*. Dass Faust nicht tragisch endete, sondern in einem opernhaften Figurenspiel eine nicht unironische Erlösung fand, gehörte ebenso dazu wie der Mummenschanz in der klassischen Walpurgisnacht oder die Vereinigung von Antike und Mittelalter, der Abbau der tragischen Fallhöhe oder im vierten Akt die Selbsttäuschung Fausts über seine Kolonisierungsleistungen. Schließlich löste Goethe die Teufelswette Fausts aus dem ersten Teil in einer ironischen Erfüllung auf, so dass Mephisto scheinbar triumphieren konnte.

**Textbeispiel**

*Goethe*, Faust II, V. 11581–11586

Zum Augenblicke dürft' ich sagen:
Verweile doch, du bist so schön!
Es kann die Spur von meinen Erdentagen
Nicht in Äonen untergehn. –
Im Vorgefühl von solchem hohen Glück
Genieß' ich jetzt den höchsten Augenblick.

Sind Faust und Wilhelm Meister widersprüchliche Lösungsmodelle in Goethes Alterswerk? Der eine überschreitet die Grenzen der Menschheit, der andere entsagt.

## 3.5 Was bleibt? Bleibt was? Leistungen der Deutschen Klassik

3.5.1. Die Autonomie der Kunst
3.5.2. Wissenschaft und Poesie
3.5.3. Die Idee der Bildung
3.5.4. Weltliteratur ohne Nation

**Klassik und Moderne**

Auch wenn das, was wir „Klassik" nennen, eine nachträgliche Konstruktion der Literaturgeschichte ist, so darf doch die Frage nach den bleibenden Leistungen dieser Klassik erlaubt sein. Die Geschichtswissenschaft hat die Zeit zwischen 1785 und 1830 und damit auch die Epoche der Klassik zur „Sattelzeit der Moderne" erhoben.

## Die Autonomie der Kunst 3.5.1

Der Weg zur Anerkennung der Kunst und des Künstlers war lang. Er führte vom lohnschreibenden Worthandwerker oder dem Erfinder verlogener und sittlich fragwürdiger Geschichten hin zu einem selbstbewussten Autor, der sich als Schöpfer einer ästhetischen Welt von eigenem Wert betrachten durfte. Am Ende dieses Weges hat die Klassik jenes Autonomiekonzept der Kunst entwickelt, das wegen seiner Einseitigkeit als →Klassik-Ideologie gescholten wurde. In der Vorstellung, dass Kunst kein anderes Ziel außer sich selbst habe, keinen direkten Einfluss auf das gesellschaftliche Geschehen ausübe und gerade daraus seine ästhetische Kraft beziehe, steckte jedoch auch der Anspruch der Emanzipation des Kunstwerks. Indem sich die Kunst aus kirchlichen oder feudal-mäzenatischen Abhängigkeiten befreite und von außerkünstlerischen Dienstbarkeiten aller Art löste, band sie sich im Gegenzug an moralische Forderungen. Diesem Bestreben der klassischen Kunst nach Autonomie, Eigengesetzlichkeit und Funktionslosigkeit hatte Kants berühmte Definition der Interesselosigkeit des Ästhetischen vorgearbeitet. Schiller ging einen Schritt weiter. In seiner Theorie der ästhetischen →Erziehung vollzog sich die Abkehr der Ästhetik von der banalen Alltagswelt, unterschied sich die wahre Kunst von bloßer Unterhaltungsliteratur, differenzierte sich die Rolle der literarischen Öffentlichkeit aus, erhielt die Literaturkritik ihr Eigenrecht (→Kunstrichter). Am Ende waren die Autonomie der Kunst und die deutsche Klassik identisch geworden. Nur so war zu erklären, dass der große französische Romancier Gustave Flaubert noch 1853 (am 26. Juli an Louise Colet) schreiben konnte: „Im Grunde bin ich Deutscher!" Flaubert bekannte sich damit zum Anspruch seiner Kunst auf Autonomie, den er in der deutschen Klassik durchgesetzt sah und die er als eine der großen Errungenschaften der bürgerlichen Epoche würdigte.

*Emanzipation des Schriftstellers*

Diese Idee einer autonomen und gleichberechtigt neben den Realitäten stehenden Kunstwelt wurde schnell verkürzt auf starre Regeln. Aus ihr entsprang auch die folgenreichste Verballhornung einer geschlossenen Harmoniewelt, nämlich das Modell des klassischen Dramas. Es war, v. a. in der schulisch vermittelten Form, eine Rekonstruktion im Geist bildungsbürgerlicher Verfügbarmachung und Zurichtung der Klassik für den eigenen Gebrauch. Gustav Freytag (1816–1895), bürgerlicher Erfolgsschriftsteller mit dem Kaufmanns-Bildungsroman *Soll*

*klassisches Drama*

*und Haben* (1855) und Lustspielen wie *Die Journalisten* (1854), hatte in *Die Technik des Dramas* (1863) dieses unzureichend verkürzende und verkürzte, aber dadurch griffige Modell entworfen.

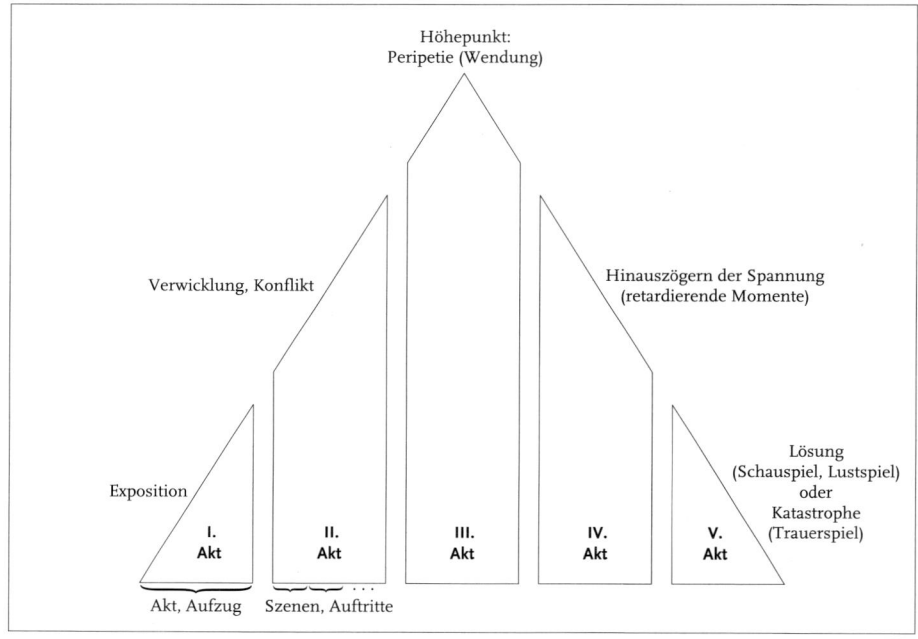

*Grafische Darstellung des Aufbaus eines klassischen Dramas (nach Gustav Freytag).*

Folgte man diesem Modell in seinem ganzen Schematismus, so ließ sich jede Szene schon anhand ihrer Nummerierung präzis dem dramatischen Verlauf des Stückes zuordnen; umgekehrt war der Handlungsbogen jedes Dramas in seinen Grundpfeilern vorgegeben. Dass in solchem Raster das klassische →Humanitätsideal aufbewahrt sein sollte, war pure bildungsbürgerliche Ideologie, die das Schulsystem des 19. Jahrhunderts doktrinär durchsetzte. Nur noch in Umrissen war daran jenes Spannungsverhältnis abzulesen, das die Klassik entwickelt hatte.

> **Textbeispiel**
>
> *Natur und Kunst*
>
> Natur und Kunst, sie scheinen sich zu fliehen
> Und haben sich, eh man es denkt, gefunden;
> Der Widerwille ist auch mir verschwunden,
> Und beide scheinen gleich mich anzuziehen.
>
> Es gilt wohl nur ein redliches Bemühen!
> Und wenn wir erst in abgemeßnen Stunden
> Mit Geist und Fleiß uns an die Kunst gebunden,
> Mag frei Natur im Herzen wieder glühen.
>
> So ist's mit aller Bildung auch beschaffen:
> Vergebens werden ungebundne Geister
> Nach der Vollendung reiner Höhe streben.
>
> Wer Großes will, muß sich zusammenraffen;
> In der Beschränkung zeigt sich erst der Meister,
> Und das Gesetz nur kann uns Freiheit geben.

*Goethe, Natur und Kunst, 1800*

## Wissenschaft und Poesie 3.5.2

Natur hieß die Losung des 18. Jahrhunderts. Aus ihr leitete sich alles, nicht nur die Existenz des Menschen ab. Die Auseinandersetzung mit dieser Natur war im Unterschied zu unseren heutigen Naturwissenschaften eher emotional als rational geprägt.

> **Zitat**
>
> Wo ist eine Sonne, wo ist ein Atom, die nicht Theil wäre, der nicht gehörte zu diesem *Organischen ALL, lebend in keiner Zeit, jede Zeit fassend in sich*? – Wo bleibt denn der Unterschied zwischen den Theilen des Thieres, der Pflanze, dem Metall und dem Steine? – sind sie nicht sämmtlich Theile des großen *All-Thiers*, der *Natur*? – Ein allgemeines bisher noch nicht gekanntes *Naturgesetz* scheint uns entgegen zu leuchten!

*Johann Wilhelm Ritter, Beweis, dass ein beständiger Galvanismus den Lebensprocess in dem Thierreich begleitete, 1798*

Während heute darüber heftig gestritten wird, ob die Kluft zwischen den „zwei Kulturen" unüberbrückbar ist, waren vor 200 Jahren Ästhetik und Naturerkenntnis die beiden Seiten derselben Medaille. So wie die Grenzen zwischen Natur und Geist noch gar nicht gezogen waren, so blieben sie auch zwischen

*Goethes Naturwissenschaft*

dem professionellen Naturforscher und dem betrachtenden Amateur noch lange in der Schwebe. Wissenschaft war Anschauung, Sammeln und Vergleichen. Goethe besaß bei seinem Tode fast 18 000 Steine und 5 000 Geräte für naturwissenschaftliche Zwecke. Die Naturwissenschaft wurde als Naturkunde und spekulative Naturphilosophie betrieben, bis sie von der modernen experimentellen Wissenschaft abgelöst wurde, bevor sich die Einzeldisziplinen ausdifferenzierten und Professionalisierung und Spezialisierung begannen. Erst dann kam das Ende der autodidaktischen Dilettanten, die ihre Erkenntnisse auf andere Lebensbereiche übertragen und →Analogien mit anderen Wirkungsfeldern herstellen wollten. Während Goethe sein Leben lang in vielfältigen Wissenschaften dilettierte, aber auch ernsthaft geforscht und es zu Ansehen unter Fachkollegen gebracht hatte, hielt sich der ausgebildete Mediziner Schiller davon frei und äußerte sich sarkastisch über die Zustände in Goethes Haus, während der Hausherr in Italien weilte.

### Zitat

*Schiller an Körner vom August 1787*

Eine solche philosophische Verachtung aller Spekulation und Untersuchung, mit einem bis zur Affektation getriebenen Attachement an die Natur und einer Resignation in seine fünf Sinne; kurz eine gewisse kindliche Einfalt der Vernunft bezeichnet ihn und seine hiesige Sekte. Da sucht man lieber Kräuter oder treibt Mineralogie, als daß man sich in leeren Demonstrationen verfinge.

*Industrialisierung*

Im Gegensatz zu den Naturwissenschaften fand die noch ganz junge Industrialisierung, sieht man einmal von marginalen Hinweisen in Goethes *Wanderjahren* ab, keinen Widerhall in der Literatur der Klassik. Doch ergaben sich vielfältige Berührungen mit der damals modernen Technik, etwa im Rahmen von Goethes amtlichen Weimarer Tätigkeiten wie dem Abbau von Torflagern, dem Unterhalt von Baumwollspinnereien und Bergwerken, der Untersuchung von Boden- und Gesteinsarten oder der Kontrolle des Funktionierens von Dampfmaschinen.

*Physiognomie und Naturwissenschaften*

Neben der Betrachtung der Natur galt auch die Physiognomie als ernsthafte Wissenschaft. Sie war das erste Bildmedium des 18. Jahrhunderts, als dessen Leitwissenschaft sie sich begriff. In der systematischen Betrachtung der Formen des menschlichen Antlitzes glaubte man den göttlichen Schöpfungsplan entziffern zu können. Was wir heute als vor- oder pseudowissenschaftlich abtun, galt den Zeitgenossen als Lavaters verdienstvolle Leistung.

In den Gesichtsporträts und → Schattenrissen der Silhouettenmode zeigten sich jedoch auch die Grenzen der Möglichkeiten zu Analogieschlüssen, wie sie in Lavaters manisch-subjektivistischen Deutungen sichtbar wurden. Goethe beendete seine Mitarbeit, Lichtenberg parodierte Lavater, weil ihnen die Spekulationen zu weit gingen.

Doch die Physiognomie befriedigte nur ein Bedürfnis der Epoche nach der Entschlüsselung verborgenster Geheimnisse der Natur. Neue naturwissenschaftliche Felder wie der Galvanismus, der Messmerismus, der Magnetismus oder die Elektrizität zeugten von einem lebhaften Interesse an der Erkundung unsichtbarer Wirkkräfte, das bis zum Gespensterglauben und zu Versuchen mit Hypnose und Seelenwanderungen reichte. Besonders die Romantiker widmeten ihre Aufmerksamkeit diesen *Ansichten von der Nachtseite der Naturwissenschaft* (1808), wie ein damals berühmtes Buch von Gotthilf Heinrich Schubert lautete.

Auch die seriösen Naturwissenschaftler siedelten ihre Erkenntnissen verdächtig nah an den Spekulationen und Reflexionen der Dichter und Denker an. So wie die dichterische Metaphorik in die wissenschaftlichen Schriften eindrang, so stiegen im Gegenzug immer mehr naturwissenschaftliche Fragestellungen zum dichterischen Gegenstand auf. Der ausgebildete Naturwissenschaftler und Dichter Novalis behauptete immerhin, der Dichter verstehe „die Natur besser, wie der wissenschaftliche Kopf". Erst recht in Goethes Gesichtskreis dienten naturwissenschaftliche Überlegungen der Untermauerung der Vorstellungen von Entwicklung, Wachstum und Fortschritt, wie Goethe in seinen Arbeiten über den *Granit*, die Entdeckung des Zwischenkieferknochens 1784, den zoologischen und biologischen Studien oder der Wetterkunde (*Versuch einer Witterungslehre 1825*) demonstrierte. Gekrönt wurden solche Gedankengänge von der Hypothese einer Urpflanze, in der Goethe seine eigene Entwicklung als Entfaltung gespiegelt sah.

**Zitat**

Die Urpflanze wird das wunderlichste Geschöpf von der Welt über welches mich die Natur selbst beneiden soll. Mit diesem Modell und dem Schlüßel dazu, kann man alsdann noch Pflanzen ins unendliche erfinden, die konsequent seyn müßen, das heißt: die, wenn sie auch nicht existiren, doch existiren könnten und nicht

*Goethe an Charlotte von Stein vom 8. Juni 1787*

etwa mahlerische oder dichterische Schatten und Scheine sind, sondern eine innerliche Wahrheit und Nothwendigkeit haben. Dasselbe Gesetz wird sich auf alles übrige lebendige anwenden laßen.

Mit dem Gedicht *Die Metamorphose der Pflanzen* (1798) wollte er die direkte Analogie zwischen dem pflanzlichen Wachstum und dem Bildungsbegriff beim Menschen anschaulich vermitteln. Der wichtigste Beleg für das Eindringen des naturwissenschaftlichen Denkens in die Literatur ist jedoch Goethes Roman *Die Wahlverwandtschaften,* der die kommende Leitwissenschaft der Chemie im Titel zitiert.

<small>Farbenlehre</small>   Mit der Farbenlehre und seiner Optik (*Farbenlehre* 1810) beschäftigte sich Goethe am längsten und verrannte sich in einen Kampf gegen Isaac Newtons *Opticks* (1704). Während Newton davon ausging, dass im weißen Licht alle Spektralfarben enthalten sind, glaubte Goethe an eine Entstehung der Farben aus der Begegnung von Hell und Dunkel. In den unterschiedlichen Wissenschaftsvorstellungen, die hier aufeinanderprallten, zeigte sich Goethes Abneigung gegen jede Art der Analyse, des Messens, Zählens und Experimentierens. Dagegen setzte er auf reine Anschauung und Empfindung der Natur. Was im Zeitalter der sich immer stärker durchsetzenden Naturwissenschaft als anachronistisch, überholt und regressiv galt, kommt uns nach einem Jahrhundert der naturwissenschaftlichen Exzesse überraschend modern und ganzheitlich vor: Das Denken in Zusammenhängen und Synthesen, das Messbare gegen das Unwägbare stellen, ethische Grenzen nicht zu überschreiten, auch wenn das technisch Machbare dazu verlockt.

### 3.5.3  Die Idee der Bildung

<small>Natur und Bildung</small>   Der Bildungsbegriff der Klassik war einer doppelten Wurzel entwachsen. Zum einen ergab er sich konsequent aus Goethes Naturvorstellungen (→ Gestalt; → Metamorphose). Zum anderen steckte er in einem Geschichtsbild, das von Kants praktischem Sittengesetz über die Idee einer Erziehung des Menschengeschlechts bei Lessing und Schiller bis hin zu Hegel reichte und auf eine kontinuierliche Weiterentwicklung regelhaften Fortschritts der Menschheit gerichtet war. Dagegen stand das von Rousseau in die Welt gesetzte Modell, das die vermeintlichen Übel der Zivilisation gegen die glücklichen Naturzustände ausspielte. In solchen Verflechtungen war der Niedergang der Bil-

dung in der Entstehung des Bildungsbegriffs schon angelegt. Der politische Erlösungsanspruch von Bildung wurde, erst recht vor der Negativfolie der Französischen Revolution, nie aufgegeben. Bildung sollte immer an Freiheit gebunden sein. Erst mit der Abkehr der Bildungsidee von der Revolution konnten dann Bildung und Kunst eine untrennbare Verknüpfung eingehen.

*Bildung und Freiheit*

Genau an dieser Stelle siedelte Goethe seinen *Wilhelm Meister* an. Mit ihm hatte Goethe den neuen Romantyp des →Bildungsromans erfunden und, wie auch gleich von der Literaturwissenschaft behauptet, das unübertreffliche Muster dafür geschaffen. Nachahmungen und Fortschreibungen, Variationen und Gegenentwürfe blieben nicht aus. Es entstand eine so ungeheure Wirkungsgeschichte, dass sogar vorgeschlagen wurde, die Geschichte des Bildungsromans letztlich als Romane in der Nachfolge des *Wilhelm Meister* zu lesen.

*Bildungsroman*

**Zitat**

Ich möchte die Romane, welche die Schule Wilhelm Meisters ausmachen (denn Rousseau's verwandte Kunstform wirkte auf sie nicht fort), Bildungsromane nennen. Göthes Werk zeigt menschliche Ausbildung in verschiedenen Stufen, gestalten, Lebensepochen. Es erfüllt mit Behagen, weil es nicht die ganze Welt sammt ihren Mißbildungen und dem Kampf böser Leidenschaften um die Existenz schildert; der spröde Stoff des Lebens ist ausgeschieden. Und über die dargestellten gestalten erhebt das Auge sich zu dem Darstellenden, denn viel tiefer noch, als irgend ein einzelner Gegenstand, wirkt diese künstlerische Form des Lebens und der Welt.

*Wilhelm Dilthey, Leben Schleiermachers, 1870*

## Weltliteratur ohne Nation 3.5.4

Die deutsche Klassik war unter dem Paradox entstanden, den geistigen und dichterischen Höhepunkt einer Nation in einem staatlichen Leerraum zu errichten. Die Klagen des 18. Jahrhunderts über das Fehlen eines deutschen Nationalstaats, wodurch den Deutschen der politische Mittelpunkt einer Hauptstadt und die überregionale Identität mangle, sind bekannt. Am berühmtesten wurde Lessing, der in seiner *Hamburgischen Dramaturgie* über „den gutherzigen Einfall" spottete, „den Deutschen ein Nationaltheater zu verschaffen, da wir Deutsche noch keine Nation sind!".

*deutsche Nation?*

Was jedoch als politische Beengtheit beklagt wurde, war zugleich die Voraussetzung für den Aufstieg und das Selbstwertgefühl deutscher Literatur. Im Fragment *Deutsche Größe* (1797) thematisierte Schiller diesen Prozess: „Abgesondert von dem politischen hat der Deutsche sich seinen eigenen Wert gegründet". Was zunächst so aussah, als werde hier dem Unpolitischen das Wort geredet, erwies sich bei näherem Zusehen als genau jener Widerspruch, mit dem Goethe das Überschwappen der Französischen Revolution auf Deutschland kommentierte: „Wir wollen die Umwälzungen nicht wünschen, die in Deutschland klassische Werke vorbereiten könnten." Als das Heilige Römische Reich Deutscher Nation 1806 zusammenfiel, blieb der Mythos eines deutschen Reichs erhalten; als die Weltseele zu Pferde, wie Hegel Napoleon bezeichnete, Europa beherrschte, empfanden die Zeitgenossen keinen Epocheneinschnitt.

Bedeutende Dichter und Denker der Epoche wie Kant und Schiller, Jean Paul oder Novalis haben nie deutschen Boden verlassen, der sich weltläufig gebende Goethe ist nie in Hamburg oder Wien, Paris oder London gewesen. Und dennoch waren Begriff und Sache des Vaterlands immer präsent. Aus dem Bewusstsein einer kulturellen Zusammengehörigkeit, die über die gemeinsame Sprache hinausreichte, entwickelte sich ein Überlegenheitsgefühl gegenüber anderen Nationen, das gerade aus der Rückständigkeit und Verspätung Deutschlands gespeist wurde.

**Zitat**

Novalis,
Die Christenheit
oder Europa,
1799

Deutschland geht einen langsamen aber sichern Gang vor den übrigen europäischen Ländern voraus. Während diese durch Krieg, Spekulation und Partei-Geist beschäftigt sind, bildet sich der Deutsche mit allem Fleiß zum Genossen einer höhern Epoche der Kultur, und dieser Vorschritt muß ihm ein großes Übergewicht über die andern im Lauf der Zeit geben.

Mag es da Wunder nehmen, dass genau in dieser Verwerfung Begriff und Sache der Weltliteratur erfunden, gefunden wurde und dass die Deutschen dabei eine Schlüsselrolle übernehmen würden? Goethe sprach übrigens immer von einer sich erst zu bildenden Weltliteratur.

## 3.5 | Was bleibt? Bleibt was? Leistungen der Deutschen Klassik

> **Zitat**
>
> Ich sehe immer mehr [...], daß die Poesie ein Gemeingut der Menschheit ist, und daß sie überall und zu allen Zeiten in Hunderten und aber Hunderten von Menschen hervortritt. Einer macht es ein wenig besser als der andere und schwimmt ein wenig länger oben als der andere, das ist alles. [...] aber freilich, wenn wir Deutschen nicht aus dem engen Kreise unserer eigenen Umgebung hinausblicken, so kommen wir gar zu leicht in diesen pedantischen Dünkel. Ich sehe mich daher gerne bei fremden Nationen um und rate jedem, es auch seinerseits zu tun. Nationalliteratur will jetzt nicht viel sagen, die Epoche der Weltliteratur ist an der Zeit, und jeder muß jetzt dazu wirken, diese Epoche zu beschleunigen.

*Goethe an Eckermann vom 31. Januar 1827*

In der Hinwendung zur Weltliteratur steckte auch die Abkehr von der (zeitgenössischen) deutschen Literatur, womit die Klassik anzeigte, dass ihr Erziehungskonzept in seiner Breitenwirkung gescheitert war. Die Deutschen lasen und schrieben nicht das, was sich Goethe wünschte. Im Ausland, etwa beim italienischen Dichter Alessandro Manzoni (1785–1873) oder bei Thomas Carlyle (1795–1881), dem englischen Übersetzer seiner Werke, fand er hingegen die Bewunderung, die er sich wünschte. *europäische Literatur*

Der Entdeckung der Weltliteratur war auch die Distanz der Klassik zur jüngeren Generation der Romantiker eingeschrieben. Nicht nur Goethe wehrte die Romantik als „krank" ab. Auch Schiller hatte völliges Unverständnis für Dichter wie Kleist und Hölderlin gezeigt. Besonders ausgeprägt war das Naserümpfen über den erfolgreichen Jean Paul.

So mutet es wie die Rache der Geschichte an, dass die deutsche Rezeption der Klassik im weiteren Verlauf des 19. Jahrhunderts gerade dieses Konzept der Weltliteratur ausblendete. An ihrer Stelle konstruierte sie eine nationale Klassik, die nicht etwa bloß die deutsche, noch dazu etwas verspätete Spielart innerhalb der europäischen Klassiken sein sollte, sondern der einmalige Gipfelpunkt der gesamten Weltliteratur. *Weltliteratur*

## 3.6 Gesucht und verschmäht. Die Unverstandenen

3.6.1. Heinrich von Kleist
3.6.2. Friedrich Hölderlin
3.6.3. Jean Paul

### Problematische Epochenbegriffe

Alle Literaturgeschichten tun sich schwer mit der Einordnung von Kleist, Hölderlin und Jean Paul. Als Klassiker mag man sie, die eine Generation nach Goethe und Schiller Geborenen, nicht mehr bezeichnen. Von den Romantikern setzten sie sich, trotz zahlreicher Kontakte und Freundschaften, durch ihre Werke und durch ihr Selbstverständnis ab. So behilft sich die Literaturgeschichte gern mit der Erfindung einer eigenen Epoche für die großen Drei: Zwischen Klassik und Romantik. Gemeinsam ist jedoch allen drei Schriftstellern, dass sie sich an den von der Klassik aufgestellten Maßstäben orientierten und dagegen anschrieben. Sie galten als unvollendet wie Hölderlin und Kleist oder als schwer verständlich wie Jean Paul. Gemeinsam ist allen Dreien, dass sie die Nähe der Weimarer suchten, dort aber gleichgültig empfangen, abgewiesen oder sogar geschmäht wurden.

### Zitat

*Christa Wolf, Karoline von Günderrode, 1979*

Die Literaturgeschichte der Deutschen, in den Händen von Studienräten und Professoren, orientiert sich an den retuschierten Kolossalgemälden ihrer Klassiker, hat sich leichtherzig und leichtsinnig der als ‚unvollendet' abgestempelten Figuren entledigt.

## 3.6.1 Heinrich von Kleist

**Kurzbiografie**

| | |
|---|---|
| 1777 | Heinrich von Kleist am 18. Oktober als Sohn einer altadligen preußischen Offiziersfamilie in Frankfurt a.d. Oder geboren |
| 1788 | Privatunterricht |
| 1792 | Eintritt ins Potsdamer Garderegiment |
| 1793 | Teilnahme am Koalitionskrieg (Belagerung von Mainz) |
| 1797 | Leutnant |
| 1799 | Quittierung des Militärdiensts; Studium der Philosophie, Physik und Mathematik in Frankfurt a.d. Oder; Verlobung mit Wilhelmine von Zenge; Kantlektüre und -krise |
| 1800 | Aufgabe des Studiums; Übersiedlung nach Berlin |
| 1801 | Paris-Reise |
| 1802 | Versuch, in der Schweiz naturnahe Landwirtschaft zu betreiben |
| 1803 | in Weimar Bekanntschaft mit Wieland, Goethe und Schiller; 2. Schweiz-Reise |
| 1804 | seelischer Zusammenbruch |
| 1805 | Anstellung bei der Kriegs- und Domänenkammer in Königsberg |
| 1807 | Abschied vom Amt; Verhaftung als Spion; nach der Entlassung Übersiedlung nach Dresden |
| 1809 | Aufbruch nach Österreich; Scheitern von Zeitschriftenplänen |
| 1810 | Frankfurt a.d. Oder und Berlin; Bekanntschaft mit den Romantikern Achim von Arnim, Clemens Brentano und Fouqué |
| 1811 | Selbstmord mit Henriette Vogel am 21. November am Wannsee bei Potsdam |

Wichtigste Werke

Dramen
    wie *Die Familie* Schroffenstein (1803), *Amphitryon* (1807), *Robert Guiskard* (1807/08), *Penthesilea* (1808), *Das Käthchen von Heilbronn* (1808), *Der zerbrochene Krug* (1808), *Die Hermannschlacht* (1808), *Prinz Friedrich von Homburg* (1809)

Erzählungen
    wie *Das Erdbeben in Chili* (1807), *Michael Kohlhaas* (1807/10), *Die Marquise von O...* (1808), *Die Verlobung in St. Domingo* (1811)

Flugschriften
    wie *Katechismus der Deutschen* (1809)

Philosophische Abhandlungen
    wie *Über die allmähliche Verfertigung der Gedanken beim Reden*, *Über das Marionettentheater* (1810)

Herausgeber von Zeitschriften
    wie *Phöbus* (1808), *Berliner Abendblätter* (1810/11)

*Kleist auf einem Kupferstich nach einem Miniaturgemälde, das er am 9. April 1802 seiner damaligen Braut Wilhelmine von Zenge schenkte.*

Unter den Weimarern erkannte nur Wieland, auf dessen Gut Oßmannstedt Kleist 1802 einige Monate verbracht hatte, dass der junge Dichter das steril gewordene klassizistische Theater aus seiner Sackgasse herausführen konnte.

> **Zitat**
>
> *Wieland 1804 an Georg Wedekind*
>
> Von diesem Augenblicke war bei mir entschieden, Kleist sei dazu geboren, die große Lücke in unserer dermaligen Literatur auszufüllen, die (nach meiner Meinung wenigstens) selbst von Goethe und Schiller noch nicht ausgefüllt worden ist.

Kleist gab in seinen Werken das klassische Gleichgewicht von Kunst und Leben auf. Er zeigte das Außerordentliche und Unwahrscheinliche. Er wirkte deshalb modern, weil er die chaotische Seite der Wirklichkeit beleuchtete, seine Erkenntniszweifel artikulierte und mit seinem Selbstmord eine radikale persönliche Konsequenz zog.

> **Zitat**
>
> *Joseph von Eichendorff, Geschichte der poetischen Literatur Deutschlands, 1857*
>
> Hüte jeder das wilde Tier in seiner Brust, daß es nicht plötzlich ausbricht und ihn selbst zerreißt! Denn das war Kleists Unglück und schwergebüßte Schuld, daß er diese, keinem Dichter fremde, dämonische Gewalt nicht bändigen konnte oder wollte, die bald unverhohlen, bald heimlichleise, und dann nur um so grauenvoller, fast durch alle seine Dichtungen geht.

*Kant-Krise*

Anders als Schiller fand Kleist in der Lektüre Kants keine Bestätigung seines eigenen Denkens, sondern geriet in eine tiefe Existenzkrise, die er in seinen Briefen geklagte, in seinen Werken jedoch zur Darstellung brachte. In *Über das Marionettentheater*, ein Gespräch über den Konflikt zwischen Bewusstsein und Erkenntnis einerseits und der naiven Lebenssicherheit („Grazie") andererseits, bestand noch die Hoffnung, der aus dem Paradies vertriebene Mensch könne gleichsam von hinten zurückkehren oder ein zweites Mal vom Baum der Erkenntnis essen, um in den verlorenen Unschuldszustand zurückzukehren. In seinen Werken bestand diese Hoffnung nicht mehr; die Welt war heillos; der Einbruch des Fremden in die vertraute Ordnung zerstörte jede Orientierung.

Auf amüsante Weise schien dieser unbefestigte Boden im Lustspiel *Amphitryon* betreten, im Untertitel „Ein Lustspiel nach Molière" (und Plautus), wenn Kleist den Gottvater Jupiter in der Gestalt Amphitryons der Gemahlin Alkmene einen erotischen Besuch abstatten ließ. Hier war die Frage nach Identität, nach Schein oder Wahrheit noch komisch gelöst. Der Herausgeber Adam Müller bescheinigte Kleist in der Vorrede dazu das „Geheimnis der Klassizität". Das Lustspiel *Der zerbrochene Krug* zeigte ein Gerichtsverfahren, bei dem der Täter der Richter war und versuchte, eine Scheinwelt aufzubauen, um seine Verfehlung zu verschleiern.

*Lustspiele*

Die Uraufführung 1808 in Weimar unter der Regie Goethes, der Kleists Einakter in klassische drei Akte umgeschrieben hatte, offenbarte den ganzen Abstand zu den gängigen Lustspielen, so dass das Stück durchfiel.

Nach seinem ersten schauerromantischen Drama *Die Familie Schroffenstein* verfasste Kleist Geschichtsdramen wie *Robert Guiskard*, *Penthesilea*, *Die Hermannsschlacht* oder *Prinz Friedrich von Homburg*. In ihnen geriet der Krieg zu einer Art Krankheit, die unausweichlich in den Tod führte. Die Zeitgeschichte und die persönliche Leidensgeschichte Kleists fielen zusammen.

*Geschichtsdramen*

### Zitat

Wie schrecklich sind diese Zeiten! Wie gern möchte ich, daß Du an meinem Bette säßest, und daß ich deine Hand hielte; ich fühle mich schon gestärkt, wenn ich an Dich denke! Werdet Ihr flüchten? Es heißt ja, daß der Kaiser den Franzosen alle Hauptstädte zur Plünderung versprochen habe [...]. Ich leide an Verstopfungen, Beängstigungen, schwitze und phantasiere, und muß unter drei Tagen immer zwei das Bette hüten. Mein Nervensystem ist zerstört [...]. Es wäre schrecklich, wenn dieser Wüterich

*Kleist an seine Schwester Ulrike am 24. Oktober 1806*

sein Reich gründete. Nur ein sehr kleiner Teil der Menschheit begreift, was für ein Verbrechen es ist, unter seine Herrschaft zu kommen. Wir sind die unterjochten Völker der Römer.

Nationalistische Hassgesänge und übersteigertes Pathos sollten wie das Ausschlachten der Grausamkeiten aufrütteln und anklagen, auf direkte Weise in *Die Hermannsschlacht*, auf indirekte im Modus der Utopie und des Traums im *Prinz Friedrich von Homburg*. Im Zustand des Schlafwandelns greift der verliebte Prinz siegentscheidend, jedoch befehlswidrig in die Schlacht ein. Er durchlebt, an der Grenze der Todeserwartung wegen dieser Regelverletzung, den Konflikt zwischen freier Willensentscheidung und Verpflichtung auf das gegebene Gesetz ein Drama, in dem sich Erkenntnis, Reinigung und Befreiung abwechseln. Das war kein Bildungsgang im klassischen Sinne mehr, sondern die Bewältigung von zerreißenden Widersprüchen als Läuterung in der Form einer symbolischen Wiederauferstehung. Mitten im Krieg verschwammen die Grenzen zwischen Wirklichkeit und Möglichkeit, von der aus das martialische kollektive Kriegsgeschei, mit dem das Drama endete, eine märchenhafte Wendung erhielt: „In den Staub mit allen Feinden Brandenburgs." Und schmal bleibt der Grat zwischen Wirklichkeit und Illusion: „Ein Traum, was sonst?"

| Textbeispiel |
|---|
| Nun, o Unsterblichkeit, bist du ganz mein! Du strahlst mir, durch die Binde meiner Augen, Mir Glanz der tausendfachen Sonne zu! Es wachsen Flügel mir an beiden Schultern, Durch stille Ätherräume schwingt mein Geist; Und wie ein Schiff, vom Hauch des Winds entführt, Die muntre Hafenstadt versinken sieht, So geht mir dämmernd alles Leben unter: |

*Kleist*, Prinz Friedrich von Homburg, V. 1830–1837

Gleichsam als Gegenentwurf zu *Penthesilea*, einem Stück über die Amazonenkönigin, die sich in den Griechenhelden Achill bedingungslos verliebt und ihn zuletzt sogar zerfleischt, legte Kleist *Das Käthchen von Heilbronn oder Die Feuerprobe* an. In der Motiv- und Stoffwahl folgte Kleist den beliebten Mittelalter- und Ritterstücken der Zeit, die er im Untertitel als „Ein großes historisches Ritterschauspiel" ironisierte. Die mittelalterliche Szenerie spielte mit den Erwartungen der Trivialromantik und setzte aus ihren Trümmern eine Welt der Zweideutigkeit zusammen. Auch hier war es der Traum, durch den die Titelfigur unter der Last der trügerischen Bilder Schein und Wahrheit zu unterscheiden lernte. Das glückliche Ende, so trivial es aussah, gelang erst nach einer Krise und unter der dauernd drohenden Gefahr des Absturzes in die Katastrophe.

*Das Käthchen von Heilbronn und Graf Wetter vom Stahl auf einem Gemälde von Heinrich Anton Dähling (um 1825).*

Auch in ihrer Struktur wichen Kleists Dramen erheblich vom Modell des →klassischen Dramas ab (→3.5.1). Kleists Theorie blieb jedoch so gut wie unentwickelt und ist nur aus den Bruchstücken zu rekonstruieren, die Kleist auf einer Schweizreise 1801 einer Reisebekanntschaft als „Geseze des Trauerspiels in einer sehr einfachen mathematischen Figur" skizzierte.

*Kleists Dramentheorie*

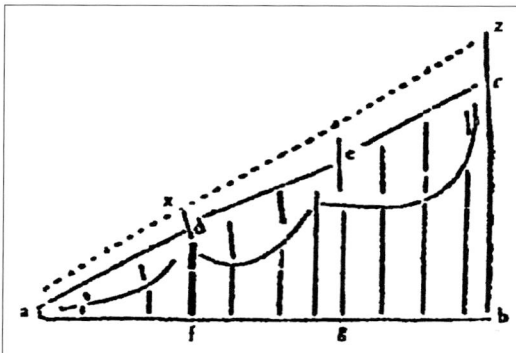

*Grafische Darstellung der vermutlich von Kleist entworfenen „Geseze des Trauerspiels"*

## Zitat

*Aus dem Reisebuch von Christian Gottlieb Hölder, 1804, über „einen Niederdeutschen", aus dem „Gedächtniß aufbewahrt".*

Die Linie ab ist die extensive Größe der Begebenheiten; sie liegt in der Fläche des menschlichen Lebens; auf ihr die Zweke des Helden. Diese Linie ist in drei gleiche Theile geteilt, af, fg, gb; Exposition, Schürzung des Knotens, und Katastrophe. [...]

Die Linie bc ist die intensive Größe der Begebenheiten, der Charakter des Helden. [...]

Der Punkt a ist der Standpunkt des Zuschauers [...].

Die Linie cb, welche den Charakter des Helden andeutet, ist grav, (gravidirt gegen ab;) das Schiksal, welches den Helden verfolgt, ist antigrav, (erhebt den Helden über die Linie ab.) [...]

Der Gang des Helden muß also in parabolischen Linien fortlaufen – und auch hier beweißt sichs, daß dieß die Schönheitslinie ist. [...]

Am Ende des ersten Akts kommt der Held auf den Punkt d zu stehen, [...] aber das Schiksal drükt ihn auf den Punkt e, bis er im dritten Akt auf dem Punkte c seine Laufbahn vollendet.

So wie der Held gegen ab in den Durchschnitt gravidirt, so steigt und sinkt das Interesse des Zuschauers, bis es seinen höchsten Grad in dem Punkt e erreicht hat.

*Kleists Erzählungen*

In seinen Erzählungen demontierte Kleist noch stärker als in seinen Dramen eine heillos zerrüttete Welt, angefüllt mit einem Personal voll selbstzerstörerischer Wildheit und ungestümem Tatendrang. Scheinbar absichts- und tendenzlos berichtete darin ein unbeteiligter Erzähler von sensationellen oder schockierenden Ereignissen. Die Novelle *Michael Kohlhaas* machte aus dem Titelhelden, „einer der rechtschaffensten zugleich und entsetzlichsten Menschen seiner Zeit", einen sprichwörtlich gewordenen Kämpfer für sein Recht, das ihm verweigert wird und das er schließlich mit Gewalt durchsetzt. Die Anmaßung des Kohlhaas, als selbst ernannter Racheengel mit Mord und Totschlag die Weltordnung umzustoßen, ließ Kleist im Paradox enden. Kohlhaas erhielt schließlich seine Genugtuung, freilich um den Preis der Zerstörung seiner Familie und seiner eigenen Hinrichtung.

In *Die Marquise von O.* stellte Kleist die unbefleckte Empfängnis auf den Kopf; die Marquise ließ per Zeitungsinserat „bekanntmachen, daß sie ohne ihr Wissen in andere Umstände gekommen sei". In *Das Erbeben in Chili* keimte im Chaos der Katastrophe die Vision einer Zivilisationsferne auf, einer „Seligkeit, als ob es das Tal von Eden gewesen wäre", bevor die menschliche Doppelnatur mit Raserei und Mord wieder ihr anderes Gesicht zeigt. In *Das Bettelweib von Locarno* vollbrachte Kleist das Kunststück, eine Gespenstererscheinung durch wiederholtes Erzählen so zu vergegenwärtigen, dass die dadurch ausgelöste Katastrophe glaubhaft wurde.

## Friedrich Hölderlin   3.6.2

**Kurzbiografie**

| | |
|---|---|
| 1770 | Johann Christian Friedrich Hölderlin am 20. März in Lauffen am Neckar als Sohn eines Klosterhofmeisters geboren |
| 1772 | Tod des Vaters |
| 1774 | 2. Ehe der Mutter mit dem Bürgermeister Gock aus Nürtingen; Umzug nach Nürtingen |
| 1776 | Geburt des Halbbruders Carl Gock |
| 1779 | Tod des Stiefvaters; Lateinschule in Nürtingen |
| 1784 | Niedere Klosterschule in Denkendorf |
| 1786 | Höhere Klosterschule in Maulbronn; erste Lektüren und erste eigene Gedichte |
| 1788 | Eintritt ins Tübinger Stift; Dichterbund mit Ludwig Neuffer und Rudolf Magenau |
| 1790 | Magisterexamen; weitere Studien; Schweizreise; Bekanntschaft mit Lavater |
| 1791 | Druck erster Gedichte |
| 1793 | Hofmeisterstelle in Jena bei Charlotte von Kalb, vermittelt durch Schiller; Begegnung mit Schiller, Goethe und Herder |
| 1795 | Flucht aus Jena; Rückkehr nach Nürtingen |
| 1796 | Hauslehrerstelle in Frankfurt bei der Familie Gontard; Liebe zu Susette Gontard („Diotima"); wegen des Krieges Umzug mit Susette und den Kindern nach Kassel, dann nach Westfalen |

1798 Hölderlin verlässt das Haus Gontard; Übersiedlung nach Homburg zu seinem Freund Isaac Sinclair; mit ihm beim Rastatter Kongress
1800 Heimkehr
1801 Hofmeisterstelle in Hauptwil (Schweiz); Abbruch, Rückkehr nach Nürtingen
1802 Hauslehrer bei Konsul Meyer in Bordeaux; Rückkehr nach Nürtingen; erste Anzeichen geistiger Verwirrung; Nachricht vom Tod Susette Gontards
1803 bei der Mutter in Nürtingen
1804 Unterbringung bei Sinclair in Homburg
1806 Einlieferung in die Autenrieth-Klinik in Tübingen
1807 Pflege beim Schreinermeister Zimmer in Tübingen bis zum Lebensende
1826 Erste Gedichtsammlung durch die schwäbischen Dichter Gustav Schwab, Ludwig Uhland und Justinus Kerner
1828 Tod der Mutter
1843 Tod am 7. Juni

Wichtigste Werke

Gedichte, Oden und Hymnen in verschiedenen Zeitschriften und Sammlungen
Roman *Hyperion oder Der Eremit in Griechenland* (1797/99)
Drama *Empedokles* (Fragment, 1797/1800)
Übersetzungen aus dem Lateinischen und Griechischen,
    so z. B. Pindars und der Trauerspiele des Sophokles (1804)
Theoretische Schriften zur Philosophie und Ästhetik

*Hölderlin in einer Gouache von Franz Karl Hiemer 1792, einem Hochzeitsgeschenk für seine Schwester Heinrike.*

Für Hölderlin war Schiller Vorbild und Ansporn zugleich. „Von Ihnen dependir' ich unüberwindlich", schrieb er ihm am 20. Juni 1797. Nicht nur geschichtsphilosophisch unterschied er sich grundlegend von den Weimarer Klassikern, die den Theologiestudenten herablassend behandelten.

> Gestern ist auch Hölterlein bey mir gewesen, er sieht etwas gedrückt und kränklich aus, aber er ist wirklich liebenswürdig und mit Bescheidenheit, ja mit Aengstlichkeit offen. Er ging auf verschiedene Materien, auf eine Weise ein die Ihre Schule verriethe, manche Hauptideen hatte er sich recht gut zu eigen gemacht, so daß er manches auch wieder leicht aufnehmen konnte. Ich habe ihm besonders gerathen kleine Gedichte zu machen und sich zu jedem einen menschlich interessanten Gegenstand zu wählen.

*Goethe an Schiller vom 23. August 1797*

Schillers große Gedichte wie *Der Spaziergang* oder *Das Ideal und das Leben* inspirierten den frühen Hölderlin weniger zur Nacheiferung als zu Gegenentwürfen, obwohl er sich der klassischen Strophen- und Versformen bediente und das Reimgedicht verabschiedete. In seinen Hymnen wie *Der Wanderer*, *Stuttgard* oder *Heimkunft* suchte er mehr als das irdische Idyll, wozu der Ausbruch aus der gesellschaftlichen und politischen Enge von Theologiestudium und →Ancien Régime die Grundierung der Wirklichkeit lieferten. Gegen Schillers Gedankenlyrik, bei der philosophische Vorstellungen in lyrische Verssprache umzusetzen waren, schrieb Hölderlin Denklyrik, die im Gedicht den Vorgang des Verstehens abbildete. Diese Arbeitsprozesse spiegeln sich in der Gestalt seiner Manuskripte, aus denen nicht das fertige Gedicht hervorging, sondern Fragmente und Bruchstücke, verschiedene Fassungen und Korrekturen neben- und übereinander standen, Gültiges und Verworfenes kaum mehr zu unterscheiden waren.

*Hölderlins große Lyrik*

Seinen *Dichterberuf* (1800/01), wie eine seiner großen Hymnen heißt, suchte er in den Rolle des göttlich inspirierten, die aufgebrochenen Weltgegensätze versöhnenden Sängers.

Mit seinem *Hyperion*, seit 1793 begonnen und 1797 mit dem ersten, 1799 dem zweiten Band erschienen, richtete sich Hölderlin gegen Goethes →Bildungsroman *Wilhelm Meisters Lehrjahre*. Schon die Form des Briefromans und die hochgestimmte rhythmische Prosa, erst recht der offene Schluß („Nächstens mehr.") unterlegten dem *Hyperion* eine andere Struktur als die des zielgerichteten Lebenswegs. Was wie die Bildungsgeschichte eines griechischen Bürgers aus bestem Hause angelegt zu sein schien, war zugleich ein Zeitroman, der eine krumme Linie beschrieb. Auf der Folie eines in hymnischem Ton idealisierten Griechenlands kritisierte Hölderlin die eigene Zeit und vor allem die Deutschen. Im Unterschied zur Weimarer Klassik suchte er in der vergan-

*Hyperion*

| Textbeispiel |

*Hölderlin,
Andenken, 1803,
letzte Strophe*

Nun aber sind zu Indiern
Die Männer gegangen,
Dort an der luftigen Spitz'
An Traubenbergen, wo herab
Die Dordogne kommt,
Und zusammen mit der pracht'gen
Garonne meerbreit
Ausgehet der Strom. Es nehmet aber
Und giebt Gedächtniß die See,
Und die Lieb' auch heftet fleißig die Augen,
Was bleibet aber, stiften die Dichter.

genen Antike weniger das zeitlos Vorbildliche als vielmehr die Projektion eigener Ideale, aus denen sich eine bessere Zukunft entwickeln sollte. An dieser Zeit und diesem Volk, die beide noch nicht reif für die großen Geschichtsmomente waren, scheiterte Hyperion, dessen Urerfahrung, in der Gegenwart heimatlos zu sein, er mit Hölderlin teilte. Im Bild des Schiffbruchs schien das Ende von Goethes *Torquato Tasso* (→3.4.5) anzuklingen; doch Hyperion entschied sich für eine private Liebesidylle: „Was kümmert mich der Schiffbruch der Welt, ich weiß von nichts, als meiner seligen Insel." Der zweite Teil des Erinnerungsromans, in Briefen an die Geliebte Diotima und den deutschen Freund Bellarmin gefasst, verschlug Hyperion dann „unter die Deutschen" und berichtete vom Opfertod Diotimas.

*Widmung Hölderlins für Susette
Gontard in seinem* Hyperion, *1797.*

*Dichterberuf*

Die von Anfang an ihre Vergeblichkeit enthaltende Liebe zu Susette Gontard in Zeiten schwärmerischer Hoffnung auf revolutionäre Veränderungen – Hölderlin war wohl mit seinem Freund Sinclair in Versuche verstrickt, mit französischer Hilfe eine Republik in Württemberg zu errichten – bestimmten die mittlere Phase des Dichters. „Held" und „Dichter" standen in einem Spannungsverhältnis.

> **Textbeispiel**
>
> Heilige Gefäße sind die Dichter,
> Worin des Lebens Wein, der Geist
> Der Helden sich aufbewahrt,
>
> Aber der Geist dieses Jünglings
> Der schnelle müßt' er es nicht zersprengen
> Wo es ihn fassen wollte, das Gefäß?
>
> Der Dichter laß ihn unberührt wie den Geist der Natur,
> An solchem Stoffe wird zum Knaben der Meister.
>
> Er kann im Gedichte nicht leben und bleiben,
> Er lebt und bleibt in der Welt.
>
> *Hölderlin, Buonaparte, 1796/98*

Die Rhetorik des Erhabenen und hymnische Begeisterung für die humanistische Bildungswirkung der Antike steuerten die Hymnen der Frankfurter und Homburger Zeit. Charakteristisch war die Verknüpfung politischer Vorstellungen mit religiösem Pathos innerhalb der Metaphorik, wie seine Hymnen *Gott der Jugend* (1794/95), *Diotima*, seine *Elegie*, *Menons Klagen um Diotima*, *Brod und Wein*, *Natur und Kunst* (1800/01), *Wie wenn am Feiertage* oder verschiedene Fassungen der *Friedensfeier* (1801/02), *Der Rhein* (1801), *Patmos* (1801/02) oder *Mnemosyne* und *Der Archipelagus* (1804) zeigten. Einige druckte Schiller in seinen *Horen*, einige Freund Neuffer im *Taschenbuch für Frauenzimmer*.

> **Textbeispiel**
>
> Mit gelben Birnen hänget
> Und voll mit wilden Rosen
> Das Land in den See.
> Ihr holden Schwäne,
> Und trunken von Küssen
> Tunkt ihr das Haupt
> Ins heilignüchterne Wasser.
>
> Weh mir, wo nehm' ich, wenn
> Es Winter ist, die Blumen, und wo
> Den Sonnenschein,
> Und Schatten der Erde?
> Die Mauern stehn
> Sprachlos und kalt, im Winde
> Klirren die Fahnen.
>
> *Hölderlin, Hälfte des Lebens, Nummer 7 der Nachtgesänge, 1804*

*Der kranke Hölderlin. Bleistiftzeichnung von Louise Keller, 1842.*

In der Natur sah Hölderlin eine Art mythologische Rekonstruktion der Antike wie in *An die Natur, Abendphantasie, Der Main* (1799) oder in Gedichten, die reine Selbstaussage zu sein schienen wie die 1804 veröffentlichten *Nachtgesänge*.

Nach dem Tod Susette Gontards, dem Scheitern revolutionärer Hoffnungen und dem Hochverratsprozess gegen Sinclair, dem Hölderlin nur knapp entging, begann die sogenannte Zeit der Umnachtung. Sie war Hölderlins zweite Hälfte des Lebens. Im Tübinger Turmzimmer, heute ein viel besuchtes Museum, lebte Hölderlin noch Jahrzehnte.

*Hölderlins Ende*

Den Zeitgenossen galt „le pauvre Holterling" als schrullige Attraktion, die man bei der Durchreise besuchte und um ein paar Verse bat, die dieser ehemalige Dichter auch bereitwillig lieferte und in denen gelegentlich die Reste dichterischen Könnens aufleuchteten.

| Textbeispiel |
|---|
| *Hölderlin, Der Winter, 1. Strophe, nach 1806* — Das Feld ist kahl, auf ferner Höhe glänzet<br>Der blaue Himmel nur, und wie die Pfade gehen<br>Erscheinet die Natur, als Einerlei, das Wehen<br>Ist frisch, und die Natur von Helle nur umkränzet. |

*Wirken und Nachruhm*

Als Verkörperung des wahren Dichters, der an der schnöden Welt gescheitert war und im Wahnsinn endete, verehrten ihn zuerst die Romantiker. Sein Nachruhm begann mit seinem Verstummen. Seine Texte freilich waren verstreut und nur verderbt veröffentlicht. Erst die Moderne entdeckte Hölderlin wie auch Kleist als ihre Vorläufer, die die Klassik überwunden hatten.

## Jean Paul 3.6.3

*Jean Paul Friedrich Richter nach einer Kreidezeichnung seines Schwiegersohns Ernst Förster, um 1810.*

### Kurzbiografie

1763 Johann Paul Friedrich Richter am 21. März in Wunsiedel (Fichtelgebirge) als Sohn eines Hilfsgeistlichen und Organisten geboren
1765 Umzug der Familie nach Joditz a.d. Saale
1776 nach Schwarzenbach a.d. Saale
1779 Eintritt ins Gymnasium Hof; Tod des Vaters; verschärfte Armut
1780 Austritt aus dem Gymnasium; autodidaktische Versuche
1781 1. Romanversuch *Abelard und Heloise*; Beginn und Aufgabe des Theologiestudiums in Leipzig; Entschluss zur Arbeit als freier Schriftsteller
1783 erste Veröffentlichungen
1784 Flucht vor Gläubigern nach Hof
1787 Hofmeisterstelle auf dem Rittergut in Töpen
1789 Selbstmord eines der jüngeren Brüder wegen der Armut der Familie; Rückkehr nach Hof
1790 Privatlehrer in Schwarzenbach a.d. Saale, Vision des eigenen Todes; rege Produktion (*Wuz*, *Loge*)
1792 Förderung durch Karl Philipp Moritz; erste Benutzung des Pseudonyms „Jean Paul"
1794 Rückkehr nach Hof; literarische Arbeiten (*Hesperus*, *Fixlein*, *Siebenkäs*)
1795 Bewunderung durch Charlotte von Kalb und Einladung nach Weimar

1796 Aufenthalt in Weimar; Besuche bei Herzogin Anna Amalia, Goethe und Schiller; Tod der Mutter
1798 Aufenthalt in Weimar und bei Wieland in Oßmannstedt
1799 Ernennung zum Legationsrat durch den Herzog von Hildburghausen; Verlobung mit Karoline von Feuchtersleben und Lösung; zahlreiche Beziehungen zu (meist adligen) Damen
1800 Übersiedlung nach Berlin
1801 Heirat mit Karoline Mayer; Übersiedlung nach Meiningen; Arbeit an *Titan* und *Flegeljahren*
1803 Übersiedlung nach Coburg
1804 Übersiedlung nach Bayreuth
1809 Lebenslängliche Rente durch Karl Theodor von Dalberg (verfällt bei dessen Abdankung 1813); militärische Einquartierungen
1815 Pension vom bayerischen König
1817 Aufenthalt in Heidelberg; Ehrendoktorat auf Vorschlag Hegels
1820 Aufenthalt in München, Audienzen beim König; Ehrenmitglied der Bayerischen Akademie
1823 Beginn der Augenerkrankung
1825 Brustwassersucht; vollständige Erblindung; Verabredung einer Gesamtausgabe; Tod am 14. November in Bayreuth

Wichtigste Werke

Eine Vielzahl Romane und Erzählungen
  wie z. B. *Leben des vergnügten Schulmeisterlein Maria Wuz in Auenthal, Die unsichtbare Loge. Eine Lebensbeschreibung* (1793), *Hesperus oder 45 Hundsposttage. Eine Biographie* (1795), *Leben des Quintus Fixlein, aus fünfzehn Zettelkästen gezogen; nebst einem Mustheil und einigen Jus de tablette* (1796), *Blumen-, Frucht- und Dornenstücke oder Ehestand, Tod und Hochzeit des Armenadvokaten F. St. Siebenkäs* (1796/97), *Titan* (1800/03), *Flegeljahre* (1804), *Dr. Katzenbergers Badereise* (1809); *Leben Fibels, des Verfassers der Bienrodischen Fibel* (1812), *Der Komet oder Nikolaus Marggraf. Eine komische Geschichte* (1820/22)
Autobiographie *Selberlebensbeschreibung* (1818/19, Fragment)
*Vorschule der Ästhetik* (1804), *Levana oder Erziehungslehre* (1806)
Politische, philosophische, ästhetische und theologische Schriften

*fremd in Weimar*

Als „Chinese in Rom", dem der Zugang zur „soliden Natur" der Antike fehle, begrüßte Goethe in einer seiner *Xenien* 1796 Jean Paul in Weimar. Schiller fand ihn „fremd wie einer, der aus dem Mond gefallen ist", wie er am 28. Juni 1796 an Goethe schrieb. Der mittlerweile berühmte und (vor allem von adligen Damen) angeschwärmte Schriftsteller hatte sich aus ärmsten Verhältnissen emporgekämpft, massenhaft Lektüren verschlungen und Unmengen an Lesefrüchten in Zettelkästen gesammelt. Seine niedere Herkunft, seine republikanischen Gesinnungen und seine Kritik der klassizistischen Kunstauffassung machten ihn den Weimarern suspekt.

> **Zitat**
>
> ob diese Schmidt, diese Richter [gemeint ist Jean Paul], diese Hölderlins absolut und unter allen Umständen so subjectivistisch, so überspannt, so einseitig geblieben wären, ob es an etwas primitivem liegt, oder ob nur der Mangel einer aesthetischen Nahrung und Einwirkung von außen und die Opposition der empirischen Welt in der sie leben gegen ihren idealistischen Hang diese unglückliche Wirkung hervorgebracht hat?

*Schiller an Goethe vom 17. August 1797*

In der Figur des „Kunstrat" Fraischdörfer im Fürstentum Haarhaar parodierte er die Beschränktheit der klassizistischen Kunstauffassung. Hier war das klassische Kunstwerk zur Hohlform um ihrer selbst willen verkommen.

Jean Paul war *der* Romanschriftsteller der Epoche. Im Grunde ist sein Werk ein einziges zusammenhängendes Großepos, aus dem sich die einzelnen Romane abgesondert haben und in denen sich die Heterogenität und Widersprüchlichkeit der Einfälle gegenseitig beleuchten. Im Anschluss an die großen englischen Romanciers des 18. Jahrhunderts wie Sterne, Fielding oder Richardson intensivierte Jean Paul die Selbstthematisierung des Erzählens in seinen Romanen. Was den zeitgenössischen (und heutigen Lesern) als unförmig, gesucht und dunkel vorkam, wollte den doppelten Boden des Erzählens reflektieren. Abschweifungen, Anmerkungen und Fußnoten, Einschübe, Extrablätter und Zwischenreden, Leseranreden des Erzählers, Exkurse oder das Auftreten des Autors als Figur des Romans zerlegten den kontinuierlichen Erzählverlauf in ein Panorama unterschiedlicher Perspektiven, das die Grenzen von Fiktion und Wirklichkeit aufhebt. Gefiel sich Goethe im Bild des Spiegelns als Metapher seines Weltverständnisses, so steigerte Jean Paul solche Widerspiegelungsbilder: Seine Weltsicht gleicht eher dem Blick durch ein Kaleidoskop.

*Jean Pauls Romane*

Nach den wenig erfolgreichen Satiren legte 1793 *Die unsichtbare Loge*, von der nur der 1. Teil erschien, den Grundstein zu Jean Pauls Ruhm. Die Geschichte von Gustavs (verfehlter) Erziehung

*Die unsichtbare Loge* führte den humanistischen →Bildungsroman ad absurdum, wenn sie z. B. die pädagogischen Experimente in einen unterirdischen Kerker verlegte. Die daran angeschlossene Lebensgeschichte des *vergnügten Schulmeisterlein Maria Wuz in Auenthal* lieferte gleichsam den Gegenentwurf dazu. Jean Paul nannte die Erzählung im Untertitel „Eine Art Idylle", in der er vorführte, wie der Titelheld trotz seiner elenden Existenz stets fröhlich blieb. Da er kein Geld hatte, schrieb sich Wuz seine Bücher selber und glaubte schließlich, dies seien die Originale. Auch *Hesperus* erzählte eine Lebensgeschichte als Erziehungsgeschichte, so dass eine Mischung aus Erziehungs- Gesellschafts- und Staatsroman entstand. Diesmal waren es illegitime Fürstenkinder, die in unterschiedlich prägenden Lebensumfeldern aufwuchsen und das Fürstentum retten sollten. Dem Helden mit dem sprechenden Namen Viktor gelang unter der Führung seines Mentors Lord Horion ein glückliches Ende im Geist der Französischen Revolution – eine politische Utopie von aufgeklärten Wunschbildern, bei der die traditionelle Fürstenerziehung über die jakobinische Revolution in der Phantasie triumphierte.

### Zitat

*Jean Paul an seinen Freund Otto am 22. Januar 1799*

So viel ist gewis, eine geistigere und grössere Revoluzion als die politische, und nur eben so mörderisch wie diese, schlägt im Herz der Welt. Daher ist das Amt eines Schriftstellers, der ein anderes Herz hat, jetzt so nöthig und braucht so viel Behutsamkeit. Ich nehme in meine Brust keine Veränderungen auf, aber desto mehr in mein Gehirn.

*Flegeljahre*

Noch stärker trat das Konzept gegensätzlicher, sich wechselseitig beleuchtender Lebensläufe im Roman *Flegeljahre* hervor. Die Zwillingsbrüder Walt und Vult wollten bei allen Verwicklungen, die der Roman mit ihnen anstellte, gleichsam als romantische Ironie und als Roman im Roman, gemeinsam einen „Doppelroman" schreiben. In Täuschung und Selbsttäuschung der beiden mischten sich archetypische Modelle des Bruderzwists und der Ich-Spaltung. Zudem wurden erstmals im deutschen Roman Geld- und Besitzverhältnisse thematisiert. Jean Paul hat diese Ich-Spaltung auch in sich selbst empfunden, wie er am 16. Januar 1807 an Knebel schrieb: „Die zwei Brennpunkte meiner närrischen Ellipse: Hesperus-Rührung und Schoppens-Wildheit sind meine ewig ziehenden Punkte." So erschrieb auch der Roman im Grundton der Resignation ein Doppelleben, das die Unvereinbarkeit beider Lebensentwürfe tragikomisch offenließ. Auch hier war Schillers optimistische Idee einer →ästhetischen Erziehung an der Wirklichkeit gescheitert.

> **Zitat**
>
> Titan sollte heißen Anti-Titan; jeder Himmelsstürmer findet seine Hölle; wie jeder Berg zuletzt seine Ebene aus seinem Tale macht. Das Buch ist der Streit der Kraft mit der Harmonie. Sogar Liane, Schoppe müssen durch Einkräftigkeit versinken; Albano streift daran und leidet wenigstens.
>
> *Jean Paul an Jacobi vom 8. August 1803*

Zeitgenossen haben den *Titan*, Jean Pauls Hauptwerk, als Schlüsselroman der Weimarer Verhältnisse lesen wollen. Zweifellos setzte sich der Roman mit der klassischen →Bildungskonzeption auseinander, wenn er den Jüngling Albano einem Erziehungs- und Bildungsprozess in einem Duodezfürstentum und der obligatorischen Italienreise unterzog. Nach Jean Pauls eigener Begriffsbestimmung in seiner *Vorschule* galt ihm der *Titan*, der ursprünglich als Künstlerroman konzipiert war, als ein heroischer Roman von ‚italienischem' Typus. Als →Bildungsroman folgte er Goethes *Wilhelm Meister* nur zum Teil. Albanos Bildungsgang war nicht wie derjenige Wilhelm Meisters auf ein erst noch zu definierendes Selbstbildungsziel offen, sondern auf die Übernahme der Herrschaft im Fürstentum angelegt. Auf seinem Weg wurde Albano in Intrigen, Verwechslungen und Maskeraden verwickelt; er geriet an Figuren, deren Biographien im Sinne von Jean Pauls Begriff der „Einkräftigkeit" missglückten und daher dem Untergang geweiht waren: der zerrissene und sein Leben als Abfolge literarischer Rollen spielende Roquairol, das „Kind und Opfer des Jahrhunderts", die heroische Linda, der Zweifler und Humorist Schoppe, der schon im *Siebenkäs* unter dem Namen Leibgeber aufgetreten war. Wie Wilhelm Meister war auch Albano von einem geheimen Plan geleitet; doch nicht Vernunft und Einsicht wie dort, sondern die Natur und ihre Heilkräfte lösten alle Verwicklungen zu einem glücklichen Ende auf, das die Nähe zur opernhaften Apotheose nicht scheute.

*Titan*

Im *Komischen Anhang zum Titan* (1800/01) setzte sich Jean Paul in *Des Luftschiffers Giannozzo Seebuch* mit damals utopischen Flugerfahrungen und der Frage auseinander, wo der rechte Standort in Welt und Zeit sei.

**Zitat**

*Jean Paul, Einleitung zum Quintus Fixlein, 1796*

Ich konnte nie mehr als drei Wege, glücklicher (nicht glücklich) zu werden, auskundschaften. Der erste, der in die Höhe geht, ist: so weit über das Gewölke des Lebens hinauszudringen, daß man die ganze äußere Welt mit ihren Wolfsgruben, Beinhäusern und Gewitterableitern von weitem unter seinen Füßen nur wie ein eingeschrumpftes Kindergärtchen liegen sieht. – Der zweite ist: – gerade herabzufallen ins Gärtchen und da sich so einheimisch in eine Furche einzunisten, daß, wenn man aus seinem warmen Lerchennest heraussieht, man ebenfalls keine Wolfsgruben, Beinhäuser und Stangen, sondern nur Aehren erblickt, deren jede für den Nestvogel ein Baum und ein Sonnen- und Regenschirm ist. – Der dritte endlich – den ich für den schwersten und klügsten halte – ist der, mit den beiden andern zu wechseln.

*Nachwirkung*

Die Nachwelt (und auch die Literaturwissenschaft) hat sich mit Jean Paul schwer getan. Alle Versuche, erst der Romantiker, dann bei der Wiederentdeckung um 1900 und schließlich in der Gegenwart, einen geistreichen und wortgewaltigen Schriftsteller neu zu lesen, blieben ohne rechte Resonanz und Breitenwirkung.

**Zitat**

*Wilhelm Hauff, Die Bücher und die Lesewelt, 1827*

Alles hat er in sich vereint, um die verschiedensten Gaumen zu befriedigen, aber er hat jene Ingredienzien klein gehackt, wunderlich zusammengemischt und mit einer Sauce piquante gekocht; als es fertig war und das Publikum kostete, fand man es wohlschmeckend, delikat; aber es widerstand dem Magen, weil niemand seine Kraftbrühen, den sonderbaren, dunkeln Stil ertragen konnte.

### 3.7 Mehr als ein Generationswechsel. Die junge Romantik

*Generationswechsel in Jena*

Als die Brüder August Wilhelm (1767–1845) und Friedrich Schlegel (1772–1829) 1796 in Jena auftauchten, schien das Ende der klassischen Zeit der Universität angebrochen. Friedrich von Hardenberg (1772–1801), der sich als Dichter Novalis nannte, war seit 1790 hier immatrikuliert. Die Studentenzahlen halbierten sich. Bedeutende Professoren aus dem Umkreis der Klassiker folgten Rufen nach Berlin oder Würzburg, die Namen der neu berufenen Professoren kündigten einen Generationswechsel und damit auch eine Ablösung der bisher gültigen Wissenschaftsvorstellungen an. 1807 kam Lorenz Oken, 1810 Heinrich Luden als

Nachfolger Schillers nach Jena, 1810 folgte dann der Chemiker Döbereiner. Im Gegenzug war 1799 der Philosoph Johann Gottfried Fichte (1762–1814) dem politischen Druck gewichen und nach Berlin gegangen.

*Die Brüder August Wilhelm und Friedrich Schlegel*

Die junge Generation der Romantiker, die sich in geselligen Kreisen und Freundschaftszirkeln zusammenschloss, pflegte von Jena aus einen Goethekult. V.a. die Brüder Schlegel hofften dadurch ihr eigenes Interesse, nämlich im literarischen Betrieb Fuß zu fassen, zu fördern. Schlegels Tragödie *Ion* nach Euripides und in Konkurrenz zu Goethes *Iphigenie* entworfen, wurde von Goethe, gleichsam als Gegenleistung für die dargebrachten Huldigungen, 1802 im Weimarer Hoftheater aufgeführt. Die alten Klassiker wollten sich dieser jungen Generation beim Kampf gegen die Widerstände des Publikums bedienen, um ihr klassizistisches Bühnenprogramm besser durchsetzen zu können.

*Goethekult der Romantiker*

**Zitat**

Die Französische Revolution, Fichtes Wissenschaftslehre und Goethes Meister sind die größten Tendenzen des Zeitalters.

*Friedrich Schlegel, Athenäums-Fragmente (1798)*

Während man sich in den Huldigungen an Goethe als „Gott dem Vater" zu übertreffen suchte, machte man sich im Kreis der

*Schiller als Feindbild*

Schlegels über Schillers Pathos eher lustig wie bei der gemeinsamen Lektüre seines *Lieds von der Glocke* (→3.4.7). Friedrich Schlegel zog 1797 nach einem Streit mit Schiller nach Berlin, wo sich in den Salons der Rahel Levin (1771–1833) und Henriette Herz (1764–1847), im Kreis um den Theologen Friedrich Schleiermacher (1768–1834) und des Dramatikers und Romanciers, Kritikers und Übersetzers Ludwig Tieck (1773–1853) ein weiteres Zentrum der Romantik bildete.

*Ludwig Tieck in seiner Dresdener Zeit.*

*Abgrenzungen der Romantik*

Aber auch die Begeisterung der jungen Romantiker für Goethe wich bald herber Kritik. Ludwig Tieck hatte 1798 mit seinem Künstlerroman *Franz Sternbalds Wanderungen*, im Untertitel „Eine altdeutsche Geschichte" vorgeführt, wie sich die Romantiker den zeitgemäßen →Bildungsroman vorstellten. Novalis, der mit seinem Bildungsroman *Heinrich von Ofterdingen* Goethes *Wilhelm Meister* übertreffen und dessen zu prosaische Ausrichtung ins Romantische und Wunderbare wenden wollte, nannte den Lebensweg des goetheschen Romanhelden eine „Wallfahrt nach dem Adelsdiplom".

### Zitat

*Novalis, Schriften (1802)*

Wilhelm Meister ist eigentlich ein Candide [spöttischer Roman von Voltaire], gegen die Poesie gerichtet; das Buch ist undichterisch in einem hohen Grade, was den Geist betrifft, so poetisch auch die Darstellung ist. [...] Die Musen werden zu Komödiantinnen gemacht, und die Poesie spielt beinahe eine Rolle, wie in einer Farce. Es läßt sich fragen, wer am meisten verliert, ob der Adel, daß er zur Poesie gerechnet, oder die Poesie, daß sie vom Adel repräsentiert wird. Die Einführung Shakespeares macht eine fast tragische Wirkung. Der Held retardiert das Eindringen vom Evangelium der Ökonomie, und die ökonomische Natur ist endlich die wahre, übrigbleibende. –

*Kupferstich des jung verstorbenen Friedrich von Hardenberg, der sich als Dichter Novalis nannte.*

Umgekehrt hatte Goethe mit seinem Diktum, das Klassische sei das Gesunde, das Romantische hingegen das Kranke (→ 1.1), den ungestümen Vereinnahmungsdrang der jungen Provokateure zurückgewiesen. Goethe und Schiller betrachteten die starke Anlehnung der Romantiker an die Religion und die Durchmischung der Kunst mit ihr äußerst skeptisch, waren sie selbst doch von den Göttervorstellungen der heidnischen Antike geprägt. Wilhelm Heinrich Wackenroders emphatische Betrachtungen der altdeutschen Kunst in seinen *Herzensergießungen eines kunstliebenden Klosterbruders* (1796) hatten die neue Kunstreligion vorgeführt. Dagegen misstrauten die Klassiker der Regellosigkeit, der diffusen Begrifflichkeit und vagen Offenheit des romantischen Denkens, das sich offensichtlich von Stimmungen und Ahnungen leiten

*Kunst und Religion*

| Textbeispiel | |
|---|---|
| Wenn nicht mehr Zahlen und Figuren<br>Sind Schlüssel aller Kreaturen,<br>Wenn die so singen oder küssen,<br>Mehr als die Tiefgelehrten wissen,<br>Wenn sich die Welt ins freye Leben,<br>Und in die Welt wird zurückgebeben,<br>Wenn dann sich wieder Licht und Schatten<br>Zu ächter Klarheit wieder gatten,<br>Und man in Mährchen und Gedichten<br>Erkennt die wahren Weltgeschichten,<br>Dann fliegt vor Einem geheimen Wort<br>Das ganze verkehrte Wesen fort. | *Novalis, aus der Fortsetzung des Heinrich von Ofterdingen, 1802* |

ließ sowie der Lust am Paradox nachging, wie es etwa in Friedrich Schlegels Bestimmung der Romantik als einer „progressiven Universalpoesie" zum Ausdruck kam oder in einem Satz aus *Franz Sternbalds Wanderungen*: „Wer es nicht mitfühlt, dem ist es auch nicht zu beweisen."

Auch die Mythisierung des Volks, dessen Märchen und Liedern, dessen urtümlichen Sprachwurzeln und Rechtsempfinden die Brüder Jakob (1785–1863) und Wilhelm (1786–1859) Grimm nachspürten, war den Klassikern fremd. Sie misstrauten daher auch der patriotischen Wiederentdeckung des christlichen Mittelalters.

*Boisserée*  Einzig dem Schlegel-Schüler Sulpiz Boisserée (1783–1854) gelang es, Goethes einseitige Verehrung der antiken Kunst zu durchbrechen und bei ihm noch im hohen Alter ein neues Interesse für die „altdeutsche" Kunst zu wecken.

Manche der Überlegungen zum Weiterbau des Kölner Domes als künftiges romantisches Nationaldenkmal Deutschlands *„altdeutsche" Kunst*  konnten freilich an Goethes jugendliche Entdeckung der gotischen Baukunst im Straßburger Münster und seiner Schrift *Von deutscher Baukunst* anknüpfen. Und schließlich war Goethe nicht nur der Autor der *Iphigenie*, sondern auch des *Götz von Berlichingen*. Zu der von Boisserée aufgebauten Sammlung rheinischer und niederländischer Gemälde des 13. bis 16. Jahrhunderts, die später König Ludwig I. von Bayern erwarb (und die bis heute den Kernbestand der Alten Pinakothek in München bilden), reiste Goethe mehrfach ins Rheinland und berichtete darüber in *Ueber Kunst und Alterthum in den Rhein und Mayn Gegenden* (1816).

### Zitat

*Goethe im September 1814 in Heidelberg*

Seit drei Jahren werd' ich um die Bilder hier gequält. Da kommen sie und schwatzen mir von Hemmelink [Memling] und van Eyck, daß mir braun und blau vor den Augen wird. Kommen die Narren, und machen mich toll, kommt dann auch ein Mann von Einsicht [Boisserée], und lobt, mit Verstand, so daß ich's in Überlegung nehme. Zuletzt kommt Frau von Helvig, und macht mir eine recht poetische Beschreibung, da geht mir der Ekel an. Ich denke, nun muß ich selbst sehn, daß dem Ding ein Ende wird; und nun bin ich da. Was mich aber freute, das ist, daß die Lumpen all' das Rechte nicht gesehen haben, ich hab's gesehen!

Goethe legte freilich eine geschichtliche Perspektive an die altdeutsche Kunst an und wies, gut historisch begründet, die religiöse Aufladung der Bildthemen durch die Romantiker als ästhetische Frömmelei ausdrücklich zurück. Für ihn blieb das Vorbild der Antike weiterhin die Grundlage seiner klassischen Ästhetik.

## Fragen

1. Welche Bedingungen stellten Herzogtum und Hof in Weimar für die Klassik bereit?
2. Welche Rolle spielte dabei die Herzoginmutter, welche der Herzog?
3. Welche Erwartungen fanden die Klassiker bei ihren Zeitgenossen vor? Wie gingen sie damit um?
4. Zeigen Sie, in welcher Weise die zeitgeschichtlichen Ereignisse die Weimarer Klassik prägen!
5. Diskutieren Sie die Berechtigung, Schriftsteller wie Johann Peter Hebel oder Karl Philipp Moritz als Klassiker zu bezeichnen! Welche Beiträge lieferten diese Autoren zur Klassik?
6. Welche Leistungen machen Wieland und Herder zu Klassikern?
7. Welche Ursachen sind für die heutige Geringschätzung der beiden verantwortlich?
8. Ordnen Sie Goethes Werke bis 1795 in literaturgeschichtliche Abschnitte!
9. Zeichnen Sie den Weg Schillers zum Klassiker nach!
10. Welche Bedeutung hatte das „glückliche Ereigniß" für Schiller und Goethe? Welche Folgerungen zogen beide jeweils daraus?
11. Welche Ergebnisse erbrachte das sog. Weimarer Jahrzehnt für die Literaturgeschichte?
12. Erarbeiten Sie eine Entwicklungslinie von Schillers klassischen Dramen!
13. Stellen Sie die Arbeitsphasen am *Faust* systematisch zusammen!
14. Mit welchen Recht darf man von einer Kunstdiktatur der Klassiker und dem Versuch ihrer Medienlenkung sprechen?
15. Zeigen Sie, dass und in welcher Weise Goethes Alterswerk nach Schillers Tod auf diesen bezogen bleibt!

## Literatur

Walter H. Bruford: Kultur und Gesellschaft im klassischen Weimar 1775–1806. Göttingen 1966.
Karl Otto Conrady (Hrsg.): Deutsche Literatur zur Zeit der Klassik. Stuttgart 1977.

Victor Lange: Das klassische Zeitalter der deutschen Literatur 1740–1815. München 1983.
Gerhard Schulz: Die deutsche Literatur zwischen Französischer Revolution und Restauration. 1. Teil: Das Zeitalter der Französischen Revolution 1789–1806. München 1983 (= Geschichte der deutschen Literatur von den Anfängen bis zur Gegenwart 7/1).
2. Teil: Das Zeitalter der Napoleonischen Kriege und der Restauration 1806–1830. München 1989 (= Geschichte der deutschen Literatur von den Anfängen bis zur Gegenwart 7/2).
Hannelore Schlaffer: Klassik und Romantik 1770–1830. Stuttgart 1986 (= Epochen der deutschen Literatur in Bildern)
Gerd Ueding: Klassik und Romantik. Deutsche Literatur im Zeitalter der Französischen Revolution 1789–1815. München 1988 (= Hansers Sozialgeschichte der deutschen Literatur vom 16. Jahrhundert bis zur Gegenwart 4).
Christa Bürger: Leben Schreiben. Die Klassik, die Romantik und der Ort der Frauen. Stuttgart 1990.
Friedrich Sengle: Das Genie und sein Fürst. Die Geschichte der Lebensgemeinschaft Goethes mit dem Herzog Carl August von Sachsen-Weimar-Eisenach. Ein Beitrag zum Spätfeudalismus und zu einem vernachlässigten Thema der Goetheforschung. Stuttgart 1993.
Dieter Borchmeyer: Weimarer Klassik. Portrait einer Epoche. Weinheim 1994.
Rolf Selbmann: Der deutsche Bildungsroman. 2. erw. und überarb. Aufl. Stuttgart und Weimar 1994 (= Sammlung Metzler 214).
Stiftung Weimarer Klassik, Goethe-Nationalmuseum (Hrsg.): Johann Gottfried Herder. Ahndung künftiger Bestimmung. Stuttgart und Weimar 1994.
Helmut Schanze (Hrsg.): Romantik-Handbuch. Stuttgart 1994.
Bernd Witte u. a. (Hrsg.): Goethe-Handbuch in vier Bänden. Stuttgart und Weimar 1996.
Karl August Böttiger: Literarische Zustände und Zeitgenossen. Begegnungen und Gespräche im klassischen Weimar. Hrsg. von Klaus Gerlach und René Sternke. Berlin 1998.
Helmut Koopmann (Hrsg.): Schiller-Handbuch. Stuttgart 1998.
Gerhard Schuster/Caroline Gille (Hrsg.): Wiederholte Spiegelungen. Weimarer Klassik 1759–1832. Katalog der ständigen Ausstellung des Goethe-Nationalmuseums. 2 Bände. München 1999.
Axel Gellhaus/Norbert Oellers (Hrsg.): Schiller. Bilder und Texte zu seinem Leben. Köln, Weimar, Wien 1999.
Norbert Oellers/Robert Steeger: Treffpunkt Weimar. Literatur und Leben zur Zeit Goethes. Stuttgart 1999.
Bernhard Greiner: Kleists Dramen und Erzählungen. Experimente zum Fall der Kunst. Stuttgart 2000. (= UTB 2129).

Peter-André Alt: Schiller. Leben – Werk – Zeit. 2 Bände. München 2000.
Christine Lubkoll/Günter Oesterle (Hrsg.): Gewagte Experimente und kühne Konstellationen. Kleists Werk zwischen Klassizismus und Romantik. Würzburg 2001. (= Stiftung für Romantikforschung 12).
Heinz Schlaffer. Die kurze Geschichte der deutschen Literatur. München 2002.
Johann Kreuzer (Hrsg.): Hölderlin-Handbuch. Leben – Werk – Wirkung. Stuttgart und Weimar 2002.
Klaus Müller-Salget: Heinrich von Kleist. Stuttgart 2002 (= Reclams Universalbibliothek 17635)
Michael Zaremba: Johann Gottfried Herder. Prediger der Humanität. Wien, Köln, Weimar 2002.

# Wirkung und Nachwirkung  4.

4.1 Selbst- und andere Stilisierungen
4.2 Misstöne im Nachklang
4.3 Klassik im Würgegriff der Bourgeoisie
4.4 Wiederbelebungsversuche

**Klassik: Epoche aus der Rückschau**

> Zugespitzt formuliert ist die deutsche Klassik vor allem eine Erfindung ihrer Nachkommen. Keine Epoche wurde so häufig, so wirkungsvoll und so unhistorisch für die Ziele der jeweiligen Zeitgenossenschaft benutzt, verbogen und zurechtgestutzt.

**Selbst- und andere Stilisierungen**  4.1

Goethe hatte nicht erst Schillers Tod zum Anlass gebraucht, um die Zeit der Arbeitsgemeinschaft mit ihm als einen nie mehr zu erreichenden Höhepunkt der deutschen Literatur zu stilisieren. Doch Schillers Tod lieferte mehr als das Datum einer Epochenscheide. Der Briefwechsel mit Schiller, den Goethe 1828/29 als Dokumentation zweier historischer Persönlichkeiten herausgab, war nur der Endpunkt eines gigantischen Autobiographie-Projekts, das spätestens 1809 angedacht und geplant war. Die seit 1811 erschienenen vier Bände von *Dichtung und Wahrheit* beschrieben Goethes Leben bis zur Übersiedlung nach Weimar, dann folgten die *Italienische Reise* (1816/29) und schließlich die *Campagne in Frankreich* und die *Belagerung von Mainz* (1822). Darin zeigte sich Goethe der Nachwelt als Repräsentant des Zeitalters, in dem sich der Aufstieg der deutschen Kultur zu verdichten schien. Autobiographisches Schreiben war nicht länger mehr nur Selbstfindung. Da Goethe das Modell der immer fortdauernden Entwicklung und Steigerung auf sich selbst übertrug, machte er sein eigenes Leben zum exemplarischen Bildungsprozess, der auch noch während des Schreibens anhielt. Dadurch erhob Goethe seine Person zum Kunstwerk, seine Geschichtsschreibung zur Erzählkunst. Alles war sorgfältig komponiert und auf ein

*Goethes Autobiographie-Projekt*

exemplarisches Lebensschicksal hin ausgerichtet, die Grenzen von Autobiographie und →Bildungsroman schienen aufgehoben. Seine Geburt wob Goethe in die stellare Ordnung des Kosmos ein und wies sich von Anfang an als Liebling der Götter aus.

### Zitat

*Der berühmte Anfang von Goethes Dichtung und Wahrheit*

Am 28. August 1749, mittags mit dem Glockenschlage zwölf, kam ich in Frankfurt am Main auf die Welt. Die Konstellation war glücklich: die Sonne stand im Zeichen der Jungfrau und kulminierte für den Tag; Jupiter und Venus blickten sie freundlich an, Merkur nicht widerwärtig, Saturn und Mars verhielten sich gleichgültig; nur der Mond, der soeben voll ward, übte die Kraft seines Gegenscheins um so mehr, als zugleich seine Planetenstunde eingetreten war. Er widersetzte sich daher meiner Geburt, die nicht eher erfolgen konnte, als bis diese Stunde vorübergegangen.

Authentische Berichterstattung, das sagte schon der Titel nicht ohne Ironie, konnte nicht gemeint sein. Vielmehr schrieb sich Goethe zu einer literarischen Figur um, der sich die tatsächlich geschehenen Ereignisse unterzuordnen hatten.

### Zitat

*Goethe am 12. Januar 1830 an König Ludwig I.*

Was den freilich einigermaßen paradoxen Titel der Vertraulichkeiten aus meinem Leben Dichtung und Wahrheit betrifft, so ward derselbige durch die Erfahrung veranlaßt, daß das Publikum immer an der Wahrhaftigkeit solcher biographischen Versuche einigen Zweifel hege. Diesem zu begegnen, bekannte ich mich zu einer Art von Fiktion, gewissermaßen ohne Not, durch einen gewissen Widerspruchs-Geist getrieben, denn es war mein ernstestes Bestreben das eigentliche Grundwahre, das, insofern ich es einsah, in meinem Leben obgewaltet hatte, möglichst darzustellen und auszudrücken.

Goethe, der seine Werke immer als Teile seines Ich, als „Bruchstücke einer großen Konfession" betrachtet hatte, wie er im 10. Buch von *Dichtung und Wahrheit* formulierte, gab mit diesem Autobiographie-Projekt die Grundlinien vor, nach denen sich der Blick auf sein Leben, sein Werk und damit der gesamten Klassik zu richten hätte. Auch in diesem Sinn hat es seine Berechtigung, von der Epoche als „Goethezeit" zu sprechen. Die seit 1827 erscheinende → *Ausgabe letzter Hand* beförderte diese Selbstdarstellung. Sie erhob den Anspruch, ein authentisches Vermächtnis zu sein und der Nachwelt den bleibenden und gültigen Besitz am ganzen Goethe zu sichern.

Zu Schillers Tod 1805 schwieg Goethe zunächst – programmatisch und selbst im Schweigen vielsagend. „Meine Tagebücher melden nichts von jener Zeit; die weißen Blätter deuten auf den hohlen Zustand", heißt es 1817 in den *Tag- und Jahresheften als Ergänzung meiner sonstigen Bekenntnisse*. Der als Trauerdenkmal für Schiller gedachte *Epilog zu Schillers Glocke* versuchte in Stanzenform und Pathos den Tonfall Schillers zu imitieren; vielleicht ist er durch dieses falsche Pathos so berühmt geworden („denn er war unser!").

*Goethe und Schillers Tod*

*In der Weimarer Fürstengruft, 1825/26 vom Weimarer Oberbaudirektor Clemens Wenzeslaus Coudray für die großherzogliche Familie errichtet, wurden Schillers Gebeine, die aus dem Kassengewölbe des Jakobsfriedhofs geborgen worden waren, am 16. Dezember 1827 beigesetzt. Goethe folgte am 26. März 1832 nach.*

Die *Rede bei Niederlegung von Schillers Schädel auf der Großherzoglichen Bibliothek in Weimar am 17. September 1826* konnte Goethe zwar schreiben, aber an der Festveranstaltung dafür nicht teilnehmen. Erst seine Terzinen *Bei Betrachtung von Schillers Schädel*

*Geschichtlichkeit und Monumentalität*

(1826) leisteten die Verarbeitung eines Traumas, das für ihn hieß: Historischwerden bedeutet auch, zuerst die anderen und dann endlich sich selbst zu überleben.

*Die Eichensarkophage Schillers und Goethe in der Weimarer Fürstengruft – Die Klassiker noch im Tode vereint, wie im gemeinsamen Denkmal auf dem Theaterplatz.*

Andere, so der Schillerfreund Johann Heinrich Dannecker (1758–1841), der die berühmteste Büste des Dichter als antiker Heros geschaffen hatte, reagierten auf die Nachricht von Schillers Tod sofort mit der Idee einer Verewigung des Dichterlebens im monumentalen Denkmal.

**Zitat**

*Dannecker im Mai 1805 an seinen Schwager Wilhelm von Wolzogen.*

Den andern Morgen bei'm Erwachen war der göttliche Mann vor meinen Augen, da kam mir's in den Sinn, ich will Schiller lebig machen, aber der kann nicht anders lebig sein, als colossal. *Schiller muß colossal in der Bildhauerei leben*, ich will eine Apotheose.

Wenige Wochen vor seinem Tod fasste Goethe die historische Perspektive auf sich selbst sogar noch weiter, indem er sein Werk als ein „Kollektivwesen" ansah, in dem sich gleichsam die Potenzen der Zeit verkörperten.

**Zitat**

*Aus den Aufzeichnungen des Goethe-Biographen Frédéric Soret vom 17. Februar 1832.*

Was bin denn ich selbst? Was habe ich denn gemacht? Ich sammelte und benutzte alles was mir vor Augen, vor Ohren, vor die Sinne kam. Zu meinen Werken haben Tausende von Einzelwesen das ihrige beigetragen, Toren und Weise, geistreiche Leute und Dummköpfe, Kinder, Männer und Greise, sie alle kamen und brachten mir ihre Gedanken, ihr Können, ihre Erfahrungen, ihr Leben und ihr Sein; so erntete ich oft, was andere gesäet; mein

Lebenswerk ist das eines Kollektivwesens, und dies Werk trägt den Namen Goethe.

Goethe verstand nicht mit den Tod umzugehen; weder nahm er an Schillers und Wielands Begräbnis, noch an dem seiner Frau oder seines Großherzogs teil. Umgekehrt führte diese offene Angst vor dem Tod zu zahlreichen literarischen Begräbnisszenen im Spätwerk, man denke an die *Wahlverwandtschaften* oder an Fausts Grablegung. Der verdrängte und gerade dadurch stilisierte Totenkult legte den Grund für die Monumentalisierung der Erinnerung, die Aufzeichnung der ominösen letzten Worte, Vermächtnis und Nachruf zugleich, mit denen der Weg ins Gedächtnis, die Befestigung der Erinnerung und damit der Nachruhm vorbereitet wurden. Mit Goethes Tod hatte die öffentliche Diskussion um Schiller- und Goethe-Denkmäler längst begonnen.

*Todeserfahrungen*

Unterdessen erklang in Weimar nach der goldenen Epoche der Klassik ein silberner Nachhall. Der ungarische Musiker Franz Liszt (1811–1886) brachte Weimar ab 1842 als Hofkapellmeister, Opernleiter und Komponist zur Weltgeltung.

*Weimars Nachklang*

*Das Haus, in dem Franz Liszt von 1842 bis zu seinem Weggang nach Rom 1861 lebte.*

Mit der Gründung der Weimarer Kunstschule 1860, 1902 um die Kunstgewerbeschule erweitert, fiel am Ende des Jahrhunderts ein nochmals erneuerter Glanz auf Weimar. Der Kreis um den Weltmann und Kunstförderer Harry Graf Kessler (1868–1937) und die Gründung des Staatlichen Bauhauses 1919, das 1925 nach Dessau übersiedelte, verbanden die Schauplätze der Weimarer Klassik mit der wirklichen Moderne.

## 4.2 Misstöne im Nachklang

*Bayerische „Klassik"?*

Welche Wege und Wirkungen die deutsche Klassik indes einschlagen konnte, zeigte ein Aspekt ihrer Verhunzung und Politisierung. Der bayerische Thronfolger und (seit 1825) König Ludwig I. hatte mit großer Zielstrebigkeit eine eigene Form der Inbesitznahme der Klassik verfolgt. Zunächst begann Ludwig mit der systematischen Abwerbung ehemaliger Jenaer Professoren wie Niethammer, Schelling, Paulus oder Hufeland an die bayerische Universität Würzburg. Zugleich betrieb er die Einführung und Durchsetzung des Neuhumanismus (→ 2.1.4) als einziger Ausbildungsrichtung an Bayerns höheren Schulen. Nicht über Winckelmann, sondern über die Idee eines nationalen Pantheons, wie er es in dem revolutionären Paris gesehen hatte, liefen Ludwigs Vorstellungen von der klassischen Antike.

*Schon als Kronprinz demonstrierte der bayerische König Ludwig I. seine patriotische Gesinnung, hier durch die als „altdeutsch" und damit vaterländisch geltende schwarze Halsbinde.*

*Walhalla's Genossen*

Ludwig goß seine Auffassung von deutschem Patriotismus ausgerechnet in die Formen der antiken Klassik. Seine Walhalla für die „rühmlichst ausgezeichneten Teutschen" sollte „in reinstem antiken Geschmacke" ausgeführt sein und partiotisch- → kathartische Wirkung haben, „auf daß teutscher der Teutsche aus ihr trete, besser, als er gekommen". So stand es im Vorwort des Führers und Benutzerhandbuchs *Walhalla's Genossen* von 1842, das der König selbst verfasst hatte.

Den geheimen Mittelpunkt dieser Geschichtskonstruktion bildeten die Weimarer Klassiker. Schiller gab dabei das Muster ab.

## 4.2 | Misstöne im Nachklang

> **Zitat**
>
> Der Teutschen Lieblingsdichter ist *Schiller*; denn er ist *teutsch*, selber sein Weltbürgersinn. Indem er begeisternd zu des Himmels heiligen Räumen schwingt, schwebt er selbst ergriffen mit; weil er fühlt, was er sagt, fühlt der Hörer auch. Ein inneres Leben nur war in seiner Zeit das edeler Teutschen; aus verflachter Gegenwart Sehnsucht nach einer längst dahin geschwundenen großen Vergangenheit; schön wurde geschrieben, dieß war alles. Rein, wie seine Muse, sein Leben, gut, liebevoll. Urdichter ist *Schiller* von Vielen nachgeahmt und schon deßwegen nicht erreicht.

*Ludwig I., Walhalla's Genossen: „Friedrich von Schiller, Dichter"*

Schillers Tod 1805 lieferte, zusammen mit der Erhebung Bayern zum Königreich und dem Zerfall des Heiligen Römischen Reiches 1806, den Ausgangspunkt der ersten Planungen. Goethes Tod zwei Jahre nach der Grundsteinlegung setzte den Schlusspunkt. Ludwig I. legte die Verweilfrist der zu Ehrenden in der „Halle der Erwartung" auf 10 Jahre fest, so dass Goethe mit der Einweihung der Walhalla 1842 die Reihe der zu Rühmenden abschließen konnte, wie der letzte Satz von *Walhalla's Genossen* lautete: „Mit *Göthe* erlosch der vier Sterne, welche in Weimar geleuchtet, letzter."

*Ludwigs Walhalla*

Obwohl Ludwig Schiller höher schätzte als Goethe, bemühte sich der dichtende bayerische König um den „König der Teutschen Dichter". Das Goethe-Porträt, das der Hofmaler Joseph Stieler 1828 anfertigte, holte den Dichterfürsten wenigstens im Bild nach München (vgl. Abb. S. 163). Das Gemälde popularisierte den Eindruck des höfischen Dichters Goethe und legte den Grundstock für zahlreiche Bildtraditionen des späteren Denkmalkults.

Während Goethe und Schiller nur noch im Abbild und in distanzvoller Verehrung vereinnahmt werden konnten, griff der bayerische König in die griechische Klassik handfester ein. Mit Beginn des griechischen Unabhängigkeitskrieges gegen das Osmanische Reich 1821 setzte sich Ludwig an die Spitze eines europäischen →Philhellenismus, der die Befreiung der Wiege der abendländischen Kultur aus den Klauen des Islam zum Ziel hatte. Nach dem Ausrufen der griechischen Unabhängigkeit 1822 und dem (mit der Unterstützung der europäischen Großmächte) erfolgreichen Unabhängigkeitskrieg 1829 konnte Ludwig I. seinen Sohn Otto als griechischen König durchsetzen. Bis zur Absetzung Otto 1862 war damit eine bayerisch-christlich-absolutistische Version der Klassik Wirklichkeit geworden. Ihre Parodie

*bayerischer Philhellenismus*

lieferte freilich schon Karl Immermann in seinem Roman *Die Epigonen* (1836), wenn er die als Freiheitskämpfer aufbrechenden bayerischen Philhellenen in Athen eine Brauerei gründen ließ.

Übermächtig war und blieb in Deutschland der Schatten der Mustergültigkeit, den die Klassik warf. Während jedoch Goethe in seiner Abwehr der Romantik sowie seinem Abscheu gegenüber Patrioten und Liberalismus immer mehr in Misskredit geriet und von den bürgerlichen Liberalen als Fürstenknecht kritisiert wurde, schwamm Schiller auf der Woge der Verehrung. Als Freiheitsdichter konnte er für patriotische und liberale Ziele jederzeit in Dienst genommen werden. So blieb das Schillerbild stabil, Schillers Denkmalwürdigkeit war ungebrochen. Zu seinem 100. Geburtstag 1859 benutzte das soeben aus zehnjähriger Reaktionszeit erwachte liberale und patriotische Bürgertum den Dichter umstandslos und ungeschminkt für seine politischen Ziele. Schiller, nicht Goethe diente als nationale Identifikationsfigur, die sich gegen Inanspruchnahme nicht wehren konnte.

*Denkmäler für Schiller*

Mit Goethe war es, auch durch seine lange Lebenszeit, anders gewesen. Als Heinrich Heine den greisen Goethe am 2. Oktober 1824 besuchte, sah er in ihm das Bild einer absterbenden Epoche.

*Die Zeichnung von Friedrich Preller zeigte Goethe am Tag nach seinem Tod als zwar alten, jedoch würdigen Olympier.*

### Zitat

*Heinrich Heine am 26. Mai 1825 an Rudolf Christiani*

Ueber Göthes Aussehen erschrak ich bis in tiefster Seele, das Gesicht gelb und mumienhaft, der zahnlose Mund in ängstlicher Bewegung, die ganze Gestalt ein Bild menschlicher Hinfälligkeit. [...] Nur sein Auge war klar und glänzend. Dieses Auge ist die einzige Merkwürdigkeit die Weimar jetzt besitzt.

Doch als hinfälligen Greis wollte niemand, selbst Heine nicht, Goethe erinnern. Schon wenig später, im Rückblick auf das Ende der Goethezeit, der „Kunstperiode", wie er sie nannte, bewahrte Heine ein anderes Goethebild.

Seine äußere Erscheinung war eben so bedeutsam wie das Wort, das in seinen Schriften lebte; auch seine Gestalt war harmonisch, klar, freundlich, edel gemessen, und man konnte griechische Kunst an ihm studieren wie an einer Antique. [...] Wahrlich, als ich ihn in Weimar besuchte und ihm gegenüber stand, blickte ich unwillkürlich zur Seite, ob ich nicht auch neben ihm den Adler sähe mit den Blitzen im Schnabel. Ich war nahe dran ihn griechisch anzureden; da ich aber merkte, daß er deutsch verstand, so erzählte ich ihm auf deutsch: daß die Pflaumen auf dem Wege zwischen Jena und Weimar sehr gut schmeckten.

*Heinrich Heine, Die romantische Schule, 1833.*

## Klassik im Würgegriff der Bourgeoisie 4.3

Dass die deutsche Klassik zum Bildungsbesitz geworden war, sagte nicht viel über ihre tatsächliche Wirkung aus. Als der Realschullehrer Georg Büchmann (1822–1884) seine *Geflügelten Worte. Der Citatenschatz des Deutschen Volks* 1864 erstmals auf den Markt brachte, konnte er nicht ahnen, welche wirkungsmächtige Waffe er dem deutschen Bildungsphilister in die Hand gegeben hatte. Klassische Bildung war damit nicht nur zum Besitz und jederzeit verfügbar geworden, das war sie längst. Das aus dem Zusammenhang gelöste Zitat garantierte jedermann ohne große Mühe, als klassisch Gebildeter Eindruck zu schinden. Der Erfolg des „Büchmann" lässt sich vor dem Hintergrund mehrerer Ereignisse erklären, die zusammentrafen: Mit dem „Klassikerjahr" 1867 waren der Urheberschutz und damit das Klassikermonopol Cottas aufgehoben. Ein neu gewonnenes Selbstbewusstsein seit der Reichsgründung 1871 suchte die kulturelle Identität in der Klassik als dem Höhepunkt der deutschen Literatur. Warum sollte sich der innerlich so erhobene Reichsbürger einem mühsam und zeitraubend zu durchlaufenden Bildungsprozess unterziehen, wenn ersatzweise eine dekorativ zur Schau gestellte Belesenheit so leicht zu haben war? Das rechte Klassikerwort zur rechten Zeit schuf Abhilfe. Die Klassiker dienten als Phrasenlieferanten, klassische Literatur erschien im Zitat in der Verdünnung oder als Destillat. Man war „zitatenfest". Es galt, wie Büchmann in der Erstausgabe seiner *Geflügelten Worte* schrieb, dass bei der Lektüre der Klassiker uns „wie alte Bekannte eine Menge Worte entgegentreten, die der gesellige Verkehr sich für Ernst und Spiel angeeignet hat". Und er fügte hinzu: „Wir Deutsche aber dürfen stolz auf unser Aneignungsvermögen sein."

*Büchmanns Geflügelte Worte*

*Bildungsideologie und Klassikzitat*

*vom Zitat zur Floskel*

Ursprünglich, bis zum Tode des Erfinders, war der *Citatenschatz* ein Instrument des gehobenen Bildungsbürgertums mit bis zu 600 „Correspondenten", die ständig auf der Suche nach weiteren, aufzunehmenden Sinnsprüchen und Sentenzen unterwegs waren. Mit Bearbeitungen und „Volksausgaben" begann der Niedergang des „Büchmann". Zitate der klassischen Literatur gerannen zu volkstümlich gewordenen Aussprüchen, banale Phrasen wurden zum Tiefsinn erhoben, das Nachschwätzen von Geistreichigkeiten genügte als Ausweis eigenen Verstandes.

Mit dem Ende des bildungsbürgerlichen Konzepts, man könne die Klassik in einem ganz wörtlichen Sinn „besitzen", endete auch die naive Anverwandlung der Klassik. Nicht erst seit dem Beginn des 20. Jahrhunderts erhob sich Ideologiekritik. Klassik galt als das fragwürdige Produkt einer unpolitischen, die sozialen Ungerechtigkeiten negierenden Privilegienkultur.

### 4.4 Wiederbelebungsversuche

*Neuklassik*

Kann man, soll man die deutsche Klassik wiederbeleben? *Wege nach Weimar* hieß eine 1905 begonnene Schriftenreihe, die sich gegen Industrie, Stadtkultur und Demokratie und für eine soziale Restauration im Sinn der vermeintlich guten alten Zeit formierte. Und was literaturgeschichtlich als „Neuklassik" auftrat, formale Strenge und Regelgerechtheit verfocht und sich gegen die literarische Avantgarde der Zeit richtete, war, etwa in den dramatischen Versuchen von Paul Ernst (1866–1933) oder Wilhelm von Scholz (1874–1969), nicht der Rede wert. Thomas Manns Schiller-Novelle *Schwere Stunde* (1905) zum 100. Todestag passte mit seinem persönlichen Tonfall nicht in diese Art der Klassik-Huldigung, auch nicht Franz Mehrings *Schiller. Ein Lebensbild für deutsche Arbeiter* (1909) mit dem Versuch, deutsche Klassik unters Volk zu bringen.

*Titelblatt von* Der Dichter als Führer in der deutschen Klassik *(1928) des ebenfalls aus dem George-Kreis stammenden Max Kommerell.*

Nach der Jahrhundertwende dominierte vielmehr, im Umkreis Stefan Georges und mit allen Anzeichen des Irrationalen, ein neuer Goethe-Kult um den großen Einzelnen, für den Friedrich Gundolfs *Goethe* (1916) und seine Nachfolger stehen können.

*neuer Klassik-Kult*

### Zitat

Wenn der Verfasser sein Buch *Der Dichter als Führer* nennt, so ist er gewillt, die Dichter darin auftreten zu lassen als Vorbilder einer Gemeinschaft als wirkende Personen. Hat einerseits die Suche nach Lebensumständen dazu verleitet, die Dichtung selbst hintanzusetzen, so läuft man wiederum Gefahr, im Dichter nichts als den bloßen Poëten zu sehen. [...]

Wir glauben bemerkt zu haben, daß der heutigen Jugend die Kunstübung der Klassik leicht etwas matt und bläßlich vorkommt. Indem ihr über diesen deutschen Kräftestrom die Augen geöffnet werden, möge sich nicht nur ihre Verehrung für die Dichtergestalten beleben – auch das Werk wird sie wieder größer sehen lernen.

*Max Kommerell, Der Dichter als Führer, 1928, „Vorbemerkung"*

Klassik meinte oft Klassizismus und verfocht ein normiertes Menschenbild, das sich angeblich an antiker Größe ausrichtete, in Wahrheit aber durch ungeschichtliches Denken ausgezeichnet war, das mitleidlos gegen alles vorgehen wollte, was als mittelmäßig oder spießbürgerlich galt. Von hier aus wurden die Grundlagen gelegt für eine Wiederentdeckung Hölderlins in den frühen Editionen von Zinkernagel und Norbert von Hellingrath. Im Dunstkreis Stefan Georges und der Heldenbegeisterung bei Ausbruch des Ersten Weltkriegs lieferte Hölderin die Legitimation zur Feier des Wahnsinns und der großen Hymnen. Hier mehrten sich schon die Zeichen des Expressionismus. Auch Heinrich von Kleist wurde zum 100. Todestag 1911 in seiner Radikalität neu entdeckt. Johannes R. Becher, expressionistischer Dichter der ersten Stunde und späterer Kulturminister der DDR, erschoss sich fast genau zum Jahrestag im Geiste Kleists (und überlebte). Gerade die von den Klassikern Ausgegrenzten wurden nun als moderne, ja geradezu als zeitgenössische Dichter geschätzt.

*Klassik und Moderne*

Nach dem verlorenen Weltkrieg hatte sich die erste deutsche Republik bekanntlich im Zeichen der Weimarer Klassik konstituiert. Dass in den Wirren der Revolution der „Geist von Weimar" wieder auferstehen könnte, wie der erste Präsident dieser Republik, Friedrich Ebert, formulierte, „müssen wir hier in Weimar

*Weimarer Republik – Weimarer Klassik*

die Wandlung vollziehen vom Imperialismus zum Idealismus, von der Weltmacht zur geistigen Größe." Die geistige Elite, die berufsmäßigen Klassik-Pfleger und -Verwalter, stand diesem Versuch eines ehemaligen Handwerkers und Arbeiterführers, Klassik für sich und seinesgleichen mit Beschlag zu belegen, äußerst reserviert gegenüber. Spätestens das Goethejahr 1932 zeigte, wie stark die Klassiker schon in den Dienst einer rückwärts gerichteten Ideologie genommen worden waren. Nicht zufällig fand der 1. Reichsparteitag der NSDAP 1926 in Weimar statt.

**Zitat**

*Julius Petersen, Erdentage und Ewigkeit. Goethe-Gedenkrede in Weimar 1932.*

denn ob es auch schien, als habe der Weltgeist Deutschland dazu berufen, während des Zeitkampfes nur an dem ewigen Bau der Menschenbildung zu arbeiten (wie Schiller in seinem Gedichtentwurf *Deutsche Größe* sagte), so haben doch eben diese Bildungsmächte die Aufopferungsfähigkeit und Hingabe an die Idee des Vaterlandes vorbereitet.

*Klassik und Drittes Reich*

Hans Fabricius' *Schiller als Kampfgenosse Hitlers* (1934), Werner Deubels *Schillers Kampf um die Tragödie* (1935) oder gar die Aufstellung eines „graecogermanischen/biozentrischen Stammbaums", an dessen Ende die Dichter der deutschen Klassik zu stehen kamen, Georg Starks *Völkisches Erbgut in den Schuldramen unserer Klassiker* (1935) beschrieben schon bald anschaulich das Klassik-Verständnis der neuen Machthaber. Andererseits gab die über jeden Zweifel erhabene Klassik der Literaturwissenschaft auch Gelegenheit zu Publikationen, die nicht dem Zeitgeist Tribut zollen mussten. So standen auf der einen Seite 1943 der Beginn der Historisch-Kritischen Hölderlin-Ausgabe und

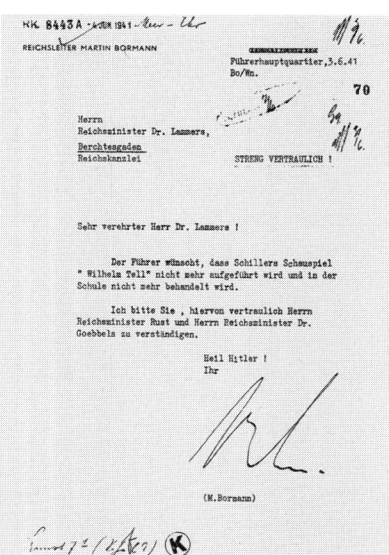

*Der „Wunsch" des Führers war eindeutig: Verbot der Aufführung und der Schulbehandlung des* Wilhelm Tell *1941.*

*Die heroische Ausmünzung der Klassik im Ersten Weltkrieg hatte auch für den Zweiten noch eine Gültigkeit. Erste Textseite der letzten Ausgabe des* Bücherwurm, *April 1943.*

Wir nennen uns „Volk Goethes", weil wir ihn als Höchsterreichbares unseres Stammes, als höchstes auf unserem Stamme Gewachsenes sehen in seiner reichen, runden Menschlichkeit, welche selbst Fernere, die sein Tiefstes nicht verstehen mögen, zur Achtung zwingt. Ich nenne uns „Volk Hölderlins", weil es zutiefst im deutschen Wesen liegt, daß sein innerster Glutkern unendlich weit unter der Schlakkenkruste, die seine Oberfläche ist, nur in einem geheimen Deutschland zutage tritt... Und weil Hölderlin das größte Beispiel ist jenes verborgenen Feuers, jenes geheimen Reiches, jener stillen, unbemerkten Bildwerdung des göttlichen Glutkernes.

NORBERT VON HELLINGRATH
gefallen am 14. Dezember 1916 bei Verdun

der Schiller-Nationalausgabe, auf der anderen die Versuche der Nazis, die politische Dimension der Klassik auszublenden.

Wenigstens in der ideologischen Vereinnahmung der Klassiker konnte der Zweite Weltkrieg dann nahtlos an den Ersten anschließen.

**Zitat**

Nun lieber Freund, ich habe, und ich bin mir wohl bewußt, Ausnahmen zu nennen, Soldaten getroffen, die im Granatfeuer, wenngleich geschützt durch einen Bunker, in Hölderlin blätterten, und andere, die ihren *Wilhelm Meister* lasen. Von ihnen, denen ich mich verwandt fühle, sei besonders gesprochen. Es ist ja ein bedeutender Unterschied, ob jemand in einer geborgenen Stube, gar von Langeweile geplagt, sich abenteuernd auf die Fährte der alten Götter begibt, oder ob sich ein von tausend Nöten und Feuern beranntes Herz im Angesicht des Todes, der ihn unvermittelt zu sich reißen kann, einem der genannten Geister naht, womit er doch ihre Meisterschaft als wirklich unbestreitbar von allen Ängsten, als unbestreitbar selbst vom Tode anerkennt.

*Martin Raschke, Brief An einen Freund, in:* Das Innere Reich, *1943.*

### Das „klassische Erbe" im Sozialismus

Der Neuanfang war schwer, schließlich lag das KZ Buchenwald auf Goethes geliebtem Ettersberg nicht weit von Weimar. Wie damit umgehen? Die Idee, mit der deutschen Klassik ein nationale Erbe zu besitzen, das weiter zurück als die eigene Geschichte reichte, prägte die junge DDR. Den im revolutionären Vormärz entwickelten Gegensatz zwischen der klassischen Kunstperiode und der Zeit der politischen Tat wollte man nun im Sinne einer sozialistischen Synthese versöhnen. Auch hier galt Schiller mehr als Goethe. Klassik war die fortschrittliche Literatur von Lessing

*Buchenwald liegt bei Weimar*

bis Heine. War es den Deutschen in der Emigration noch darum gegangen, den Nazis die deutsche Kultur nicht kampflos zu überlassen, so kam es nach 1945 darauf an, möglichst viel aus der Tradition des guten Deutschland für sich zu gewinnen und nach rückwärts eine Kontinuität für den Sozialismus zu begründen. Gerhart Hauptmann hatte mit seiner stilisierten persönlichen Nähe zu Goethe, Thomas Mann mit Werken wie *Lotte in Weimar* (1939), dem Essay *Goethe und Tolstoi* und dem Nachkriegsroman *Doktor Faustus* die Voraussetzungen dafür geschaffen. Johannes R. Becher, der sich als Kulturfunktionär von seinen expressionistischen Anfängen distanzierte und schon vom Moskauer Exil aus die Pflege der Klassik-Tradition anmahnte, versuchte, Hauptmann als einen Goethe des 20. Jahrhunderts für die DDR zu gewinnen, was nur an Hauptmanns Tod scheiterte. Mit der Pflege des strengen Sonetts versuchte Becher sich selbst als Klassiker zu installieren.

*sozialistisches Klassik-Erbe*

Allerdings war der Rückbezug auf das klassische Erbe immer auch Abwehr der Moderne; die Berufung auf die Normen der Klassik rechtfertigte das ‚realistische' Schreiben in seiner Frontstellung gegen die dekadente Gegenwartskunst des Kapitalismus. Die Klassikideologie der DDR mit Theateraufführungen und Museen, Klassikerausgaben und Schullektüren überdeckte die literarische Gegenwartsproduktion, so dass es manchmal so aussah, als verstehe sich die DDR als Verkörperung idealistischer Ideen der deutschen Klassik. Die Klassiker des Bürgertums des 18. Jahrhunderts konnten so zu Vorkämpfern des Sozialismus werden. Als Thomas Mann im Goethejahr 1949 ausdrücklich in beide deutsche Staaten kam und die Ehrungen von beiden Staaten annahm, wollte er demonstrieren, dass die zonale Teilung der einheitlichen Wirkungsgeschichte der Klassik nichts anhaben konnte.

*Entstaubung der Klassiker?*

Wie sehen heutige Versuche aus, die Klassiker zu entstauben? Die andauernden Bemühungen, auch und erst recht die gescheiterten, sind Zeichen für eine bleibende Herausforderung durch die Klassik, die offensichtlich zu Widerspruch und Auseinandersetzung reizt. Es sieht so aus, als liege gerade in dieser Spannungshaftigkeit die zeitüberdauernde Kulturleistung der Klassik. Der Vorwurf des Klassizismus oder gar des Neo-Klassizismus kam beim sog. Züricher Literaturstreit 1966 auf, als der Schweizer Literaturwissenschaftler Emil Staiger die Klassik gegen den angebliche Verfallserscheinungen der modernen Literatur ausspielen wollte und heftigen Widerspruch von zeitgenössischen

Autoren erntete. Im Zuge der Ideologiekritik seit den 70er Jahren wurde dann gegen die angebliche Lebensfeindlichkeit und Weltferne der Weimarer Klassik heftig polemisiert.

**Zitat**

Es gehört nun einmal zum Wesen der Weimarer Hofklassik, daß hier zwei hochbedeutende Dichter die Forderung des Tages bewußt ignorierten und sich nach oben flüchteten: ins Allgemein-Menschliche, zum Idealisch-Erhabenen, zur Autonomie der Schönheit, um dort in Ideen und poetischen Visionen das Leitbild des wahren Menschentums zu feiern.

Die Klassiklegende, 1971.

Für den heutigen Umgang mit klassischen Texten, für Lektüre und Theateraufführung, kann dieses Bewusstsein, auf dem Berg einer solchen Wirkungsgeschichte zu sitzen, nur förderlich sein. Die Beschäftigung mit der Epoche lädt ein, vergessene Texte und Autoren neu zu entdecken oder ausgeleierte Bühnenstücke klassischer Autoren aufregend neu zu inszenieren. Für die Literaturwissenschaft ist die Erweiterung des Blicks über Weimar hinaus und der Verzicht auf die Begrenzung der Klassik auf das Jahrzehnt um Goethe und Schillers Zusammenarbeit längst eingeführt. Eine wirkungsgeschichtlich ausgerichtete Literaturgeschichte kann zeigen, woher unhistorische Verkürzungen der Klassik ihre Rechtfertigung beziehen und wie sehr die Klassik Gefahr läuft, der Anpassung an Überliefertes das Wort zu reden. Missbrauch und Missverständnis gehören zu ihrem Wesen, ebenso der Widerspruch zwischen dem hehren Anspruch höchster Kulturblüte und der realgeschichtlichen Ausbeutung der Mehrheit der Bevölkerung im →Ancien Regime.

**Textbeispiel**

*Um 1800*

Zierlich der Kratzfuß der Landeskinder,

während wer fürstlich aufstampft.

Gedichtzeilen. Stockschläge

Viele träumen, daß man sie verkauft.

Die Tinte leuchtet.

Deutschlands klassische Zeit.

aus:
*Heinz Piontek,*
Früh im September, 1982

## Fragen

**1.** Welche Bedingungen förderten die Denkmalswürdigkeit Schillers, welche behinderten diejenigen Goethes?

**2.** Welche Rolle spielte die Klassik für das Selbstverständnis des Bildungsbürgertums im 19. Jahrhundert?

**3.** Welche Impulse bezog das 20. Jahrhundert aus der Klassik?

**4.** Wie könnten heutige Versuche aussehen, sich mit der Klassik auseinanderzusetzen?

## Literatur

Norbert Oellers (Hrsg.): Schiller – Zeitgenosse aller Epochen. Dokumente zur Wirkungsgeschichte Schillers in Deutschland. 2 Bände. Frankfurt a.M. 1970.

Karl Robert Mandelkow (Hrsg.): Goethe im Urteil seiner Kritiker. Dokumente zur Wirkungsgeschichte Goethes in Deutschland. 5 Bände. München 1975–84.

Karl Richter/Jörg Schönert (Hrsg.): Klassik und Moderne. Die Weimarer Klassik als historisches Ereignis und Herausforderung im kulturgeschichtlichen Prozeß. Stuttgart 1983.

Bernhard Zeller (Hrsg.): Klassiker in finsteren Zeiten 1933–1945. Katalog der Ausstellung des Deutschen Literaturarchivs im Schiller-Nationalmuseum. 2 Bände. Marbach a.N. 1983.

Rolf Selbmann: Dichterdenkmäler in Deutschland. Literaturgeschichte in Erz und Stein. Stuttgart 1988.

Günter Hess: Vom Flug der Worte und Bilder. Büchmanns *Citatenschatz* als Medium deutscher Bildungs- und Ideologiegeschichte im 19. und 20. Jahrhundert, in: Karl Richter/Jörg Schönert/Michael Titzmann (Hrsg.): Die Literatur und die Wissenschaften 1770–1930. Stuttgart 1997. S. 233–294.

# Glossar

## Anakreontik

Literarische Strömung in der europäischen Lyrik des Rokoko, etwa zwischen 1740–1770, anknüpfend an die griechische Lyrik, namentlich die des Anakreon (6. Jh. v. Chr.), aber auch der römischen Lyriker Horaz und Catull. Die witzigen, scherzhaften oder manchmal auch frivolen Gedichte beschränkten sich auf den engen Motivkreis um das Lob der Liebe und der Geliebten, den Preis des Weins und der heiteren Geselligkeit. Wiederbelebt durch die Übersetzung und Ausgabe der *Anakreontea* von Henri Estienne (1554) im Zeitalter des europäischen → Petrarkismus, erweiterte das Rokoko das Motivrepertoire um das Schäferkostüm und tändelnde Spielereien mit antiker Mythologie, wie in den *Idyllen* Geßners. Pointierte erotische Anspielungen sollten Lebensformen vorspiegeln, die in Wahrheit nur Rollenspiel waren. Gerichtet gegen den hohen pathetischen Tonfall der Literatur und den gravitätischen Stil des Barock, war diese Kultur des witzigen Einfalls immer Teil der Aufklärung. Die deutschen Vertreter wie Gleim, Götz und Uz markierten nur den Gipfelpunkt einer breiten gesellschaftlichen Strömung des Dichtens. Von Klopstock bis Lessing, von Claudius bis Goethe zieht sich die Spur dieser „Grazienpoesie" nicht nur durch die Klassik; eine Traditionslinie verbindet die A. mit der → Empfindsamkeit. Sie brach mit dem Einsetzen des → Sturm und Drang nur scheinbar ab, existierte vielmehr unter der Oberfläche weiter. Als gesellige Gelegenheitspoesie trat sie seit der Mitte des 19. Jh.s im Biedermeier wieder hervor (Goethe, Rückert, Mörike) und lebte bis ins 20. Jh. fort (Dauthendey, Liliencron).

## Analogiedenken

Vom griech. *analogia* = Entsprechung, Übereinstimmung. A. folgt dem klassischen Denkkonzept des Universalismus, alle Erscheinungsformen der uns umgebenden Wirklichkeit miteinander in Beziehung zu setzen und in wechselseitigen Wirkungen wahrzunehmen. Verwandtschaft und Nähe besteht zu → Polarität mit den Gegenpolen → Diastole und → Systole. Voraussetzungen des A. sind → Steigerung und → Metamorphose. A. wird von Goethe gern optisch ins Bild der → Spiegelung gefasst.

**Ancien Régime**

Franz. wörtl. *Alte Herrschaft*. Sammelbezeichnung für die unterschiedlichen (jedoch immer noch absolutistischen) Herrschaftsformen in Europa vor den Umbrüchen der Französischen Revolution und ihren Wirkungen.

**Ausgabe letzter Hand**

Als *Vollständige Ausgabe letzter Hand* erschienen, nach zahlreichen rechtmäßigen Werkausgaben und unrechtmäßigen Nachdrucken seit 1775, zwischen 1827–1831 bei Cotta die 40 Bände, die Goethe noch zu seinen Lebzeiten durchgesehen, als letztwillige Verfügung autorisiert und damit aus authentische Endfassung bestimmt hatte. Lange galt dieser letzte Wille eines Autors als unantastbar, auch für kritische Ausgaben, zumal diese letzte Hand sinnbildlich Abschluss und Höhepunkt einer individuellen Entwicklung zu dokumentieren schien. Nicht erst die 1833–1842 erschienenen Bände 41–60 als *Nachgelassene Werke* (z. B. mit *Faust II*) kratzten an dieser idealistischen Fiktion. Sehr oft zeigte sich, dass Entwürfe, verworfene oder abgebrochene Projekte und frühere Fassungen ein Eigenrecht beanspruchen konnten oder ein ursprünglicheres bzw. weniger geschöntes Bild des Werks überlieferten.

**Bildung/Bildungsroman**

Bezeichnet eine Romanart, die Bildung zum Gegenstand des Romangeschehens macht. Voraussetzung ist der seit Aufklärung und →Pietismus gewachsene Bildungsbegriff. Entstehung und Anfänge der Romanart sind nicht unumstritten. Spätestens mit Wielands *Geschichte des Agathon* sind die thematischen Grundlagen fixiert. Goethe schuf mit *Wilhelm Meisters Lehrjahren* den Höhepunkt und das Muster der Romanart, so dass die weitere Geschichte der Bildungsromane auch als Geschichte der Romane in der Nachfolge des *Wilhelm Meister* gelesen wurde. Mit dem Brüchigwerden der klassischen Bildungsidee geriet auch der Bildungsroman in die Krise. Im 19. Jh. stellten die Bildungsromane ihre eigene Gattung in Frage (Immermann, *Die Epigonen*), demonstrieren das Scheitern ihrer Helden und deren Bildungsgänge (Mörike, *Maler Nolten*; Keller, *Der grüne Heinrich*), entwarfen eine Bildungsgeschichte ausdrücklich gegen die eigene Gegenwart (Stifter, *Der Nachsommer*) oder benutzten deren Trümmer als Bausteine (Raabe, *Der Hungerpastor*). Der Roman des 20. Jh.s arbeitete nur noch mit den Versatzstücken des

Bildungsromans und/oder knüpfte kritisch an ihn an (Thomas Mann, *Der Zauberberg*; Günter Grass, *Die Blechtrommel*; Peter Handke, *Der kurze Brief zum langen Abschied*; Botho Strauß, *Der junge Mann*).

Der Begriff des B. wurde erst am Anfang des 19. Jh.s von Karl Morgenstern geprägt und am Ende des Jh.s von Wilhelm Dilthey in die Literaturwissenschaft eingeführt (→3.5.7).

### Blankvers

Engl. *blank verse* für einen reinen, d.h. reimlosen Vers. Der fünfhebige jambische Vers mit freier Zäsur löste, in der Nachahmung der als vorbildlich empfundenen Dramen Shakespeares, den franz. Alexandriner (sechshebiger jambischer Reimvers mit Zäsur in der Mitte) als Vers des Dramas ab. Seit Lessings *Nathan der Weise* war der Blankvers der bevorzugte Vers des → Klassischen Dramas.

### Cotta

Johann Friedrich Cotta (1764–1832) war der bedeutendste Medienunternehmer der klassischen Epoche. Mit viel gelesenen überregionalen Zeitungen wie der *Augsburger Allgemeinen Zeitung* oder dem *Morgenblatt für gebildete Stände* bestimmte er die kulturelle Meinungsbildung. Als Verleger zuerst von Schiller, dann von Goethe sorgte er für die Verbreitung der Klassiker, besaß zuletzt deren alleinige Verlagsrechte und wirkte bis in die Ausstattung und Drucktypen seiner Bücher norm- und geschmacksbildend. Bei Cotta verlegt zu werden, war der Wunschtraum aller Schriftsteller der Zeit.

### Diastole

Begriff aus der Medizin, bezeichnet beim menschlichen Pulsschlag den höchsten Ausdehungspunkt des Herzens im Gegensatz zur → Systole (Zusammenziehung). Goethe entwickelte die Begriffe in → Analogie zum Blutkreislauf zur Veranschaulichung seines Denkens in → Polaritäten.

### Distichon

Griech. *dis* doppelt, *stichos* Vers, also ein Doppelvers, der aus einem daktylischen → Hexameter (Sechsheber) und einem Pentameter (Fünfheber) besteht. Durch die scharfe Zäsur im Wechsel von rhythmischem Steigen und Fallen entsteht eine spannungsreiche Wirkung, einerseits die eines gleichmäßig flutenden

Verses, andererseits die Gegenüberstellung von gegensätzlichen Vorstellungen. Dieser Effekt machte das Distichon seit der Antike für die Darstellung wechselnder Gemütszustände (Elegien) und geistreicher Wendungen (Epigramme, Inschriften) beliebt und in der deutschen Klassik häufig verwendet (Goethe, *Römische Elegien*; Schiller, *Der Spaziergang*; *Xenien*; Hölderlin, *Brot und Wein* u. a.).

**Eckermann**

Goethes Vertrauter, Sekretär und Mitarbeiter Johann Peter Eckermann (→3.3). Sprichwörtlich geworden für bedingungslose Treue und Ergebenheit.

**Einbildungskraft**

Zentralbegriff aller philosophischen Überlegungen bei der Frage nach den grundlegenden Voraussetzungen des literarischen Schaffens. Als Nachbarbegriff zur Phantasie meint E. genauer die Befähigung zur sinnlichen Wahrnehmung und bildlichen Wiedergabe der Wirklichkeit, was den Dichter vom nur Empfindenden unterscheidet. Hier ergibt sich eine Nähe zum →Bildungsbegriff. Der Begriff der E. unterliegt im Verlauf der Epochen einem dauernden Wandel zwischen der Bezeichnung des produktiven Dichtungsvermögens und der negativen Füllung als ausschweifende, nicht mehr durch den Verstand steuerbare Phantasie. Moritz nennt als Thema seines Romans *Anton Reiser* die „Leiden der Einbildungskraft", mit denen er nicht nur die →Theoatromanie der Epoche meint, sondern auch Reisers Hineinsteigern in alle möglichen extremen Lebensentwürfe.

**Einfalt, edle**

Als „edle Einfalt und stille Größe" charakterisierte Winckelmann in seiner epochemachenden Schrift *Gedanken über die Nachahmung der griechischen Werke in der Malerei und der Bildhauerkunst* (1755) die Kunst der klassischen Antike (→2.1.4). Er gab damit ein sprichwörtlich gewordenes Etikett für das angeblich vornehme und zugleich einfache Wesen der Klassik vor. Goethes Lehrgedicht *Das Göttliche* (zuerst 1783), das beginnt: „Edel sei der Mensch, / Hülfreich und gut!", machte die Begriffsprägung vollends populär. An der Grenze zur →Naivität als Kennzeichnung des vorreflexiven Dichters (im Gegensatz zum →sentimentalischen) angesiedelt, steht E. für ein geradliniges, unverbildetes Denken und Dichten. Hölderlins Gedicht *Blödigkeit* thematisiert einen vergleichbaren Zustand.

## Einheiten, Drei

Entstammen dem Drama des französischen Klassizismus und der klassizistischen Poetiken des 17. Jh.s (z. B. Boileau), die sich auf Aristoteles' *Poetik* (diesen jedoch verengend) beriefen. Unter dem Gesichtspunkt der vernünftigen Wahrscheinlichkeit sollte das Drama nur einen einzigen Handlungsstrang ohne Nebenhandlungen oder Randepisoden auf die Bühne stellen (Einheit der Handlung), den Schauplatz (und damit das Bühnenbild) während des Stückes nicht wechseln (Einheit des Ortes) und die Zeitspanne der Dramenhandlung streng auf die Dauer der Aufführung, dann abgemildert auf 24 Stunden beschränken (Einheit der Zeit). Während Gottsched in seiner *Critischen Dichtkunst* diese Vorschriften auch für Deutschland kanonisierte, sprachen sich Bodmer und Breitinger, dann Lessing und Herder für eine Aufweichung der strengen Regelung aus. Das Vorbild des ‚regellosen' Shakespeare und das Aufbegehren des →Sturm und Drang strebten den bewussten Regelverstoß an, während sich das →Klassische Drama wieder an die Regeln hielt.

## Elegie

Im Griech. ursprünglich jedes Gedicht in →Distichen, wurde die Bezeichnung schon in der römischen Antike ausgeweitet auf die schwermütige, eben ‚elegische' Stimmungslage, besonders in Liebesgedichten. Im modernen Sinn seit der →Empfindsamkeit war nicht mehr die formale Bindung, sondern die inhaltliche Ausrichtung entscheidend. Abschied, Liebestrennung, Sehnsucht, Erinnerung und Totenklage betrauerten in der E. den Verlust des Verlorengegangenen. Epochal wirkend waren Grays *Elegy written in a country churchyard* (1745), Goethes *Römische Elegien*, seine *Marienbader Elegie* oder Schillers *Nänie*. Aufgegriffen und fortgeführt wurde die E. bis in die Gegenwart (Rilkes *Duineser Elegien*, Brechts *Buckower Elegien*).

## Empfindsamkeit

Stilrichtung innerhalb der Aufklärung, 1740–1760, mit besonderer Betonung des Ausdrucks von Gefühlseindrücken und subjektiver seelischer Regungen. Der Begriff übersetzte englische und französische Epochentendenzen ins Deutsche: zunächst Laurence Sternes Roman *Sentimental Journey* (1768), sodann das rührende englische bürgerliche Trauerspiel („sentimental comedy") oder die französische „comédie larmoyante". Ausgehend von den englischen *Moralischen Wochenschriften* stellte die E.

die individuellen Herzensregungen der aufgeklärten Verstandeskälte gegenüber. Freundschaftskult und tränenreicher Selbstausdruck sensibilisierten die Sprache für Zwischentöne der Gefühlsfähigkeit. Ihren literarischen Höhepunkt erreichte die E. in Goethes *Die Leiden des jungen Werthers* (1774); Goethe selbst machte sich bald schon darüber lustig (*Triumph der Empfindsamkeit*, 1777).

## Entelechie

Von Aristoteles geprägter Begriff, der das Vollendungsstreben auf ein Ziel hin bezeichnet, letztlich das Unsterbliche des Menschen. Goethe bezeichnete die Stelle, in der die Engel „Fausts Unsterbliches" tragen, in der Regieanweisung als „Fausts Entelechie".

## Epos/epische Dichtung

Neben der dramatischen und lyrischen Dichtung bezeichnet die epische vor und seit Aristoteles' *Poetik* eine der drei ‚natürlichen' Möglichkeiten des Dichtens, nämlich die erzählende. Seit der Antike ist die epische Erzählung immer zugleich Versepos, also gebundene Rede, wodurch sie sich von den späteren Prosaformen des Erzählens (Roman, Novelle, Erzählung usw.) unterscheidet. Parallel und in Abgrenzung zum Aufstieg des Prosaromans im 18. Jh. geriet das E. immer mehr ins Hintertreffen, auch wenn es im Vorfeld der Klassik (Klopstocks *Messias*, Wielands Versepen) und von dieser selbst (Goethes *Reinecke Fuchs* und *Hermann und Dorothea*) gepflegt, theoretisch begründet (Goethes *Über epische und dramatische Dichtung*) und als hohe Form gegen die populäre Form des Romans ausgespielt wurde; bekanntlich bezeichnete Schiller den Romanschriftsteller als „Halbbruder des Dichters". Im 19. Jh. lebte das Versepos als komisches und historisches E. noch einmal auf (Scheffel, Hamerling, Roquette, Meyer, Liliencron), bevor es endgültig unterging.

## Erlebnislyrik

Bezeichnung für eine Lyrik, die sich als unmittelbarer Ausdruck des subjektiven Erlebens darstellt (oder so tut). Ursprünglich war die E. gegen traditionelle Literaturvorstellungen gerichtet, Dichtung sei eine Kunstform im Sinne einer Machart, die durch technische Verfügung über das Repertoire von rhetorischen Stilmitteln und Verknüpfungsregeln jederzeit und von jedermann herstellbar wäre. Erlebnislyrik postulierte das einmalige, subjektive, eben dichterische Vermögen als notwendige Grundlage von echter Dichtung. Auf der einen Seite diente der Begriff den subjektiven Dichtern des 18. Jh.s, die ihre Produkte gegen die rhetorische Konfektionsware abzugrenzen versuchten, andererseits scheint die E. dem Leser einen verführerischen Zugang zur Dichtung zu liefern, wenn der Leser meint, über die Rekonstruktion des zugrunde liegenden Erlebnisses könne er den Text besser verstehen.

### Erlkönig

Titel einer naturmagischen Ballade Goethes (vermutlich 1781/82), der auf die Fehlübersetzung einer dänischen Volksballade durch Herder zurückgeht (eigentlich: Elfenkönig). In der Ballade wird der E. als unsichtbarer und unheimlich gewalttätiger Elementargeist dargestellt. Der Begriff E. bezeichnet umgangssprachlich etwas (noch) Unsichtbares, aber eben Vorhandenes. So werden heute z. B. die noch unbekannten (und nur verkleidet auf öffentlichen Straßen gefahrenen) Neuentwicklungen der Automobilhersteller als E. bezeichnet.

### Erziehung, Ästhetische

Im Unterschied zum →Bildungsbegriff, der die Entwicklung von natürlichen Anlagen durch die äußeren Einflüsse bezeichnet, meint E. das zielgerichtete und planmäßige Einwirken eines Erziehers auf einen Zögling. Der Erziehungsroman (z. B. Rousseaus *Emile*, Pestalozzis *Lienhard und Gertrud*) ist daher der thematische Sonderfall eines pädagogischen Romans und streift den →Bildungsroman nur.

Die ästhetische E. hingegen macht den Kernbereich des klassischen Bildungskonzepts aus. Schillers Abhandlung *Über die ästhetische Erziehung des Menschen* entwickelte das ideale Menschenbild der Klassik in Abgrenzung zu den realen Gegenwartsbedingungen des →Ancien Régime und den Erfahrungen mit den Auswüchsen der Französischen Revolution (→3.4.6).

### Flegeljahre

Sprichwörtlich für die ungestüme Jugendzeit, nach dem Titel des Romans *Flegeljahre* von Jean Paul (1804/05), der in den Biographien der Zwillingsbrüder Walt und Vult unterschiedliche Entwicklungsmodelle vorführte.

## Genie

Von lat. *genius* = Geist, über das Französische eingewanderter Begriff, zunächst allgemein für eine nicht mehr hintergehbare Begabung, ein angeborenes Talent oder ein intuitives ästhetisches Empfinden zu eigenschöpferischen Leistungen und Fähigkeiten, die – im Gegensatz zu den gewöhnlichen, jederzeit wiederholbaren und einschätzbaren Hervorbringungen von Normalmenschen – eine Ausnahmepersönlichkeit kennzeichnen. Schon Plato hatte vom göttlichen Wahnsinn des inspirierten Dichters gesprochen. Im → Sturm und Drang, auch „Geniezeit" genannt, wurde der Begriff, erweitert auf den des „Originalgenies", zum umfassenden Kampfbegriff. Er richtete sich nicht nur gegen Rhetorik und Regelpoetik des Barock und des (französischen) Klassizismus, sondern gegen alle ästhetischen Normen sowie gegen soziale und politische Gesetzmäßigkeiten, gegen Handwerkliches wie gegen die Dominanz der Vernunft. Mit der Verfestigung der Klassik wurde das „Genie" zunehmend skeptisch gesehen. Einerseits erkannten die Klassiker außergewöhnliche Persönlichkeiten und ihre Ausnahmeleistung (v. a. sich selbst) als Voraussetzung zur Schaffung autonomer Kunstwerke durchaus an, andererseits wehrten sie die Übersteigerung des Geniebegriffs als Maßlosigkeit, Selbstüberschätzung und romantischen Irrationalismus mit seiner übertriebenen Hochschätzung des Individuums ab.

## Gestalt

Zentraler Baustein für die klassische Konzeption von → Bildung (→ Metamorphose, → Wachstum). G. geht davon aus, die Natur setze der Willkürlichkeit und Gestaltlosigkeit der Stoffe und Elemente (Chaos) ein gestaltetes Leben gegenüber. Nach naturwissenschaftlichen Vorstellungen, die bis ins 17. Jh. zurückreichten, entfalten sich alle Lebensformen aus vorgegebenen Anlagen (Präformationslehre) zu Erscheinungen, an deren Gestalt ihr Wesen abgelesen werden kann (→ Physiognomie). In der Übertragung dieser naturwissenschaftlichen Vorstellungen auf den Bildungsprozess der eigenen Person kommt es darauf an, sich selbst und seinem Leben „Gestalt" zu geben.

## Götz-Zitat

Goethes Drama *Götz von Berlichingen mit der eisernen Hand* (entstanden 1770 als *Geschichte Gottfriedens von Berlichingen mit der einsernen Hand. Dramatisiert*) gipfelte, ganz im Sinn der Regelmissachtung und der die Zeitgenossen provozierenden kernigen, volkstümlichen Sprache, im dritten Akt mit der Aufforderung des Götz an den kaiserlichen Boten: „Er aber, sag's ihm, er kann mich im Arsch lecken." Goethe entschärfte die drastische Aufforderung, nachdem sie volkstümlich wurde, in seinen *Schriften* 1787 durch Gedankenstriche.

_____ Grazie

Idealer Zustand innerhalb des Erziehungskonzepts der Klassik (→ Erziehung, ästhetische), begrifflich in Schillers programmatischen Aufsätzen *Über Anmut und Würde* (1793) und *Über naive und sentimentalische Dichtung* (1795/96) als Anmut formuliert, die durch das Spiel als Ausdruck des Schönen hervorgebracht wird, als Ausdruck des Einsseins mit sich selbst. Als Adjektiv wurde der Begriff bis dahin im negativen Sinne als Ziererei gebraucht und gehörte eher in die tändelnde und heitere Sphäre der → Anakreontik, in der man graziöse Dichtung betrieb. Ernst und tragisch, an Schillers Konzeption anknüpfend und deren idealistischen Optimismus in Frage stellend, verwendete Kleist den Begriff in seiner Abhandlung *Über das Marionettentheater* (1811). G. bezeichnete darin jenen Zustand ungezierter Natürlichkeit, den nur Wesen im vorbewussten Zustand (wie Tiere) oder Gott selbst besitzen. Der Mensch habe mit der Gewinnung von Erkenntnis und Selbstbeobachtung, also mit seiner Vertreibung aus dem Paradies, diesen Zustand verloren; er könne ihn, so Kleists utopische und zugleich pessimistische, Schillers Position provozierende Schlussfolgerung, nur wiedergewinnen, wenn er gleichsam einen Hintereingang zum Paradies finde, nämlich eine „Reise um die Welt machen, und sehen, ob es vielleicht von hinten irgendwo wieder offen ist", oder erneut vom Baum der Erkenntnis essen, „um in den Stand der Unschuld zurückzufallen".

_____ Gretchen(-Frage)

Benannt nach der Hauptfigur der „Gretchentragödie" im *Faust*. Margarete stellt dort, bevor sie sich auf Faust einlässt, die entscheidende Frage: „Nun sag, wie hast du's mit der Religion?" (V. 3415), erhält aber trotz wiederholter Nachfragen (V. 3426, 3430) von Faust nur falsche oder hinhaltende Antworten, die sie beruhigen (sollen). Als G. sprichwörtlich geworden für entscheidende und/oder Grundsatzfragen.

## Hexameter

Epischer Grundvers der Antike (Homer, Vergil, Ovid u. a.), bestehend aus sechs Daktylen (→ Distichon). Durch Klopstocks *Messias* (1748) anstelle des Alexandriners (sechshebiger jambischer Reimvers mit deutlicher Zäsur nach der 3. Hebung) als Erzählvers wieder eingeführt (→ Epos).

## Humanität(-sidee)

Aus lat. *humanitas* = Menschlichkeit, soll nach der Auffassung der Klassik Höhepunkt, Lebensziel und Endzweck des Daseins sein. Schon die Vorklassik hatte, wie Lessing *Nathan der Weise*, Humanität gut aufklärerisch als Perfektibilität des Menschen verstanden. Der Begriff umschreibt, wie er in Herders *Briefen zur Beförderung der Humanität* (1794) gebraucht wird, einerseits ein Wunschziel, das es zu erstreben gelte, andererseits erhebt er normativen Anspruch. Auch der Neuhumanismus zielte auf eine Wiederbelebung der antiken (= griechischen) Kultur als höchsten Stand der H. (→ 2.1.4 und 4.2).

## Idealismus

Schon seit dem Mittelalter Gegensatz zum Materialismus. Seit dem 18. Jh. war I. ein Kunstprinzip, das das Geistige als zentrale Steuerungskraft, als Ursprung und letzten Sinn allen Seins ansah. Seit der Aufklärung betonte der I. das Diesseits, die Offenbarung eines Göttlichen in der Natur, Harmonie und Schönheit, Vernunft, Sittlichkeit und Toleranz als Ordnungsprinzipien. Das Spannungsverhältnis von Ideal und Wirklichkeit thematisieren Goethe in seinem Schauspiel *Torquato Tasso* oder Schiller in den Lehrgedichten *Das Ideal und das Leben* und *Die Ideale*. Als Kunstprinzip wollte sich der I. von der bloßen Mimesis und naturalistischen Tendenzen abgrenzen. Ihm ging es um den Erhalt des „Kunstschönen" im Kunstwerk im Gegensatz zur abgebildeten Wirklichkeit.

Gelegentlich wird I. auch als alternative Epochenbezeichnung zu „Klassik" gebraucht.

## Ideendrama

Bezeichnung für ein → Klassisches Drama, das seine Handlung und Figuren einer einheitlichen Vorstellung unterordnet. In der Klassik sind dies z. B. Vorstellungen von → Einfalt, → Erziehung oder → Humanität.

## Jakobiner

Gruppe der Republikaner und Sozialrevolutionäre während der radikalen Phase der Französischen Revolution, benannt nach ihrem Hauptquartier im Kloster St. Jacobin in Paris. Im übertragenen Sinn (und auf Deutschland bezogen) wurden auch alle radikalen oder zumindest eindeutigen Anhänger der Französischen Revolution so bezeichnet.

## Kalendergeschichte

Kürzere Geschichten in meist lehrhaft-volkstümlichem Ton, oft mit pointiertem oder moralisierendem Schluss, auch im Umfang der Anekdote vergleichbar. Die K. gehört in die Vorgeschichte der Kurzgeschichte. Wie die moderne „short story" ist auch die K. in Umfang, Thematik und Struktur durch ihren Publikationsort und die Lesegewohnheiten geprägt. Ihren Standort hat sie als erzählerische Ausweitung des chronologischen Teils des Kalenders, in dem kirchliche Feiertage aufgelistet wurden, meteorologische und astronomische Informationen neben praktischen Ratschläge, Rezepten, christlichen Belehrungen und Illustrationen gesammelt waren; hier traten bald Legenden, Schwänke und andere Erzählungen hinzu, die eine bäuerliche und ländlich-gewerbliche Leserschaft an der Grenze des Analphabetentums auf einfachste Weise unterhalten und belehren sollten. Die Tradition der K. beginnt mit Grimmelshausens *Ewigwährendem Kalender* (1670), erreicht mit den K. Hebels ihren ersten Höhepunkt (→3.4.1) und setzt sich bis ins 20. Jh. fort (Graf, Brecht).

## Katharsis

Griech. *Reinigung*, zentraler Begriff der Dramentheorie, eingeführt durch Aristoteles' *Poetik*. Nach Aristoteles versucht die Tragödie Furcht und Mitleid zu erregen, um dadurch den Zuschauer zu einer ‚Reinigung' seiner Leidenschaften zu bewegen. Während im Barock die K. als Abschreckung eingesetzt war, definierte sie Lessing in seiner *Hamburgischen Dramaturgie* in moralischem Sinn als Erweckung von Mitleid mit den Leiden des Helden. Die Klassik bezog die kathartische Wirkung sowohl auf die Figuren (als mystische Vollendung des Menschen bei Herder) als auch auf das Wesen des Theaterstücks selbst (als ästhetische Abrundung des Dramas bei Goethe). Die Moderne hat, anknüpfend an Aristoteles oder sich von ihm abgrenzend, K. als Schocktherapie durch die Verbreitung von Schauder und Schrecken gedeutet oder sich wie Brecht mit seiner Theorie des epischen Theaters ganz von der Erzeugung von K. verabschiedet; es gelte, statt die Empfindungen eines mitleidenden Zuschauers zu erregen, den distanziert und vernünftig abwägenden und anschließend seine (politischen) Schlussfolgerungen ziehenden Betrachter zu erziehen.

**Klassik-Ideologie/-Legende**

Behauptung, dass die deutsche Klassik vor allem durch ihre Wirkungsgeschichte, aber auch schon durch ihre selbst entworfenen Konzeptionen (→Autonomie, →Bildung, →Erziehung, →Humanitätsidee, →Idealismus) ein harmonisierendes und harmonisiertes Bild von sich geschaffen habe, dass mit der Wirklichkeit nicht mehr übereinstimme und als falsches Bewusstsein falsche Vorstellungen transportiere (→1.1 und 4.4).

**Klassisches Drama**

Bezeichnet zunächst alle Dramen, die in der Zeit der Klassik verfasst wurden, dann aber vor allem die strenge und regelhafte Form des Dramas, die als musterhaft aus dem französischen Klassizismus übernommen wurde (→Einheiten, Drei) und in dem die Wertvorstellungen der Klassik (im engeren Sinn) zum Ausdruck kommen. Bezogen auf die Weimarer Klassiker werden mit dem Begriff im engsten Sinn Goethes *Egmont*, *Iphigenie*, *Torquato Tasso* und Schillers Dramen seit *Don Carlos* bezeichnet.

**Knigge**

Adolph Freiherr von Knigge (1752–1796) war Beamter, Diplomat, Freimaurer, Theaterkritiker, Rezensent und einer der beliebtesten Romanciers (z. B. *Die Reise nach Braunschweig* 1792) seiner Zeit. Dauerhaft berühmt wurde er jedoch durch seine Schrift *Über den Umgang mit Menschen* (1788), in der er gegen die starre Etikette des höfischen Absolutismus gerichtete natürliche, vernünftige und aufgeklärte Verhaltensregeln für den gesellschaftlichen und privaten Verkehr aufstellte. Heute ist allein der Autorname ohne Verbindung zu Leben und Werk für die Einhaltung verengter Benimmregeln sprichwörtlich geworden.

**Komödie**

Oder →Lustspiel, Bühnenstück mit glücklichem Ausgang, neben dem →Schauspiel und der →Tragödie (auch. Trauerspiel) eine der drei Ausformungsarten des →klassischen Dramas. Im Gegensatz zu den beiden anderen Grundformen ist die K. in ihrer

Tradition seit der Antike (Aristophanes, Plautus, Terenz) auf den niederen Stil und damit die einfachen Menschen (im Unterschied zu Adel, Helden, Götter) beschränkt. Die K. will menschliche Schwächen aufdecken, Torheit bloßstellen oder Unzulänglichkeiten entlarven. Dadurch gewinnt die K. verstärkt seit dem 18. Jh. eine sozialkritische und antibürgerliche Komponente. Zu beachten ist, dass der Begriff in Italien („commedia") und Frankreich („comédie") im weiteren Sinn für jede Art von Schauspiel gebraucht wird.

_____ Krähwinkel

Zuerst bei Jean Paul als satirisch gemeinter Handlungsort für Spießbürgertum und Beschränktheit des Kleinstädtischen genannt, dann sprichwörtlich geworden durch August von Kotzebues Stück *Die deutschen Kleinstädter* (1803), teilidentisch mit den schwankhaften Schildbürgern, Wielands Abderiten (→ 3.4.3) und dem romantischen Feindbild des → Philisters. Im weiteren Verlauf des 19. Jh.s wird der fiktive Ort endgültig durch Nestroys Posse *Die Freiheit im Krähwinkel* (1848) und Heines Gedicht *Erinnerung aus Krähwinkels Schreckenstagen* (1854) sprichwörtlich.

_____ Kunstrichter

Sammelbezeichnung für all diejenigen, die kritische Äußerungen über ästhetische Werke abgeben. Im engeren Sinn synonym für Literaturkritiker, wobei der Begriff für das 18. Jh. nicht unbedingt eine pejorative Komponente hat, da sich ästhetische Theorie und Kritik normativ verstehen, so dass der K. in der Tat eine Art Urteil fällt, ob der Künstler die Kunstregeln eingehalten hat.

_____ Lustspiel

Seit Gottsched als Übersetzung von → Komödie synonym gebraucht. Versuche, zwischen Komödie und L. literaturtheoretisch genauer zu unterscheiden, haben sich nicht durchgesetzt.

_____ Maximen (und Reflexionen)

Maxime von lat. *maxima* bezeichnet einen obersten Grundsatz. Seit Kants Formulierung des „kategorischen Imperativs", der Mensch solle so handeln, dass „die Maxime" seines Willens jederzeit „als Prinzip einer allgemeinen Gesetzgebung" gelten könne, ist damit auch eine allgemein gültige Leitlinie des Lebens und der Wertvorstellungen gemeint. Goethe hat in seiner Altersneigung zur Prägung von Aphorismen und Lebensweisheiten zahlreiche

M.en verfasst. Über 1400 solcher Kurztexte und Sprüche sind seit etwa 1800 in einzelne Werke (z. B. Ottilens Tagebuch in den *Wahlverwandtschaften*, „Aus Makariens Archiv" in *Wilhelm Meisters Wanderjahre*) eingegangen; anderes wurde nur zum Teil zu Lebzeiten in verstreuter Form veröffentlicht.

## Metamorphose

Griech. *metamorphosis* = Gestaltwandel, bezeichnet ursprünglich die Verwandlung des Menschen in Tiere oder Pflanzen, wie dies die antike Mythologie vorführt und dann in Ovids *Metamorphosen* zum Titel wird. In der modernen Biologie des 18. Jh.s (Karl von Linné) wurde mit dem Begriff der Gestaltwandel innerhalb der tierischen Entwicklung (z. B. vom Ei über die Larve und/oder Raupe zum Schmetterling) beschrieben. Goethe machte die M. zur Grundlage nicht nur seines naturwissenschaftlichen Denkens (*Versuch die Metamorphose der Pflanzen zu erklären*, 1790). Mit seiner Entdeckung der „Urpflanze" und den Erfahrungen der italienischen Reise (→3.4.5) glaubte er in der M. den Schlüssel zur Erklärung aller Lebensprozesse in Händen zu haben. In den Lehrgedichten *Die Metamorphose der Pflanzen* (1798) und *Die Metamorphose der Tiere* (entst. 1798, gedr. 1820) bemühte er sich um allgemeinverständliche Erklärungen. Im Alter wurde der Begriff noch weiter ausgeweitet: „Gestaltung, Umgestaltung/Des ewigen Sinnes ewige Unterhaltung" (*Faust II*, V. 6287f.).

## Naiv

Gegenbegriff zu →sentimentalisch. In seiner Abhandlung *Über naive und sentimentalische Dichtung* (1795/96) entwickelte Schiller mit dem ‚klassischen' Gegensatz zwischen dem intuitiv ganz aus seinem natürlichen Empfinden schaffenden Dichter und dem aus dem Bewusstsein der verlorenen Einheit mit der Natur nach einem Ideal strebenden Dichter die erste Dichtertypologie. Beide schöpferischen Grundhaltungen, in denen Schiller auch Goethe und sich selbst charakterisieren wollte, ergänzen sich zum Ideal.

## Ode

Griech. = Gesang, lyrische Form der weihevollen, feierlichen und erhabenen Rede, die in der Antike auch sangbar war. Nähe zur Hymne nach dem Vorbild →Pindars. Nach langer europäischer Tradition in der deutschen Literatur durch Klopstock v. a. in freien Rhythmen wiederbelebt und zum Ausdruck von Enthusiasmus und Größe der Natur eingesetzt. Einen weiteren Höhepunkt findet man bei Hölderlin, der in der O. die Spannung zwischen Ideal und Wirklichkeit zu fassen suchte.

### Pappenheimer

Im 15. Auftritt des III. Aktes von Schillers Drama *Wallensteins Tod* ruft Wallenstein angesichts der treuherzigen Naivität der Kürassiere des Regiments von Pappenheim aus: „Daran erkenn ich meine Pappenheimer." Die Formulierung wird sprichwörtlich (und steht in Büchmanns *Geflügelten Worten*) für das Bewusstsein, sich auf jemand bedingungslos verlassen zu können.

### Petrarkismus

Stilhaltung, abgeleitet von der Liebesdichtung des italienischen Humanisten Francesco Petrarca (1304–1374), der seine (vielleicht fiktive) Geliebte Laura in vorbildhaften Sonetten angedichtet hatte. Im Stil Petrarcas Liebesgedichte zu schreiben war seit der Renaissance große Mode; im 18. Jh. verband sich die Stilhaltung gern mit den Stoff- und Motivkreisen der →Anakreontik.

### Philanthropie/Philanthropen

Griech. = Menschenfreund. Grundbegriff der aufgeklärten Erziehungsvorstellungen, die auch in diejenigen der Klassik eingegangen sind. 1774 wurde eine nach Rousseaus Grundsätzen ausgerichtete Erziehungsanstalt in Dessau gegründet, die deren Leiter, der Pädagoge und Schriftsteller Johann Bernhard Basedow (1723–1790), „Philantropin(um)" nannte.

### Philhellenismus

Begeisterung für das (antike) Griechenland, die in der klassischen Philologie und der Antikenbewunderung des 18. Jh.s ihre Wurzeln hatte (→2.1.4 und 4.2) und sich im neugriechischen Freiheitskampf gegen die Türken (1821–1828) politisch entlud.

### Philister

Urspr. Volksstamm der Bibel, der die Israeliten mehrfach besiegte. Schon vor dem 18. Jh. zum Gegenbild des →Genies und der individuellen, empfindenden und natürlichen Persönlichkeit geworden. Goethes Werther (Brief vom 26. Mai) polemisiert gegen den Ph. und dessen mangelndes Kunstverständnis, seine emotionale Enge und geistige Beschränktheit. Schiller weitete den Ph. endgültig zum Feindbild aller ästhetisch Empfindenden aus. Spätestens in der Romantik wurde der Ph. zum Gegenbegriff für alles, was abzulehnen war und zum Sinnbild für das Spießbürgertum (vgl. → Krähwinkel).

**Physiognomie**

Griech. Gesichtslesekunst, durch Lavaters *Physiognomische Fragmente zur Beförderung der Menschenkenntnis und Menschenliebe* (1775–1778) zu einer pseudowissenschaftlichen Theorie entwickelt (→ 2.2.5), Wesen und Charakter eines Menschen aus seinen Gesichtszügen herauszulesen. Nach anfänglicher Begeisterung für diese Mode der Epoche distanzierten sich kritische Geister wie Lichtenberg oder Goethe, weil sie in der Ph. die Gefahr der doktrinären Verengung auf eine orthodoxe Prädestinationslehre erkannten. Speziell die Weimarer Klassik geriet mit ihren zukunftsoffenen Vorstellungen von → Bildung und → Erziehung dazu in Widerspruch.

**Pietismus**

Von lat. *pius* = fromm abgeleitet, religiöse Bewegung des Protestantismus gegen Orthodoxie, Dogmatismus und bürokratische Verkrustung der protestantischen Kirche. Höhepunkt zwischen 1670 und 1740. Der P. setzte dagegen auf das persönliche Gotteserlebnis, den eigenen Zugang zur Bibel und die Erkundung und den Ausdruck der tiefsten Seelenregungen. Für die Literatur wirkte der P. durch die Entwicklung eines differenzierten Vokabulars für die intime Selbstaussprache, der Entfaltung literarischer Formen wie Autobiographie, Briefwechsel oder Briefroman, die Ausbreitung des Freundschaftskults und der → Empfindsamkeit befruchtend (→ 2.1.3).

**Pindar**

Griechischer Dichter um 500 v. Chr., dessen → Ode durch freier gebaute, unterschiedliche lange Strophen mit der Neigung zum freien Rhythmus gekennzeichnet war. Für Klopstock oder den → Sturm und Drang, namentlich für Goethes Lyrik seit 1771, erwies sich die Form der Pidarischen Ode als ideal zum Ausdruck heftiger Gefühlsausbrüche und zur Absetzung von der traditionellen Lyrik wie in *Wanderers Sturmlied, An Schwager Kronos* oder *Prometheus*.

**Polarität**

Zusammen mit → Steigerung Kernbestand von Goethes (naturwissenschaftlichen) Vorstellungen von aufeinander bezogenen

Gegensätzen, die in ihrem Zusammenwirken von Anziehung und Abstoßung die „großen Triebräder aller Natur" darstellen (→Analogiedenken, →Diastole, →Systole).

### Pudels Kern

Einem schwarzen Hund in Goethes *Faust*, dem schließlich Mephisto entsteigt, gilt Fausts Bemerkung: „Das also war des Pudels Kern!" (V. 1323). Die Formulierung ist sprichwörtlich für die Entdeckung des Wesens einer Sache oder Person geworden.

### Querelle des anciens et des modernes

Franz. „Streit der Alten und der Modernen" als Bezeichnung für eine kunsttheoretische Grundsatzdebatte des 17. Jh.s in Frankreich um den Vorbildcharakter der Antike für die Gegenwart. Nicht erst seit Winckelmann und seiner Rezeption (→2.1.4) ging es auch in Deutschland um die Frage, ob die Antike ein zeitloses Kunstideal liefere oder ob die jeweilige Gegenwart einen Fortschritt auch in der Kunst entwickeln könne. Die Klassik ging mit dem Grundsatzstreit auf doppelte Weise um: Einerseits bestimmte sie die Antike als eine vorbildhafte, jedoch abgeschlossene und historisch gewordene Epoche (wie Herder →3.4.4), andererseits behielt sie die Antike als Ideal bei. Gerade in dieser →Polarität entfalte sich das Wesen der Klassik: „Jeder sei auf seine Art ein Grieche! Aber er sei's" (Goethe, *Antik und Modern*).

### Realisten

Sammelbezeichnung für ein Lager im Schul- und Erziehungsstreit seit der Mitte des 18. Jh.s. Während die R. einen Bildungsbegriff favorisieren, der sich an den „Realien", nämlich den praktischen Lebensbedürfnissen orientieren sollte, forderten ihre Gegner, die „Idealisten" (→Idealismus), die Ausrichtung der Bildungsziele an den Vorstellungen der klassischen Antike (→2.1.4).

### Ringparabel

Erzählung im Zentrum (III, 7) von Lessings Drama *Nathan der Weise* (1779). Der Jude Nathan bedient sich der Parabel als Deckform, um der Fangfrage des Moslem und Landesherrn Saladin auszuweichen, welches diejenige Religion sei, die ihm „am meisten eingeleuchtet" habe. In der Form eines Gleichnisses und damit in der Form der indirekten Demonstration, so dass er für die Aussage nicht haftbar zu machen ist, zeigt Nathan an einem vervielfältigten Ring „von unschätzbarem Wert" auf, dass keine der drei Weltreligionen sich auf einen bevorzugten Ursprung berufen kann („Der echte Ring / Vermutlich ging verloren"), sondern sich immer neu bewähren muss. Die R. gilt als bildhafte Ausformung der →Humanitätsidee und der Toleranz.

**Schattenriss**

Profilumriss meist des Kopfes, nach der Mode der →Physiognomie, zur Erstellung eines Persönlichkeitsporträts, auch als →Silhouette bezeichnet. Das Zusenden und Einfordern von Sch., etwa als Briefeinlage, machte diese Bildform zum ersten optischen Medium der Epoche.

**Schauspiel**

Zwischen →Komödie (→Lustspiel) und →Tragödie (→Trauerspiel) angesiedeltes Theaterstück mit einer der Tragödie vergleichbaren ernsthaften Handlung, jedoch im Unterschied zu dieser mit versöhnlichem Ausgang. Die bekanntesten Beispiele für Sch. der Klassik sind Goethes *Iphigenie* und Schillers *Wilhelm Tell* sowie Kleists *Prinz von Homburg* und *Das Käthchen von Heilbronn*.

**Seele, Schöne**

Als Begriff bereits in der Antike bekannt, in der Empfindsamkeit sinngemäß – etwa die Seele als Spiegel Gottes – verwendet. Weiter verbreitet wurde der Begriff durch die „Bekenntnisse einer schönen Seele" im 6. Buch von Goethes Roman *Wilhelm Meisters Lehrjahre*. Darin schilderte Goethe ideale Lebens- und Denkformen des →Pietismus.

**Sentimentalisch**

Gegenbegriff zu →naiv.

**Silhouette**

→Schattenriss.

**Spiegelung, wiederholte**

Titel eines kurzen Aufsatzes von Goethe (1823), der die aus Goethes optischen Studien und seiner Farbenlehre entlehnte Begrifflichkeit dazu benutzt, das eigene Werk und Leben in wechselnden Perspektiven (aus der Sicht anderer Personen oder im eigenen Rückblick darauf) vollständiger darstellen zu können. Die

Vorstellung von einer S. war eine der bevorzugten Methoden Goethes, sich selbst im Alter historisch zu verstehen (→4.1).

Ständeklausel

Vorschrift der Poetik, dass in der hohen Form der →Tragödie nur Personen hohen Standes (Götter, Helden, Fürsten) auftreten dürften, weil nur ihnen ein wirklich wichtiges Lebensschicksal eigen sei, so dass nur sie die dafür nötige tragische „Fallhöhe" hätten. Personen einfacheren (bürgerlichen) Standes blieb die Form und die Thematik der → Komödie vorbehalten (→ Einheiten, Drei).

Steigerung

→ Polarität

Sturm und Drang

Epochenbezeichnung für die Zeit von ca. 1767–1785, zwischen Aufklärung und Klassik, als →„Geniezeit", nach dem Titel eines Dramas von Klinger, das urspr. *Der Wirrwarr* (1776) hieß (→2.1.2). Der Begriff wird auch ahistorisch für Jugendphasen des Aufbruchs und der Auflehnung gegen die ältere Generation gebraucht.

Systole

Vgl. → Diastole.

Theatromanie

Abwertende Bezeichnung für die übermäßige Theaterbegeisterung, die in der 2. Hälfte des 18. Jh.s breite Kreise der Jugend in den aufstrebenden bürgerlichen Schichten befallen hatte. Der sozialgeschichtliche Hintergrund war das starre Ständesystem, das weder einen gesellschaftlichen Aufstieg noch eine freie Persönlichkeitsausbildung (nach dem Vorbild des Adligen oder des Hofmanns) zuließ. Parallel dazu schien das steigende Ansehen des Theaters (→ bürgerliches Trauerspiel), Spielräume eines emanzipierten Bürgertums sichtbar zu machen. Im Beruf des Schauspielers, der alle Rollen, also auch die von Fürsten und Helden spielt, verkörperte sich das Ideal. Mustergültig hat Goethe diesen Bildungswillen im sog. Bildungsbrief seines → Bildungsromans *Wilhelm Meisters Lehrjahre* beschrieben (→3.4.7). Auffällig ist die Zahl der zeitgenössischen Romane, die ihren Helden einer solchen (zumeist mit dem Scheitern der Illusionen endenden) Theaterlaufbahn unterzogen, wie Goethes *Wilhelm Meisters theatralische Sendung* oder Moritz' *Anton Reiser* (→3.4.2).

Tragödie

Nach den Regeln der →Ständeklausel (→Einheiten, Drei) im Unterschied zum →Lustspiel (→Komödie) ernsthaft-würdevolles Theaterspiel mit (im Gegensatz zum →Schauspiel) unglücklichem oder katastrophalem Ausgang (→Trauerspiel).

Trauerspiel, bürgerliches

Der Begriff bezeichnet eigentlich ein Paradoxon, da nach der →Ständeklausel eine Tragödie für bürgerliches Personal nicht zugänglich ist. Der soziale und kulturelle Aufstieg des Bürgertums im 18. Jh. durchbrach diese Vorschrift, so dass schließlich bürgerliche Wertvorstellungen (nicht unbedingt noch Figuren aus dem Bürgerstand) statt heldischer oder höfischer thematisiert werden konnten. Die Anfänge lagen, wie auch beim Aufstieg des Romans, in England, wo das Bürgertum zuerst seine stärkste Position errungen hatte, mit Lillos *The London Merchant* (1731). Anregungen lieferte auch die französische „comédie larmoyante" und das deutsche „rührende Lustspiel". Mit Lessings *Miß Sara Sampson*, das sich zuerst im Untertitel als „b. T." bezeichnete, begann 1755 der Durchbruch in Deutschland. Es folgten *Minna von Barnhelm* (1767) und *Emilia Galotti* (1772), sodann Schillers *Kabale und Liebe* (1783) und zahlreiche Rührstücke, auch von Iffland und Kotzebue. Nach Hebbels Versuch einer Wiederbelebung mit *Maria Magdalena* (1844) gilt die Gattung als ausgestorben.

Urphänomen

Wie die „Urpflanze" (vgl. →Metamorphose) bezeichnet das U. die Rekonstruktion einer ursprünglichen Form, aus der sich alle Erscheinungsformen der gleichen Art entwickeln. Für Goethe waren neben der Urpflanze Licht und Finsternis (durch die Trübe vermittelt), Magnetismus (als „Entzweiung" des Eisens), die Elektrizität und die →Polarität solche U.

Wachstum

Kernbegriff nicht nur des naturwissenschaftlichen Denkens der Klassik (→Metamorphose), auch eingedrungen in den Kunst- und Bildungsdiskurs (→Bildung, →Erziehung, Ästhetische).

## Weibliche, Das ewig

Die Schlussverse aus *Faust II*: „Das Ewig-Weibliche / Zieht uns hinan" (V. 12110f.) lassen offen, was genau damit gemeint sein könnte und geben allen Interpretationen, von Tiefgeistigem bis hin zu sprichwörtlichen Banalitäten über das Wesen der Frau, genug Spielraum.

## Werther(-Fieber), (-Kleidung)

Der Titelheld von Goethes Briefroman *Die Leiden des jungen Werthers* hatte bei seinem Erscheinen 1774 nicht nur eine Reihe von Nachahmern, Parodisten und Fortschreibern angeregt („Wertheriaden") und eine identifikatorische Selbstmordwelle ausgelöst, sondern auch das „Wertherfieber", den schwärmerischen Jüngling möglichst intensiv zu erleben. Werthers theatralischer Selbstmord, „in völliger Kleidung, gestiefelt, im grauen Frack mit gelber Weste" löste auch eine Kleidermode aus. Goethe war selbst mit den Brüdern Stolberg in Wertherkleidung in die Schweiz gereist und hatte dabei Aufsehen erregt (und vermutlich den Absatz seines Romans kräftig angekurbelt).

## Zauberlehrling

Goethes gleichnamige Ballade von 1797, die von den Geistern handelt, die der Lehrling des Zauberers in dessen Abwesenheit ruft und nicht mehr allein bändigen kann, war schon bei den Zeitgenossen populär. Heute ist die Figur sprichwörtlich geworden und seit einer Zeichentrick-Verfilmung mit Micky Maus als Zauberlehrling noch populärer.

## Antworten zu Kapitel 1

**1.** Der lateinische Begriff entstammt dem römischen Steuersystem und bezeichnet einen Bürger der höchsten Steuerklasse. Aber schon in der Antike stand er für stilistische Musterhaftigkeit und Vorbildlichkeit. In nachantiken Zeiten wurde er zum Synonym für ein ästhetisches Leitbild und – in der Übertragung auf die verschiedenen Nationen – zur Bezeichnung für den kulturellen Höhepunkt der jeweiligen Nationalliteratur. Im 18. Jh. hatten alle europäischen Kulturen bis auf Deutschland und Russland ihre Klassik bereits hinter sich.

**2.** Durch die deutsche (im europäischen Vergleich) Verspätung der Klassik, durch das Selbstverständnis der (Weimarer) Klassiker und ihre Selbstdarstellung sowie durch die politische Konstellationen in Deutschland (gescheiterte Nationalstaatsbildung 1848/49, schnelle, gewaltsame und verspätete Reichsgründung 1871 und deren Bedürfnis nach nachzuholender Identitätsstiftung usw.) entsteht die Konstruktion einer „Deutschen Klassik" mit z. T. nationalchauvinistischen Zügen.

**3.** Keine wirklichen Alternativen, so dass der Begriff (trotz bzw. wegen seiner Fragwürdigkeit) im Grunde nicht verzichtbar ist. Alle vorgeschlagenen Alternativen haben ebenfalls erhebliche Schwächen, weil sie die Klassik entweder auf bestimmte Aspekte verengen oder andere zu sehr betonen: „Spätaufklärung", „Klassizismus", „Kunstperiode", „Goethezeit", „Idealismus". Literaturgeschichten lösen das Problem oft durch die Vermeidung des Klassik-Begriffs und die Flucht in historische Epochenbezeichnungen wie z. B. „Literatur im Zeitalter der Französischen Revolution" oder „Literatur um 1800".

**4.** Die Klassiker kennen den Begriff zwar, gehen jedoch zurückhaltend damit um. Er ist ihnen entweder zu wenig aussagekräftig (Herder) oder sie haben eine gewisse Scheu, sich selbst als mustergültig zu erklären. In dieser Hinsicht kann jeder Klassikbegriff nur nachträglich und im Rückblick auf eine vergangene Epoche geprägt werden. Goethe und Schiller verwenden den Begriff als Stilbegriff v.a. zur kämpferischen und daher sehr unpräzisen Abgrenzung; Goethe steigerte dies in seiner Gegenübersetzung von Klassik und Romantik als gesund und krank. Gemeinsam ist ihnen jedoch das Bewusstsein, in einer einmaligen, von ihnen selbst geprägten Epoche zu leben.

**5.** Die (neuere) Literaturwissenschaft arbeitet immer noch an den spezifisch deutschen Problemen im Umgang mit unserer Klassik (vgl. Frage 2–4). So schwankt die Epocheneingrenzung zwischen einer weiten Ausdehnung (1749–1832, also das alte Modell der „Goethezeit") oder einer sehr engen (Weimarer Jahrzehnt, Literatur um 1800); außerdem gibt es Zwischenlösungen (Literatur vom Beginn der Französischen Revolution bis zum Wiener Kongress). Unbehagen bereiten weiterhin die Fixierung auf die Weimarer Klassik oder gar bloß auf Goethe/Schiller, die Vernachlässigung der populären Lesestoffe und der Buchmarktbedingungen sowie die Ausblendung der europäischen Perspektive.

**6.** Der Klassik-Begriff eignet sich noch besser als andere zentrale Epochenbegriffe (Romantik, Realismus, Moderne) zur Grundsatzdiskussion. Einerseits ist unbestritten, dass Epochenbegriffe zur systematischen Gliederung der Literaturgeschichte notwendig sind, andererseits ist immer wieder in Frage zu stellen, welche (unreflektierten) Vorentscheidungen in sie eingehen: ahistorische Stilbezeichnungen oder Ereignisse der politischen Geschichte, die auf die Literatur eingewirkt haben? Ideologisch aufgeladene Begriffe oder (scheinbar) wertungsfreie Daten? Regional, national, europäisch, global? Personen-, ereignis- oder gattungsbezogen? Produktions- oder rezeptionsorientiert? In jeder Begriffsverwendung steckt – thematisiert oder nicht – die jeweilige Vorstellung von Literatur ebenso wie die Wirkungsgeschichte der Epoche, die es durch die Bezeichnung zu erfassen gilt.

## Antworten zu Kapitel 2

**1.** Vielfältige und kaum vollständig zu erfassende Beiträge. Zum einen stellt die Aufklärung, die auf der Grundlage des Rationalismus und den Errungenschaften der Renaissance aufbaut, die gewohnten Sicherheiten der beinahe noch ‚mittelalterlichen' Welt in Frage: die bisher uneingeschränkte Autorität von Kirche und Religion, Herrscher und Ständesystem, Familie- und Staatsordnung. Zum anderen lassen die Anwendung von Vernunft, die Entdeckung und Hochschätzung des Individuums, die Auseinandersetzung mit der Natur und der Geschichte neue Möglichkeiten im Umgang mit der Welt entstehen. Kant ersetzte Theologie durch Philosophie. Seine kritische Philosophie ließ das Denken des Einzelnen auf Fragestellungen frei, die bisher tabu waren; der nicht durch die Religion verstellte Blick auf die Natur erbrachte überraschende Erkenntnisse, öffnete aber auch eine neue Empfindungswelt des Erhaben, des Idyllischen oder des Rührenden. Während ersteres für die Erweiterung der Naturwissenschaften von Bedeutung war, veränderte zweiteres die ästhetischen Theorien und die Kunstkritik. Theater und Literatur wollten nach dem antiken Postulat des „prodesse et delectare" vernünftige Lehren popularisieren und auf dem Seelenklavier der Zuschauer und Leser spielen.

**2.** Ohne die wirtschaftliche und soziale Emanzipation des Bürgertums (und seines quantitativen Wachstums) in der 2. Hälfte des 18. Jh.s gibt es keinen Anstieg der Lesefähigkeit (und der Schaffung von Lese-Freizeit!) für größere Bevölkerungsgruppen, was wiederum die Voraussetzung für die (schriftliche) Verbreitung der Gedanken der Aufklärung darstellt. Auch das Theater braucht ein breites bürgerliches Publikum, damit es mehr ist als exklusive Unterhaltung der Höfe oder bloßes Jahrmarktsspektakel.

**3.** Das radikale Aufbegehren gegen Kirche, Staat und Familie, das dem Sturm und Drang seinen Namen gegeben hat, grenzt ihn ebenso wie die Vergötterung des Genies und die starke Ich-Bezogenheit von der Aufklärung ab. Als Widerstands- und Emanzipationsbewegung gegen die alten Mächte hat der Sturm und Drang freilich die gleichen Gegner wie die Aufklärung. Mit einer gewissen Berechtigung ließen sich daher der Sturm und Drang wie auch die Empfindsamkeit als Ausprägungen einer umfassenderen Epoche bürgerlicher Neuorientierung betrachten, in denen jeweils spezifische Betonungen (Sturm und Drang: Jugendrevolte, Empfindsamkeit: Gefühlsaussprache) gesetzt werden.

**4.**
1. Etappe: Vernunft als Maßstab des Denkens (17. Jh., das „cogito ergo sum" Decartes')
2. Etappe: Selbständige Anwendung des Verstandes (Kants „sapere aude")
3. Etappe: Verbreitung und Popularisierung (Moralische Wochenschriften, Lesegesellschaften, Entstehung einer aufgeklärten bürgerlichen Öffentlichkeit)
4. Etappe: Das empfindende Ich (Pietismus, Rousseau, Autobiographie, Naturerlebnis)
5. Etappe: Kollektive Ausbruchsversuche (Sturm und Drang, Theatromanie, Bildungsstreben)
6. Etappe: Individuelle Empfindungen als soziale Erlebnisse (Lektüre, Theater, Brief)

**5.** Die Antike-Rezeption, wie sie sich von der seit der Renaissance gepflegten unterscheidet und mit dem Namen Winckelmanns verbunden ist, betonte nicht den geschichtlichen Abstand zur Gegenwart, sondern die zeitlose Mustergültigkeit und den Modellcharakter. Nur ein urteilendes und empfindendes Individuum – deshalb war die Aufklärung die historische Voraussetzung dieser Form der Antike-Rezeption – sollte an den antiken Kunstwerken Größe und Schönheit ablesen und dann für sich, den eigenen Kunstverstand oder die eigene Persönlichkeitsbildung nutzbar machen können. Insofern ist das pädagogische Element ebenso zu bedenken wie die drucktechnischen Fortschritte des 18. Jh.s bei der bildlichen Veranschaulichung.

**6.** Die Schere zwischen dem dichterischen Anspruch und den realen Produktionsbedingungen der Schriftsteller klaffte noch nie so weit auseinander wie im 18. Jh. Auf der einen Seite standen die Bedürfnisse eines immer größer werdenden Marktes an Lesern, die Zunahme der Zahl der Schriftsteller, die öffentliche Bedeutung und Hochschätzung von Literatur bei den Lesern sowie das Selbstbewusstsein der Schriftsteller, nur aus sich selbst heraus und in alleiniger Verantwortlichkeit zu produzieren. Auf der anderen Seite konnte so gut wie niemand allein von Honorareinkünften leben. Entgegen seinen Proklamationen brauchte der Schriftsteller entweder einen Brotberuf oder musste die Förderung durch (höfische) Mäzene annehmen. Die Mäzene betrachteten freilich die Literatur nicht als Kunstform, sondern als eine (und nicht einmal die wichtigste) Form der Unterhaltung und bevorzugten die italienische Oper, die Porträtmalerei, Feuerwerke und Maskenbälle.

**7.** Bis auf Lessing und (zum Teil) Lichtenberg, die für die Gegenwart unmittelbar aktualisierbar sind, brauchen die von den Zeitgenossen hochgeschätzten Autoren wie Klopstock, Hamann, Lavater, Voß, Forster u. a. entweder historische Erläuterungen oder andere Hilfestellungen, um ihre literarische Bedeutung begreifbar zu machen. Für das *literaturgeschichtliche* Wissen leistet dies die Literaturwissenschaft, für eine (populäre) Breitenwirkung beim sog. gebildeten Leser sieht es eher düster aus. Hier heißt es wohl, entweder zu drastischen Mitteln der Verfremdung (Parodie, andere mediale Präsentationsformen) zu greifen oder sich damit abzufinden, dass diese Autoren und ihre Werke historisch geworden sind und keine aktuelle Wirkung mehr haben.

**8.** Die hier vorgenommene Auswahl folgt den gängigen Literaturgeschichten. Sie ließe sich mit guten Begründungen aufstocken durch die Ausweitung des Epochenabschnitts z. B. um Friedrich Leopold Graf zu Stolberg (1750–1819), Christian Friedrich Daniel Schubart (1739–1791), Christian Garve (1742–1798), Johann Gottfried Seume (1763–1810), die Einbeziehung von populären Autoren wie Theodor Gottlieb von Hippel (1741–1796), Adolph Freiherr von →Knigge (1752–1796), Gottfried August Bürger (1747.1794), August Wilhelm Iffland (1759–1814) und August von Kotzebue (1761–1819) oder die stärkere Betonung von zu Unrecht fast Vergessenen wie Friedrich Maximilian Klinger (1752–1831), Wilhelm Heinse (1746–1803) und Friedrich Heinrich Jacobi (1743–1819) bzw. die Ausgegrenzten wie Karl Friedrich Reinhard (1761–1837) oder Georg Friedrich Rebmann (1768–1824), nicht zu vergessen die (anonym oder pseudonym) schreibenden Frauen wie Therese Forster (1764–1829), Charlotte von Kalb (vgl. →3.3.2) und Dorothea Schlegel (1763–1839).

## Antworten zu Kapitel 3

**1.** Das Weimarer Herzogtum war groß genug, so dass es eine politisch selbständige Einheit war, über ausreichende Finanzen verfügte und damit als politisch-soziales-kulturelles Experimentierfeld dienen konnte; andererseits war es nicht so groß, dass es (und sein Herrscher) in der Politik eine entscheidende Rolle hätte spielen können. Dazu kam eine darniederliegende Kultur, die aus der Erinnerung an die große Vergangenheit der ernestinischen Häuser die Entschlossenheit zur Beendigung des kulturellen Niedergangs ableitete. Beides beeinflusste auch den Hof, der einerseits fest im Ancien Régime verwurzelt war, andererseits für verändernde Einwirkungen von außen offen war. Mit der Reformuniversität in Jena erhielt der Staat einen zweiten, politischen und intellektuellen Brennpunkt. Diese Doppelung und die dauernde politische Gefährdung der Existenz des Weimar Herzogtums förderte auch die soziale Beweglichkeit des Staats und verhinderte die Verknöcherung der Ständegesellschaft.

**2.** Die Herzoginmutter Anna Amalia war die treibende Kraft beim Aufstieg des Weimarer Herzogtums zum Musensitz. Nicht nur die Förderung von Baumaßnahmen und des Kunstbetriebs sowie ihre glückliche Hand bei den Berufungen großer Geister sind hervorzuheben, sondern auch ihre geräuschlose Einflussnahme auf Hof und Gesellschaft, auch nachdem sie die Regentschaft an ihren Sohn abgegeben hatte.

Herzog Carl August war von seiner Mutter (und den von ihr ausgewählten Erziehern) systematisch auf eine Regierung vorbereitet worden, die diese Linie fortsetzen sollte. Der historische Blick auf Carl August wird durch seine Freundschaft mit Goethe gern auf diesen verengt; man muss aber auch sehen (vgl. Sengle), dass der Herzog ein typischer Fürst des Ancien Régime war und in politisch brenzligen Zeiten äußerst erfolgreich regierte.

**3.** Die Klassiker waren mit ihren Lesern und ihrem Theaterpublikum nicht zufrieden. Sie versuchten ihre Zeitgenossen ästhetisch zu erziehen, für ein höheres Niveau zu gewinnen und (im Kampf mit literarischen oder philosophischen Konkurrenten) auf ihre Seite zu ziehen. Umgekehrt waren die Klassiker für ihre Zeitgenossen keine bedingungs- und kritiklos verehrten Olympier, wie es die Nachwelt glauben machen wollte. Goethes und Schillers klassische Werke verkauften sich, im Unterschied zu den populären Schriften der Zeit, eher schlecht, Schillers Zeitschriften gingen alle nach kurzer Zeit ein, Cotta verlegte vieles, was Ladenhüter blieb. Nicht nur die *Xenien* der beiden, auch Briefe, Rezensionen und Gesprächsaufzeichnungen verraten ein distanziertes Verhältnis zum Publikum.

**4.** Mochte der Ausbruch der Französischen Revolution 1789 noch Hoffnungen hegen, im Ancien Régime Deutschlands könne sich eine maßvolle Freiheitsbewegung durchsetzen – schließlich hatten sich Goethe mit seinem *Werther* und Schiller mit seinem *Don Carlos* als Kritiker des Ständesystems gezeigt. Doch spätestens mit der Pariser Terrorherrschaft dominierte der Schock über den Umsturz einer Gesellschaftsordnung, die auch für Deutschland zu befürchten war. Die Klassiker reagierten heftig und dauerhaft auf diese traumatische Erfahrung (*Groß-Cophta*, *Hermann und Dorothea*, *Unterhaltungen deutscher Ausgewanderten*). In ihren Werken entwarfen sie ein Menschenbild, dass sich ausdrücklich demjenigen der Revolution entgegensetzte und die ästhetische Erziehung des Einzelnen zur Voraussetzung der politischen Freiheit erhob (*Über die ästhetische Erziehung des Menschen*). So war es ein (vermutlich durch die zeitverschobene Wirkung seiner *Räuber* zustandegekommenes) offensichtliches Missverständnis, als die revolutionäre Nationalversammlung in Paris Schiller zum französischen Ehrenbürger ernannte. An den Koalitionskriegen gegen Frankreich nahm Goethe als Minister aktiv teil (*Kampagne in Frankreich*), der mit Napoleon ausgehandelte Frieden sicherte Weimar bis 1806 die politische Grundlage für die Klassik.

Aus seiner Bewunderung Napoleons machte Goethe zeitlebens keinen Hehl. Sowohl die Befreiungskriege und Napoleons Abdankung als auch die Restauration auf dem Wiener Kongress betrachtete er mit Missmut. Die Ära Metternich erlebte er als eine politische Friedenszeit. Von den patriotischen und liberalen Bestrebungen der Romantiker und der Studenten, schließlich fand das „revolutionäre" Wartburgfest im eigenen Herzogtum statt, wollte er nichts wissen. Hingegen interessierte er sich für Ereignisse außerhalb Deutschlands (Industrialisierung, Philhellenismus, Amerika).

**5.** Wenn man „Klassik" nicht auf Weimar beschränken möchte, hat es guten Sinn, auch andere literarische Zentren mit ihren Leistungen für die Epoche zu würdigen. Hier könnte Johann Peter Hebel für den badischen Raum und die Gattung der Kalendergeschichte klassische Bedeutung beanspruchen. Karl Philipp Moritz erreichte auf ganz anderen Wegen als Schiller (theoretisch) und Goethe (erzählerisch) ästhetische Positionen, in denen sich auch die Weimarer Klassiker wiederfinden konnten.

**6.** Wieland: umfassende Bildung und außerordentliche literarische Kenntnisse über Epochen-, Kultur- und Gattungsgrenzen hinweg; ein umfangreiches Werk, in dem die zentralen Begriffe und Denkmuster der Klassik schon vor Schiller und Goethe formuliert waren; das Selbstverständnis, sein Publikum und die Epoche in diesem Geist geprägt zu haben.

Herder: unendliche Vielfalt an Einfällen, Bruchstücken und Ideen, in denen fast alle zeitgenössischen Vorstellungen aufgegriffen und verarbeitet wurden; eine breite Palette literarisch-philosophischer Tätigkeiten als Theologie, Historiker, Philosoph, Dichter und Kritiker.

**7.** Wieland: „Witz" und Geistreichigkeit, als mangelnde Ernsthaftheit gebrandmarkt; Anspielungsfülle und starke Ausrichtung an der Antike, so dass viele seiner Texte ohne erkleckliche Vorkenntnisse heute nicht mehr verstanden werden; bevorzugte Pflege von Textsorten wie dem Versepos, die einer modernen Lektüre im Wege stehen; auch der Werkumfang macht es schwer, zwischen Haupt- und Nebenwerken zu unterscheiden.

Herder: Bruchstückhaftigkeit der Einfälle, fehlende Systematik der Texte; Ideenreichtum bei mangelnder Anschaulichkeit.

**8.** 1. Phase: Dichterische Jugendarbeiten (bis zum Aufbruch nach Straßburg)
2. Phase: Sesenheimer Gedichte, *Götz von Berlichingen*, *Werthers Leiden*
3. Phase: Berufung nach Weimar bis zur italienischen Reise (*Harzreise*, Prosafassungen von *Iphigenie* und *Tasso*)
4. Phase: italienische Reise (Versfassungen, *Römische Elegien*)
5. Phase: Rückkehr nach Weimar bis zum Bündnis mit Schiller, v. a. *Metamorphose der Pflanzen*, *Faust* (Fragment), *Reineke Fuchs* u. a.

**9.**
– Sturm-und-Drang-Stücke: *Die Räuber*, *Fiesco*, *Kabale und Liebe*
– nach Mannheim: neben dem Drama *Don Carlos* v. a. Prosa wie *Der Verbrecher aus verlorener Ehre*, *Der Geisterseher*, *Geschichte des Abfalls der Vereinigten Niederlande*
– erste Zeit in Weimar: Arbeit als Historiker, Übersetzungen, theatertheoretische Schriften
– Kant-Lektüre: *Kallias*-Briefe, *Über Anmut und Würde*, klassische Ästhetik in den Programmgedichten (*Die Götter Griechenlands*, *Die Künstler*) und *Über Bürgers Gedichte* (mit Zustimmung Goethes)
– Bündnis mit Goethe: Herausgabe des *Musen-Almanachs* (Balladen), *Wallenstein*, *Maria Stuart*, *Jungfrau von Orleans*, *Wilhelm Tell*, *Demetrius*, Übersetzungen

**10.** Der persönliche Kontakt nach dem Besuch der Naturforschenden Gesellschaft am 20. Juli 1794 erlaubte es Goethe zunächst, seine Bildungs- und Entwicklungsvorstellungen (*Metamorphose der Pflanzen*) zu entwerfen, ohne den Einwand Schillers, es handle sich um eine „Idee", nicht um eine „Erfahrung", zu entkräften. Aber erst Schillers heftiges Werben um Goethe (vgl. Geburtstagsbrief vom 23. August 1794) brachte den Durchbruch. Beide erkannten, dass sie auf unterschiedlichen Wegen zu ähnlichen Zielvorstellungen gelangt waren. Auf Goethes Aufforderungen hin gründeten beide eine Arbeitsgemeinschaft bis zu Schillers Tod, wobei beide die Stärken des jeweils anderen anerkannten.

**11.** Goethe und Schiller konzentrierten sich wieder stärker auf ihre literarischen Arbeiten. Es entstanden gemeinsame Projekte (Balladen, Zeitschriften wie die *Horen*, *Xenien* sowie der Briefwechsel und literaturtheoretische Überlegungen zur Bestimmung der eigenen klassischen Position). Während Schiller, vielfach durch Goethe angeregt, bis zu seinem Tod im Jahresrhythmus ein Drama nach dem anderen schrieb, vollendete Goethe angefangene Projekte oder schrieb sie fort (*Wilhelm Meisters Lehrjahre*, *Faust*) und begann Neues (*Unterhaltungen deutscher Ausgewanderten*, *Hermann und Dorothea*). Auch darf nicht vergessen werden, dass Goethe und Schiller durch ihre Zusammenarbeit ihre Stellung als ‚Klassiker' auf dem literarischen Markt und in der kulturell interessierten Öffentlichkeit begründeten. Im Jahrzehnt ihrer Zusammenarbeit wurde Weimar zum unbestrittenen literarischen Zentrum ganz Deutschlands.

**12.** Nach einer längeren Pause als Dramatiker (*Don Carlos* 1787 abgeschlossen) eröffnete Schiller mit seiner *Wallenstein*-Trilogie die Reihe seiner klassischen Dramen. Mit deren historischen Stoffen schuf er jedem der Nachbarländer ein nationales Identifikationsdrama. Während er in *Wallenstein* den großen Einzelnen in seiner Tragik in den Mittelpunkt stellte, machte er in *Maria Stuart* noch ausdrücklicher als bisher das Theater zum Verhandlungsort großer Geschichte, als handle es sich um eine Gerichtssitzung (vgl. *Die Kraniche des Ibykus*: „Die Bühne wird zum Tribunal"). *Die Jungfrau von Orleans* sollte noch stärker als in seinen bisherigen Stücken den Abstand der theatralischen Handlung von der Wirklichkeit herausstreichen. Die Einführung des nach antikem Vorbild entworfenen Chors in *Die Braut von Messina* verstärkte diese Tendenz zur Stilisierung der Bühnenhandlung wie auch seine Übersetzungen und Bearbeitungen. *Wilhelm Tell* diskutierte die politische Problematik eines legendären Stoffes, *Demetrius oder die Bluthochzeit zu Moskau* blieb Fragment.

**13.** 1. Phase: Szenen des sog. *Urfaust* aus Frankfurter Kindheitserinnerungen (Teufelspakt, Gretchen-Stoff);
2. Phase: Neustrukturierung während der italienischen Reise;
3. Phase: *Faust, ein Fragment* erscheint 1790 (bricht vor Gretchens Einkerkerung ab);
4. Phase: Wiederaufnahme der Arbeit durch Anstöße Schillers (Prologe); *Faust, der Tragödie erster Teil* erscheint 1808;
5. Phase: seit 1825 durch Drängen Eckermanns Fortsetzung; Helena-Akt in der *Ausgabe letzter Hand*;
6. Phase: Abschluss und Versiegelung im Sommer 1831; Faust. *Der Tragödie zweiter Teil* erscheint erst nach Goethes Tod in den *Nachgelassenen Werken*.

**14.** Nicht nur durch ihren Einfluss auf die maßgeblichen deutschen Verleger und ihre zahlreichen Zeitschriftenprojekte wirkten die Weimarer Klassiker normbildend auf den literarischen Markt im engeren Sinn. Dieses ihr Selbstverständnis versuchten sie auch durch Rezensionen und Preisausschreiben zu popularisieren, Parteigänger zu fördern und Gegner zu diffamieren oder lächerlich zu machen. Toleranz gegenüber Andersdenkenden (vgl. Schillers Rezension der Gedichte Bürgers, die *Xenien* oder Goethes Definition der Romantik als „krank") widersprach ihrem Selbstverständnis, wenn es galt, die klassischen Positionen auch gegen den Widerstand des Publikums durchzusetzen.

**15.** Schillers Tod betrachtete Goethe nicht nur als schweren persönlichen Verlust, sondern auch als Epocheneinschnitt. Von nun an drängte er darauf, sein eigenes Werk abzuschließen und zu vollenden (*Wilhelm Meisters Wanderjahre* als Fortsetzung der *Lehrjahre*, Faust II), sich selbst historisch zu sehen (Autobiographie-Projekt) und ein Vermächtnis zu hinterlassen (Werkausgaben bis zur *Ausgabe letzter Hand*). Zugleich begann er sein Verhältnis zu Schiller zu stilisieren (*Glückliches Ereigniß*, Briefwechsel) und sein späteres Werk auf die gemeinsam mit Schiller erarbeiteten ‚klassischen' Positionen zu beziehen.

## Antworten zu Kapitel 4

**1.** Durch seinen Tod 1805 war Schiller der politischen Indienstnahme durch patriotische wie freiheitliche Strömungen schon früh ausgeliefert. Besonders seine Dramen des Sturm und Drang, aber auch seine idealistischen Schriften, erst recht das Pathos und der Sentenzenreichtum seiner klassischen Dramen lieferten die idealen Voraussetzungen zur Sakralisierung, Monumentalisierung und Materialisierung. Dies kam den Bedürfnissen des aufstrebenden nationalen und liberalen Bildungsbürgertums, dem bis weit über die Mitte des 19. Jahrhunderts hinaus jede direkte politische Betätigung verboten war, als Ventil entgegen.

Goethe hingegen hatte nicht nur diese Phasen des entstehenden Nationalgefühls und die patriotische Begeisterung der Befreiungskriege miterlebt; er hatte sich auch heftig dagegen ausgesprochen. Dem zur Huldigung bereiten Bürgertum galt er als Vertreter der Restauration, als Fürstenknecht, Weltbürger und Feind des Nationalstaats. So kam Goethe erst spät zu einigen Denkmälern, während Schillerdenkmäler in ganz Deutschland flächendeckend gesetzt wurden.

**2.** Das Bürgertum des 19. Jahrhunderts erhob die Epoche der Klassik und die Figuren der Klassiker selbst zum Gipfelpunkt der deutschen Geschichte auch deshalb, weil ihnen bis 1871 ein zur Identifikation einladender Nationalstaat fehlte und an seiner Stelle der noch höhere Wert der Kultur gefeiert werden konnte. Nach der Reichsgründung erschien die politische Einigung als reale Erfüllung des in der Klassik schon geistig Vorweggenommenen: der Kunstperiode war die Zeit der realen Taten gefolgt. Mit der Klassik als dem Kern von Bildung verschaffte sich das Bürgertum zusätzlich ein Instrument zur Festigung ihrer sozialen Position. Nach oben, gegenüber dem Adel, diente die Klassik (und die Verwendung klassischer Zitate) als Ausweis einer höheren Orientierung, die (wie Titel und Orden) den Makel der einfachen Geburt ausgleichen konnte. Nach unten, gegenüber den Unterschichten, sicherte das demonstrative Vorzeigen von Bildungsgehabe den notwendigen sozialen Abstand zu den Ungebildeten.

**3.** Realismus und Naturalismus in Kunst und Literatur waren Reaktionen auf die Industrialisierung und deren soziale und mentale Folgen. Die Rückbesinnung auf klassische (besser klassizistische) Positionen konnte dazu dienen, unerwünschte Erscheinungsformen der Moderne und der Avantgarde als widernatürlich, traditionslos und wertwidrig auszugrenzen. Im positiven Sinn versuchte nach dem verlorenen Ersten Weltkrieg die Weimarer Republik an die Klassik anzuknüpfen, indem sie die geistigen Leistungen der Epoche gegen die soeben gescheiterten nationalpolitischen Bemühungen Deutschlands ausspielte. Das Dritte Reich suchte Elemente des Heroischen, Stilisierten und Idealistischen für Kunst und Gesellschaft aus der Klassik zu isolieren und für die eigenen Zwecke zu missbrauchen. Die DDR rückte die Kultur der Klassik als zu pflegendes „Erbe" in die Vorgeschichte der Arbeiterbewegung. Die frühe Bundesrepublik knüpfte in ihrer Klassikpflege dagegen eher an die bildungsbürgerlichen Traditionen des 19. Jahrhunderts an.

**4.** Nachdem die ideologiekritische Sicht auf die Klassik jede naive Identifikation unmöglich gemacht hat, schärft sich in der Gegenwart der Blick für die historische Bedingtheiten dieser Epoche. Klassik kann wohl nicht ohne das Wissen verstanden werden, dass es sich um eine (durch die eigene Wirkungsgeschichte beeinflusste) nachträgliche Konstruktion handelt und dass die umfangreichsten Teile ihrer Existenz (wie beim Eisberg) unter der Oberfläche verborgen sind. Wenn man sich der Widersprüchlichkeit der Epoche bewusst bleibt, lassen sich, sowohl in den weniger bekannten als auch in den berühmten Texten, spannende Leseerfahrungen durchleben, grundlegende Einsichten in die Literatur gewinnen und aufregende Entdeckungen machen.

# Register

Das Register enthält nur diejenigen Namen, Werke und Begriffe, die weder über das →Inhaltsverzeichnis und die Literaturangaben noch über das →Glossar erschlossen werden können.

Academie Française .............. 42
Ackermann, Konrad Ernst ......... 30
Alxinger, Johann Baptist ......... 134
Anna Amalia (Herzogin) ...... 73, 75, 78, 84, 88f, 104, 107, 110, 120, 160, 163, 194
Aristophanes ................ 67, 104
Aristoteles.................... 42, 55
Arnim, Achim von ............... 181
Augustus ....................... 12
Aulus Gelius .................... 11

## B

Bach, Johann Sebastian .......... 74
Bardenpoesie ................... 52
Basedow, Johann Bernhard ... 44, 101
Batsch, August Johann Karl Georg ...................... 78f
Becher, Johannes Robert .... 217, 220
Benjamin, Walter ............... 100
Bertuch, Friedrich Justin .... 91f, 160f
Blanckenburg, Friedrich von ..... 106
Bloch, Ernst .................... 100
Boccaccio, Giovanni ......... 58, 148
Bodmer, Johann Jakob ....... 32, 50f, 56, 63, 103, 105f
Böttiger, Karl August ........ 91f, 134
Boie, Heinrich Christian........... 66
Boisserée, Sulpiz ...... 163, 166f, 201
Bräker, Ulrich ................... 39
Brecht, Bertolt ...... 56, 100, 154, 159
Breitinger, Johann Jakob ...... 32, 51, 56, 63, 106
Brentano, Clemens von ....... 81, 181
Brief............................ 39
Brion, Friederike ............. 35, 120
Brockes, Barthold Heinrich
   *Irdisches Vergnügen in Gott* ...... 27
Brückner, Ernst Theodor Johann ... 67
Buchproduktion ................. 45
Buff, Charlotte ................ 120

Büchmann, Georg .......... 16, 215f
Bürger, Gottfried August ..... 34, 136, 140, 158
Bulgakow, Michail ............... 134

## C

Calderon de la Barca, Pedro ....... 12
Caliostro (Graf) ................ 135
Campe, Johann Heinrich .......... 44
Canetti, Elias.................... 100
Carl August (Herzog) ..... 73, 75, 77f, 83f, 88ff, 108, 117f, 120, 123, 125, 132, 144, 164, 211
Carlyle, Thomas................. 179
Cervantes Saavedra, Miguel de .... 12
Chodowiecki, Daniel ......... 32f, 37, 56, 80
Christiani, Rudolf................ 214
Cicero ......................... 104
Claudius, Matthias .......... 34, 112f
Colet, Louise.................... 171
Conrady, Carl Otto ............... 17
Constantin (Prinz) .............. 88f
Cook, James ..................... 69
Corneille, Pierre ................ 12
Cotta, Johann Friedrich von...... 136, 161f, 165, 167, 215
Cramer, Karl Gottlob............. 80
Cranach, Lucas.................. 74

## D

Dalberg, Johann Friedrich Hugo
   von ........................ 117
   Karl Theodor von ............. 194
Dannecker, Johann Heinrich ..... 210
Dante Alighieri .................. 12
Defoe, Daniel ................... 40
Descartes, René................. 24
Deubel, Werner ................ 218
Dilthey, Wilhelm ................ 177

## Register

### E

Ebert, Friedrich ................. 217
Eckermann, Johann Peter .... 14, 96 ff,
  126, 130, 168 f, 179
Eichendorff, Joseph von .......... 182
Eissler, Kurt R. ................... 86
Ekhof, Conrad ................... 30
Ernesti, Johann August ........... 43
Ernst August II. Constantin ....... 73
Ernst, Paul ..................... 216
Euripides ...................... 104

### F

Fabricius, Hans ................. 218
Fichte, Johann Gottlieb .......... 79,
  94, 199
Fielding, Henry ................. 40
Flachsland, Caroline ........ 110, 114
Flaubert, Gustave ............... 171
Förster, Friedrich Christoph ....... 85
Fontane, Theodor
  *Frau Jenny Treibel* ............. 16 f
Forster, Johann Georg Adam .... 68 ff,
  139
  Johann Reinhold ............... 68
Fouqué, Friedrich de la Motte .... 181
Francke, August Hermann ........ 39
Freundschaftskult ................ 34
Freytag, Gustav ................ 171 f
Friedrich der Große (König) .... 12, 28

### G

Garve, Christian .................. 26
Gelehrsamkeit ................... 25
Gellert, Christian Fürchtegott ..... 29,
  44
George, Stefan ................. 216 f
Gerstenberg, Heinrich Wilhelm
  von .......................... 35
Gervinus, Georg Gottfried ......... 17
Geschichte ............... 115, 138
Gesner, Johann Matthias .......... 43
Geßner, Salomon ................ 28 f
Gleim, Johann Wilhelm Ludwig ... 27,
  63, 110, 113
Goldsmith, Oilver ................ 40
Göchhausen, Louise von .......... 85
Göschen, Georg, Joachim ......... 92

Goethe, Johann Wolfgang ....... 34 ff,
  43, 45, 59 f, 64 f, 75 ff, 81, 83 f, 86, 89 f,
  92, 96 f, 104 f, 108, 116, 120 ff, 136,
  141 ff, 175 ff, 187 ff, 194 f, 202, 207 ff,
  219
  *Clavigo* ....................... 36
  *Dichtung und Wahrheit* ..... 39, 44,
    50, 54, 57, 114, 208
  *Divan* ....................... 167
  *Egmont* ...................... 131
  *Faust* ...... 66, 91, 134 f, 147 f, 169 f
  *Götz von Berlichingen* ....... 13, 32,
    36, 121, 202
  *Hermann und Dorothea* ... 67, 149 f
  *Iphigenie* ......... 85, 87, 102, 109,
    127 f, 130 f, 202
  *Klassiker und Romantiker* ....... 14
  *Literarischer Sansculottismus* .... 13
  *Shakespeares-Tag* ............... 34
  *Torquato Tasso* .......... 84, 126 ff,
    130, 190
  *Unterhaltungen deutscher*
    *Ausgewanderten* ............ 148
  *Urfaust* ...................... 36
  *Von deutscher Baukunst* ......... 34
  *Wahlverwandschaften* ......... 166
  *Werthers Leiden* ........ 29, 40 f, 62,
    84, 91, 121
  *Wilhelm Meister* ....... 30, 38, 82,
    102, 126, 148 f, 168 f, 177, 188,
    197, 200
  *Willkommen und Abschied* ...... 36
Goethezeit ...................... 17
Göttinger Hain ............... 34, 51
Goettling, Johann Friedrich
  August ....................... 79
Göttinger Musenalmanach .... 34, 66
Götz, Johann Nikolaus ............ 28
Gontard, Susette ...... 187 f, 190, 192
Gottsched, Johann Christoph .... 30 ff,
  38, 42, 51, 56, 106
Graff, Anton .................... 105
Gray, Thomas
  *Elegy* ....................... 18
Griesbach, Johann Jakob .......... 78
Grimm, Jakob .................. 201
  Wilhelm .................... 200
Grosse, Carl Friedrich August ..... 80
Gundolf, Friedrich ............... 217

## H

Haeckel, Ernst .................. 117
Hagen, Friedrich von ............ 167
Hamann, Johann Georg .... 58 ff, 111, 113, 116
Hammer-Purgstall, Joseph von ... 167
Halle ........................... 39
Haller, Albrecht von ............. 94
   *Alpen* ........................ 27
Hauff, Wilhelm .................. 198
Hauptmann, Gerhart ............. 220
Hebel, Johann Peter ......... 44, 98 ff
Hegel, Georg Wilhelm Friedrich ... 17, 79, 176, 178, 194
Heidegger, Gotthard .............. 46
Heine, Heinrich .......... 17, 76, 97, 214 f, 220
Hellingrath, Norbert von ......... 217
Herder, Johann Gottfried ...... 13, 43, 60, 75, 87, 89, 91 f, 110 ff, 124, 127, 161, 187
Herrnhuter ...................... 38
Herz, Henriette ................. 200
Heyne, Christian Gottlob .......... 44
Hildebrandt, Johann Andreas Karl .. 80
Hillenbrandt, Dorothea von ...... 104
Hippel, Theodor Gottlieb von .. 39, 80
Hölder, Christian Gottlieb ........ 186
Hölderlin, Friedrich ....... 81, 86, 93, 162, 179 f, 187 ff, 217
Hölty, Ludwig Christoph Heinrich .................... 34 f
Hogarth, William ................. 61
Homer .............. 51, 67, 113, 150
Horaz ................ 11, 56, 67, 104
Hufeland, Johann Gottlieb ..... 79, 94
Humboldt, Alexander von ...... 69, 92
   Wilhelm von ........ 44, 92 ff, 142 f

## I

Iffland, August Wilhelm ....... 30, 36, 82, 156, 162
Immermann, Karl ............... 214

## J

Jacobi, Friedrich Heinrich ... 106 f, 197
Jagemann, Christian Joseph ....... 75
   Henriette Caroline Friederike ... 88

Jean Paul (eigentl. Friedrich Richter) .......... 45, 86, 100, 110, 118, 160, 178 ff, 193 ff
Jena .... 78 f, 89, 93, 95, 116, 138, 142 f
Jesuitentheater ................... 29
John, Johann August Friedrich ..... 96
Junges Deutschland .............. 17

## K

Kästner, Abraham Gotthelf ........ 29
Kafka, Franz .................... 100
Kalb, Charlotte von ..... 85 f, 187, 193
Kant, Immanuel ......... 23 f, 58 f, 78, 93, 113, 117, 139 f, 142, 176, 182
Karsch, Anna Luise ............... 28
Kauffmann, Angelika ............. 87 f
Kerner, Justinus ................. 188
Kessler, Harry Graf .............. 211
Klauer, Martin Gottlieb ....... 75, 161
Klassik, Staufische ............... 15
Kleist, Christian Ewald von ........ 28
   Heinrich von ........ 81, 162 f, 179, 180 ff, 217
   *Prinz von Homburg* ......... 184
   *Käthchen von Heilbronn* ..... 185
Klettenberg, Susanna von ..... 38, 120
Klinger, Friedrich Maximilian ..... 35, 123, 134
Klopstock, Friedrich Gottlieb .. 34, 38, 45, 47, 56, 63, 71, 94, 104, 110, 113
Knebel, Karl Ludwig von ....... 75, 83, 88 ff, 126, 196
König, Eva ...................... 54
Körner, Christian Gottfried ... 79, 103, 108, 115, 136, 138, 143, 150, 174
Kommerell, Max ................ 216 f
Korff, Hermann August ........... 17
Kotzebue, August von ......... 78, 82
Kraus, Georg Melchior ........ 75 f, 83

## L

Lafontaine, August Heinrich Julius ..................... 80
Lange, Victor .................... 17
Laokoon .................... 43, 56
La Roche, Sophie von ........ 40, 103, 105, 110
Laukhard, Christian .............. 158

Lavater, Johann Kaspar ....... 38, 59, 62ff, 90, 110, 120, 123, 174f, 187
Leibniz, Wilhelm ................. 26
Leipzig ....................... 25, 55
Leisewitz, Johann Anton .......... 35
Lengefeld, Charlotte von .......... 86, 136, 138
Lenz, Jakob Michael Reinhold ..... 33, 35f, 38, 120, 123
   Johann Georg ................ 79
Lesestoffe ...................... 79ff
Lessing, Gotthold Ephraim .... 30, 32, 38, 43, 45, 90, 94, 104, 106, 113, 134, 176f, 219
   *Emilia Galotti* .................. 37
   *Miß Sara Sampson* ............. 37
Levetzow, Ulrike von ........ 164, 168
Levin, Rahel .................... 200
Lichtenberg, Georg Christoph ..... 32, 60ff, 66, 175
Lichtwer, Magnus Gottfried ....... 29
Livius .......................... 11
Liszt, Franz .................... 211
Loder, Justus Christian ............ 78
Louise von Hessen-Darmstadt (Prinzessin) ................... 75
Luden, Heinrich ................. 198
Ludwig I. von Bayern (König) ..... 84, 94, 142, 163, 194, 202, 208, 212ff
Ludwig XIV. von Frankreich (König) ....................... 12
Lukian ......................... 104
Lukrez ..................... 90, 105

# M

Magenau, Rudolf ................ 187
Mann, Thomas ......... 135, 216, 220
Manzoni, Guiseppe ............. 179
Marlowe, Christopher ............ 134
Martial ......................... 159
Mayer, Karoline ................. 194
Mehring, Franz .................. 216
Mendelssohn, Moses ........ 26, 53f, 63, 113
Merck, Johann Heinrich ......... 90f, 114, 120f
Meyer, Johann Heinrich ..... 95f, 120, 150, 162
Miller, Johann Martin ............. 41

Milton, John ..................... 51
Molière (eigentl. Jean Baptiste Poquelin) .................. 12, 183
Moller, Meta .................... 50
Moritz, Karl Philipp ... 101ff, 130, 193
   *Anton Reiser* .......... 30, 40, 102
   *Erfahrungsseelenkunde* .......... 40
Mozart, Wolfgang Amadeus ..... 169f
Müller, Adam Heinrich .......... 183
   Johann Gottwerth .............. 80
Müller, Friedrich (Maler Müller) .. 134
   Friedrich von (Kanzler) ........ 168
Müller-Seidel, Walter ............. 17
Musäus, Johann Karl August ...... 75
Mylius, Christian Friedrich ........ 79

# N

Napoleon (Buonaparte) ... 110, 163ff, 178, 191
Nationaltheater ........... 30, 53, 81f
Neoklassizismus ................. 18
Nestroy, Johann ................. 11
Neuber, Friederike Caroline ... 30f, 53
Neuffer, Ludwig ................. 187
Newton, Isaac ......... 133, 165, 176
Nicolai, Friedrich ......... 41, 45, 53f, 91, 113, 160
Niethammer, Friedrich Immanuel .................. 93f
Nietzsche, Friedrich ...... 11, 97, 119
Novalis (eigentl. Friedrich von Hardenberg) .......... 38, 79, 149, 175, 178, 198, 200ff

# O

Oken, Lorenz .................... 198
Opitz, Martin ................... 12f
Ossian ................. 52, 112, 114
Otto (König) .................... 213
Ovid ....................... 11, 67

# P

Paulus, Heinrich Eberhard Gottlob ....................... 94
Perrault, Charles ................. 42
Perikles ........................ 12
Pestalozzi, Heinrich .............. 44

Petersen, Julius .................. 218
Petrarca, Francesco ............. 134
Pfarrhaus ....................... 38
Pfeffel, Gottfried Konrad .......... 29
Piontek, Heinz .................. 221
Plautus ......................... 183
Pogwisch, Ottilie von ............ 164
Postel, Friedrich Justin ............ 46
Properz .................. 67, 90, 134
Pseudoklassizismus .............. 18
Puschkin, Alexander .............. 12
Pustkuchen, Friedrich Wilhelm ... 168

## R

Racine, Jean Baptiste ............. 12
Ramler, Karl Wilhelm ............. 28
Raschke, Martin ................. 219
Reinhold, Karl Leonhard .......... 78
Reise, italienische .............. 128 ff
Richardson, Samuel ........... 29, 40
Riemer, Friedrich Ludwig ..... 96, 166
Rietschel, Ernst .................. 91
Ritter, Johann August ............. 79
    Johann Wilhelm .............. 173
Rochlitz, Johann Friedrich ........ 169
Rousseau, Jean Jacques ....... 27, 33, 69, 177
Rudorf, Luise .................... 90
Rückert, Joseph .................. 74

## S

Schelling, Friedrich Wilhelm
    Joseph .................... 79, 94
Scherer, Wilhelm ................. 15
Schiller, Friedrich ........ 34, 43, 45, 78 f, 81, 83, 85, 92 f, 94, 103, 108, 110, 115, 118, 134 ff, 141 ff, 164 ff, 169, 174, 176, 178, 182, 187 ff, 194 f, 207, 209, 211, 219
    Don Carlos .................... 37
    Fiesco zu Genua ........... 36, 137
    Glocke ....................... 157
    Jungfrau von Orleans ......... 154 f
    Kabale und Liebe .......... 36 f, 137
    Maria Stuart ................. 153 f
    Räuber ............... 36 f, 136, 139
    Tell ......................... 155 f
    Wallenstein ........... 144 f, 150 ff
Schlaffer, Heinz ............... 17, 39
Schlegel, August Wilhelm ..... 79, 81, 159, 198 f
    Caroline .................. 79, 157
    Friedrich ............. 26, 70, 79, 159, 162, 198 ff
    Johann Elias ..................... 29
Schleiermacher, Friedrich ..... 38, 200
Schmeller, Johann Joseph ......... 96
Schmidt, Arno ................... 119
Schnorr von Carolsfeld,
    Friedrich .................... 110
Schönemann, Johann Friedrich .... 30
    Lili ........................ 120 f
Scholz, Wilhelm von ............. 216
Schopenhauer, Arthur ........... 163
Schriftstellerexistenz ............ 46 f, 52, 171
Schröder, Friedrich Ludwig .... 30, 82
Schröter, Corona .............. 84, 89
Schubert, Franz ................. 124
    Gotthilf Heinrich ............. 175
Schule, Romantische ............. 17
Schultheater, protestantisches ..... 29
Schultheß, Barbara .............. 126
Schulz, Gerhard ................. 17
Schütz, Christian Gottfried .... 78, 160
Schwab, Gustav ................. 188
Sengle, Friedrich ................. 84
Seume, Johann Gottfried .......... 39
Shaftesbury, Earl of .............. 26
Shakespeare, William ........ 12, 55, 67, 81, 104, 106, 109, 114
Sesenheim ...................... 35
Siglo de oro ..................... 12
Sinclair, Isaac .............. 188, 190
Spätaufklärung .................. 17
Spener, Philipp Jakob ............ 39
Spinoza, Benedictus de .......... 26
Soiret, Frédéric ................. 210
Stadion, Graf Friedrich von ....... 104
Staël, Anne Louise Germaine de .. 92, 142
    De L'allemagne ............... 14
Staiger, Emil ................... 220
Stark, Georg ................... 218
Stein, Charlotte Ernestine Albertine
    von ....... 86 f, 89, 103, 120, 123, 128 f, 132, 175
Sterne, Laurence ................. 40

Stieler, Joseph .............. 163, 213
Stilling, Johann Heinrich (Jung-
    Stilling) .................. 39, 120
Süvern, Wilhelm ................. 20

## T

Tasso, Torquato ............. 12, 126
Tiefurt ......................... 88f
Tischbein, Friedrich Anton ....... 113
    Johann Heinrich Wilhelm ...... 92,
    120, 130
Thiersch, Friedrich ............... 94
Thomasius, Christian ............. 26
Tieck, Ludwig ......... 79, 81, 96, 200

## U

Uhland, Ludwig ................. 188
Uz, Johann Peter ................. 28

## V

Valéry, Paul ..................... 135
Veit, Dorothea ................... 79
Vergil ........................ 51, 67
Vogel, Christian Georg Carl ........ 96
    Henriette ..................... 181
Voigt, Christian Gottlob ........... 77
Voltaire (eigentl. François Marie
    Arouet) ..................... 115
Voß, Johann Heinrich ....... 66ff, 71,
    92, 94, 149
    Julius von ..................... 80
Vulpius, Christian August ...... 80, 82
    Christiane .... 84, 87, 120, 132, 163

## W

Wackenroder, Wilhelm Heinrich ... 96,
    201
Wagner, Heinrich Leopold .... 35, 120
Wedekind, Georg ................ 182
Weimar ................. 73f, 76ff,
    96, 107, 115, 117, 121, 123, 132, 137,
    140, 142f, 162, 194
Weise, Christian .................. 29
Weiße, Christian Felix ............. 44
Westenrieder, Lorenz von ......... 45
Wiener Volkstheater .............. 11

Wieland, Christoph Martin .... 38, 45,
    75, 77, 81, 91f, 103ff, 118, 161, 163,
    182, 194, 211
    Abderiten .................... 109
    Agathon .................. 40, 106
    Don Sylvio .................... 40
    Oberon ..................... 109f
    Teutscher Merkur ....... 45, 91, 160
Willemer, Marianne von .......... 97,
    163, 167
Winckelmann, Johann Joachim ... 42f,
    48, 94, 130, 165
Winthem, Johanna Elisabeth von .. 50
Wochenschriften, Moralische ...... 26
Wolf, Christa ................... 180
    Friedrich August ............... 44
Wolff, Christian .................. 26

## X

Xenophon ..................... 104

## Z

Zeitalter, Elisabethanisches ....... 12
Zeitalter, goldenes ............... 12
Zelter, Carl Friedrich .... 20, 96f, 165f
Zenge, Wilhelmine von ...... 81, 181f
Zinzendorf, Ludwig von .......... 38
Zschokke, Heinrich Daniel ........ 80